고사성어로 배우는 경제학

故事成語

고사성어로
배우는
경제학

經濟學

가지이 아쓰시 지음　이동희 옮김

모티브북

溫故知新
온 고 지 신

　고교 시절, 반 학생들 중 누군가가 한문을 배워 무슨 이득이 있느냐며 선생님께 여쭈어 보았더니, 선생님께서는 너희들처럼 대책 없는 녀석들한테도 품격을 갖추게 해준다고 말씀하셨다. 한문은 우선 읽을 줄 알아야 한다는 것이 선생님의 지론으로, 선생님께서는 학생에게 한문을 읽게 하고 이를 해석만 하는 방식으로 수업을 이끌어 가셨다. 대학 입시와 관련된 테크닉 따위는 일절 가르쳐주시지 않았기에 학생들 입장에서 볼 때 대책 없는 쪽은 오히려 선생님이었다.

　하지만 나는 이 수업이 마음에 들었고, 대책 없는 선생님의 가르침대로 집에서도 큰 목소리로 한문을 읽었는데, 이웃집 사람들은 아주 질색하였다. 나는 지금도 고사성어를 좋아한다. 하지만, 내게 품격이 갖추어졌는지 어떤지는 잘 모르겠다.

　고사故事란 옛날에 있었던 일이며, 고사성어란 그 같은 일을 토대로 해 성립된 말을 가리킨다. 고사성어를 인용하면, 말에 위엄이 더해지고 강한 인상을 줄 수 있다. 고사성어를 사용한 문장은 격조가 높아서 읽는 맛이 있으며, 또한 마음에 와 닿는 법이다. 예를 들어, "이젠 돌이킬 수 없으니 포기해라."와 "복수불반분覆水不返盆이라고 생각하고 포기해라."에서 두 문장의 의미는 기본적으로 같지만, 후자 쪽이 훨씬 품위 있게 들리고, 기억에도 오래 남는다.

내가 이 책에서 시도하고 싶은 것은 자칫하면 어려워서 멀리하기 쉬운 경제학적 사고방식과 경제학 키워드를 고사성어를 이용해 격조 높게 그리고 기억에 오래 남도록 해설하는 것이다.

하지만 그저 고사성어를 인용하는 것만으로는 시시하다. 본래 고사성어가 독특한 정취를 지니는 까닭은 고사성어의 배경이 되는 사건이 흥미롭기 때문이다. 따라서 보다 효과적으로 해설하기 위해서는 고사성어의 배경까지 자세히 밝혀 설명하는 편이 좋다는 것이 내 논리다. 게다가 고사성어의 배경을 모르는 채 사용하는 것은 너무 아깝지 않은가?

예를 들어, 머리말의 제목인 온고지신溫故知新을 보면, 옛것을 되살려溫故 새로운 것을 알다知新라는 말의 조합을 통해 고사를 공부하면 현대에도 도움이 된다는 의미임을 짐작할 수 있다. 그러나 이 말이 중국 고대의 사상가 공자孔子의 말씀을 기록한 『논어論語 · 위정편爲政篇』이 출전이며, 학문이란 옛것을 연구하거나 한 번 배운 것을 복습해서 현재에 통용되는 새로운 지식이나 도리를 발견해 습득하는 것이라는, 공자의 학문관을 나타내고 있다는 사실까지 알게 된다면 말에 깊이가 더해진다.

그런 이유로, 이 책의 각 장은 우선 장의 제목이 되는 고사성어의 의미와 그 유래를 소개하고 이를 경제학 관점에서 현대적으로 재해석한다면 어떤 경제학 키워드와 관련되는지를 설명하는 구성 방식을 취하고 있다.

소개되는 고사는 모두 중국 고사이며, 대부분이 2,000년 이상 된 과거의 일이다. 한편, 학문으로써 경제학의 역사는 300년이 채 안 되며, 이 책에서 소개하는 현대경제학적 사고방식 중 몇 가지는 아주 최근에 이해되고 정비되었다고 말해도 좋을 것이다. 따라서 고사성어의 배경을 밝히고 현대경제학을 논한다는 것은 일견 가당찮은 일로 보일지도 모른다. 그러나 계속 읽어가는 동안 독자 여러분은 경제 구조와 원리 그 자체는 아주 오랜 옛날부터 기능하고 있었다는 사실을 깨닫고 놀라게 될 것이다. 공자의 말씀을 빌리자면, 현대 경제학의 키워드에서조차 온고지신할 수 있는 것이다.

또한, 소개되는 고사의 배경이 된 사건들을 될 수 있는 한 연대순으로 나열하도록 배려하면서 현대경제학에서 중요한 사고방식을 가능한 한 망라하도록 고사성어를 선택하였다. 그리고 기초적이면서 고전적인 키워드에서 시작해 점차 응용적이면서 최신의 키워드가 되도록 장을 배열하는 데 특히 신경을 썼다. 좀 독특하고 별나기는 하지만, 이 책은 경제학 전반에 대한 입문서라고 봐도 무방할 것이다.

독자 여러분에게 고사성어의 깊이와 경제학의 재미를 조금이라도 전할 수 있다면 필자로서는 무엇보다 큰 기쁨이 될 것이다.

가지이 아쓰시

차 례

머리글－**溫故知新**온고지신 　_5

1 **覆水不返盆** 복수불반분 - **매몰비용**　_13
돌이킬 수 없는 일 | 복수불반분의 유래 | 경제학적 비용이란 | 매몰비용에 현혹되면 불이익이 있다 | 매몰비용인지 아닌지는 판단 시점에 따른다 | 칼럼－과연 여상의 아내는 잘못한 걸까?

2 **蛇足** 사족 - **추가적 득실을 고려하다**　_24
불필요한 것 | 사족의 유래 | 비용편익분석의 관점에서 다시 읽기 | '추가적'의 중요성 | 칼럼－교과서에서 배울 수 있는 추가적 사고법

3 **矛盾**모순 - **트레이드오프**　_34
이치에 맞지 않다 | 모순의 유래 | 트레이드오프 | 일상에 있는 모순 | 경제학에서의 모순 논법 | 칼럼－마음에 안 드는 일은 모두 모순된다

4 **他山之石**타산지석 - **분업과 전문의 경제 효과**　_45
하찮은 것도 쓸모가 있다 | 타산지석의 유래 | 분업 | 비교우위의 원칙 | 칼럼－요점이 빗나간 세계화 논의

5 洛陽紙價貴낙양지가귀 - **가격이론**   _54

저술한 책이 잘 팔리다 | 낙양지가귀의 유래 | 수급이론의 기초 | 가격이 1,000원이라는 것의 의미 | 가치와 가격이 꼭 상관관계에 있는 것은 아니다 | 가격차별 | 경쟁시장은 격차를 낳는가?

6 先始於隗선시어외 - **케인즈와 승수효과**   _65

큰일을 이루려면 우선 작은 일부터 | 선시어외의 유래 | 케인즈의 충격 | 승수효과 | 일본에서의 케인즈적 사고방식

7 靑出於藍청출어람 - **인센티브**   _75

꾸준함은 힘이 된다 | 청출어람과 단기지계의 유래 | 인센티브가 사람을 움직인다 | 인센티브의 강도를 적절히 선택한다 | 이기주의와 현대 경제학

8 鷄鳴狗盜계명구도 - **위험에서 오는 수익을 어떻게 고려할까?**   _87

재주만 있을 뿐 훌륭하다고는 말할 수 없는 인물 | 계명구도의 유래 | 투자 수익에 대한 사고방식 | 투자 효과를 올바르게 직시한다 | 칼럼 – 나중 끼워 맞추기식 해석

9 漁夫之利어부지리 - **예측**   _94

시시한 다툼은 손해의 근원 | 어부지리의 유래 | 예측과 경제학 | 예측을 잘하는 두 가지 요점 결투게임 | 칼럼 – 약한 척하는 전략

10 伯牙絶絃백아절현 - **확약**   _103

강한 결의를 보이다 | 백아절현의 유래 | 확약 | 신뢰 – 확약 전략의 핵심 | 칼럼 – 일본에서의 코미트멘트의 역사

11 畵龍點睛화룡점정 - **홀드 업**   _111

가장 중요한 부분이 빠져 있다 | 화룡점정의 유래 | 분업에서의 흥정 | 홀드 업 문제 | 칼럼 – 회의에서의 홀드 업

12 臥薪嘗膽 와신상담 - **신호 보내기** _118

고통을 견디다 | 와신상담의 유래 | 신호 보내기 전략 | 신뢰 받으려면 | 최후의 한 개 | 칼럼-
인사의 의미

13 杞憂 기우 - **위험에 대비하다** _130

쓸데없는 근심 | 기우의 유래 | 작은 가능성이 낳는 경제 효과 | 기대효용이론 | 세인트 피터
스버그의 역설

14 朝三暮四 조삼모사 - **플레밍 효과** _140

속여서 구워삶기 | 조삼모사의 유래 | 플레밍 효과 | 소비자이론에서 보는 원숭이들의 행동
의외의 곳에 존재하는 조삼모사

15 完璧 완벽 - **자료의 경제학적 해석** _148

완전하여 흠 있는 부분이 없는 것 | 완벽의 유래 | '화씨의 벽'을 경제학으로 해석하기 | 경제
학으로 데이터를 읽는다 | 보이지 않는 손실 | 부실채권 문제는 왜 장기화되었나? | 칼럼-교
섭의 테크닉

16 刎頸之交 문경지교 - **제삼자 효과** _162

매우 친밀한 교제 | 문경지교의 유래 | 제삼자 효과 | 제삼자를 전략적으로 활용한다

17 桃李不言 下自成蹊 도리불언 하자성혜 - **록인** _169

매력적인 사람 주변에는 자연히 사람들이 모여든다 | 도리불언 하자성혜의 유래 | 전환비용
과 록인 | 록인과 효율성 | 칼럼-히나 마쓰리에서도 볼 수 있는 록인

18 奇貨可居 기화가거 - **우연히 발견한 좋은 물건을 활용하는 지혜** _178

기회를 놓치지 마라 | 기화가거의 유래 | 성공 신화 이면에 기화가 있다 | 수중의 자산을 활용
하는 전략 | 방치되어 있는 기회 | 칼럼-MS-DOS의 추억

19 傍若無人 방약무인 - **외부효과**　　　_187

제멋대로 행동하는 것 | 방약무인의 유래 | 방약무인하게 행동하는 이유가 무얼까? | 외부성이란 | 폐 끼치는 행위에 제동을 걸려면 | 외부성 대책의 예 | 칼럼-방약무인을 타박하는 방법도 가지가지

20 國士無雙 국사무쌍 - **능력과 노력**　　　_198

아주 뛰어난 인물 | 국사무쌍의 유래 | 경제학에서의 능력과 노력 | 능력과 적성 | 칼럼-국사무쌍의 추억

21 愚公移山 우공이산 - **왜 꾸준한 노력을 할 수 없는 걸까?**　　　_210

꾸준히 쌓아온 작은 노력으로 큰일을 이룰 수 있다 | 우공이산의 유래 | 왜 꾸준한 노력을 할 수 없는 걸까? | 성과가 보이느냐 아니냐가 요점 | 큰일을 이루기 위한 목표 설정 방법 | 합리적인 목표 설정이 필수

22 助長 조장 - **왜 쓸데없는 짓을 할까?**　　　_221

그만두면 좋을 텐데 | 조장의 유래 | 왜 쓸데없는 짓을 할까? | 사람은 결과를 쉽게 낼 일을 선택한다 | 결과의 자립

23 敗軍之將 不語兵 패군지장 불어병 - **결과론은 왜 안 될까?**　　　_230

패자의 의견은 의미가 없다 | 패군지장 불어병의 유래 | 결과론 | 실패에서도 배울 수 있다 | 실현하지 않았던 일에도 큰 의미가 숨어 있다 | 상황의 재현 가능성 | 경제이론이 존재하는 의미 | 칼럼-천려일실千慮一失

24 四面楚歌 사면초가 - **정보조작**　　　_242

고립무원의 상태 | 사면초가의 유래 | 의사결정이론에서 본 약세弱勢의 구조 | 인위적으로 만들어지는 정보의 해석 | 칼럼-중국어 방언

25 苦肉之策 고육지책 - **그릇된 정보를 활용한다**   _250

아군을 속이는 전략 | 고육지책의 유래 | 남을 속이는 전략 | 이해 대립이 있는 상대를 정보로
움직이기 | 역사적인 사기 전략

26 不入虎穴 不得虎子 불입호혈 부득호자 - **정보의 연쇄효과**   _257

위험이 없으면 이익도 없다 | 불입호혈 부득호자의 유래 | 돌격 작전의 요점 | 불안은 연쇄된
다 | 칼럼 - 논리의 반전

27 三雇草廬 삼고초려 - **장기적 관계와 인센티브**   _265

예를 다해 부탁하다 | 삼고초려의 유래 | 미래의 대가로 현재를 속박하다
장기적인 신뢰 관계 | 조건부 보상벌칙 전략의 효능

28 泣斬馬謖 읍참마속 - **의심나는 것은 벌을 줘야 할까?**   _273

규율을 지키기 위해서는 심복이라도 처벌 | 읍참마속의 유래 | 엄벌에 의한 규율 유지에 대한
확약 | 엄벌은 항상 유효할까? | 의심나는 것은 벌하지 않는다의 경제학적 근거

저자 후기 - 漱石枕流 수석침류   _283
참고문헌   _286

1

覆水不返盆
복 수 불 반 분

매몰비용

돌이킬 수 없는 일

'복수覆水'란 그릇에서 엎질러진 물을 가리킨다. '복수불반분覆水不返盆', 또는 '복수난수覆水難收'란 한 번 엎지른 물은 두 번 다시 원래대로 돌아가지 않는다는 점에서 일단 저지른 실패는 더 이상 돌이킬 수 없다는 의미로 쓰인다. 값비싼 그릇을 깨뜨리거나 소중한 레코드판에 흠집을 내는 등 무심코 저지른 돌이킬 수 없는 실수 뒤에 "복수불반분이니 끙끙대며 고민해봤자 별 수 없다."며 포기할 수밖에 없음을 납득시킬 때 사용하는 것이 일반적인 쓰임새일 것이다.

'복수불반분'은 청나라(1616~1912년) 때 세간에 전해지는 이야기를 모아 수록한 『통속편通俗編』에 나오는, 주周나라의 책사策士 태공망太公望

여상呂尙(본명은 강상)의 이야기에서 기인한 한자성어다.

복수불반분의 유래

여상은 기원전 11세기 무렵, 중국의 서쪽인 황허黃河강 상류 지역에 위치한 주나라 사람이었다. 가난하긴 했으나 재기 넘치는 풍모를 지녔기에 그의 아내는 남편의 출세를 꿈꾸며 바지런히 여상의 뒷바라지를 했다. 그런데 몇 년 동안 여상은 매일 책만 읽고 있을 뿐 일할 생각조차 하지 않았다. 남편이 아무리 똑똑하다 한들 이래서는 희망이 없다고 여긴 여상의 아내는 집을 나가버렸다.

아내가 떠나고 여상은 혼자가 되었지만, 아내에게 버림받고도 별달리 분하다는 생각도 들지 않는지, 그후에도 책을 읽거나 취미인 낚시를 즐기며 사색에 잠기는 일상을 보냈다고 한다. 이때 어떻게 하루하루 먹을 양식을 구했는지 신기할 뿐이지만, 기록을 찾아봐도 알 길이 없다. 아마 대학 교수 같은 일을 하고 있지 않았을까 하는 생각이 든다. 어쨌든 여상은 그렇게 독서와 사색에 몰두하는 나날을 보내며 점점 나이를 먹고 있었다.

그로부터 몇 년이 흐른 어느 날, 여상이 황허강 지류에 해당되는 웨이수이(渭水)강에서 한가로이 낚시를 즐기고 있을 때, 주나라 왕인 서백西伯(문왕)이 다가왔다. 서백은 여상이라는 인물에 대해 전혀 알지 못했지만, 무언가에 이끌려 이 낚시꾼과 이야기를 나누고 싶다는 생각이 들었던 것이다. 한참 동안 이야기를 나눈 뒤에 서백은 여상이 아주 뛰어난 견식見識과 병법兵法 지식을 갖춘 인물이라고 느꼈다.

서백의 부친은 언젠가 성인聖人이 나타나 주나라를 강대국으로 만들어줄 것이라고 예언했었다. 그리고 그 성인이 나타나기를 간절히 기다렸지만, 결국 그 같은 인물을 만나지 못했다. 여상의 재능에 깊이 탄복한 서백은 여상이 바로 부친이 예언한 그 인물임에 틀림없다고 여기고 책사로 등용하였다.

보통 아버지나 나이 많은 사람을 태공太公이라고 높여 부르는데, 여상이야말로 태공이 학수고대하던 성인, 즉 '태공망'이라고 불리던 인물이다. 낚시하는 사람을 흔히 강태공이라고 부르는데, 이는 여상이 낚시를 즐겼다는 데에서 유래한다. 그러나 여상이 역사에 이름을 남긴 것은 탁월한 낚시꾼이었기 때문이 아니다. 젊어서부터 꾸준히 공부를 한 덕분에 태공망 여상은 탁월한 군사 전략가가 되어 있었던 것이다. 그는 후세의 장군이나 군사 전략가들에게 기본서가 되는 여섯 권의 병법서 『육도六韜』를 저술했다고 전해진다.

여상은 드디어 주나라 책사로서 눈에 띄는 중책을 맡게 되었다. 과거에 정 떨어져 도망갔던 아내는 여상의 뒷바라지를 했던 자신의 노고를 되새기며 아마 땅을 치고 후회했을 것이다. 하지만 여상의 아내는 그저 이불을 뒤집어쓴 채 조용히 후회의 눈물만 흘리는 타입의 여성은 아니었다. 자기 발로 여상의 곁을 떠났기에 입장이 조금 난처했지만, 옷매무새를 가다듬고 여상의 집까지 찾아가서 다시 부부의 연을 맺자고 강력하게 요구했던 것이다.

그러자 여상은 돌연 가까이에 놓여 있던 그릇에 담긴 물을 땅바닥에 쏟아 부었다. 그리고 엎질러진 물을 그릇에 다시 담을 수 없듯이 이제 와서 부부의 연을 다시 맺는 일은 불가능하다, 분명 과거에 사정이 있었다고 하더라도 이미 돌이킬 수 없는 일이니 생각해볼 필요도 없다며 그녀를 쫓아 보냈다고 한다.

태공망을 얻고 주나라의 국력은 강해졌다. 태공망 여상은 서백의 뒤를 이어 왕이 된 무왕武王의 보좌역으로 제 실력을 남김없이 발휘했다. 그리고 무왕은 은殷 왕조를 멸망시키는 데 성공했다. 이렇게 해서 그 후 수백 년에 걸쳐 중국을 지배하는 주 왕조(기원전 1050~기원전 256년)의 토대가 세워졌고, 가장 큰 공을 세운 태공망 여상은 제齊나라의 국왕으로 봉해져 마침내 부귀영화를 누리게 된다.

아무리 생각해 보아도 젊은 시절부터 돈도 되지 않는 공부만 하고 전혀 돈 벌 생각을 하지 않았던 인물도 노후에 크게 성공해 부자가 될 가능성은 있는 모양이다.

경제학적 비용이란

'복수불반분'의 교훈은 무엇을 비용으로 간주해야 하는가 하는 경제학의 기본을 익히는 데 중요한 기준이 된다. 여상의 고사를 소재로 경제학적 비용을 정리해 보자.

경제학에서는 어떤 활동에 의해 소실되는 것을 총칭해 **비용**이라고 부른다. 돈을 써서 물건을 구입할 때, 구매자에게 그 대금은 비용이다. 이때 소실되는 것은 비단 금전만이 아니다. 행위에 동반되는 피로와 구입이 좌절된 데 대한 불쾌감 등 소실되는 것은 여러 가지인데, 이들 모두가 비용이다.

비용을 올바르게 계산하는 것은 현명한 의사결정을 위해 꼭 필요한 일이다. 따라서 경제학의 기본을 가르칠 경우에는 반드시 시간을 할애해 경제학에서 생각하는 비용의 중요성을 설명하는데, 이 설명이란 것이 몇 번을 해도 예상 외로 까다롭다. 이런 말을 하면 교육자로서 자신의 무능을 드러낼 뿐인지 모르겠지만, 힘든 일은 힘들다고 말할 수밖에 없다. 이처럼 설명이 힘든 까닭은 일상적 감각에서 이해하고 있는 비용과, 경제학 교과서에 적혀 있는 비용 사이에는 커다란 의미 차이가 있기 때문이다. 사실, 이들은 같은 개념이 아니다.

경제학에서 말하는 비용, 즉 경제학적 비용이란 앞으로 이루어질 경제활동에 의해 손실되는 재화나 서비스를 위한 자원, 또는 기회를 가리키며, 이런 점에서 **기회비용** 등의 용어도 사용된다.

여기서 중요한 점은 '앞으로 이루어진다.'는 부분이다. 이미 지출되어 회수 불가능한 것, 또는 어떻게 하든 지금부터 지출하지 않으면 안 되는 것을 **매몰비용** 또는 **성크 코스트**sunk cost라고 한다. 비용이라는 헷갈리기 쉬운 단어를 사용하고 있지만, 매몰비용은 경제학적인 비용으로 간주하지 않는다. 대략적으로 말하면, 경제학에서 말하는 비용이란 일상적 감각에서 말하는 비용에서 매몰비용을 뺀 것이다.

이렇게 생각하는 이유는 단순하다. 돌이킬 수 없는 매몰비용은 아무리 궁리를 해도 어쩔 수 없는 것이다. 따라서 합리적인 의사결정을 위해서는 매몰비용은 고려 대상이 되는 비용에서 제외시켜야 한다. 바꿔 말하면, '복수불반분'이므로 이제 와서 어찌할 수 없는 과거로 끝나버린 것은 더 이상 고려 대상으로 삼을 필요가 없다는 뜻이다.

논리만 설명해서는 이해가 잘 안 갈지 모르니 몇 가지 예를 들어 보겠다.

10만 원을 지불하고 콘서트 티켓을 구입했지만, 그날 갑자기 열이 난 불운한 남자를 떠올려보자. 의사에게 달려갔더니 인플루엔자라는 진단을 받았다. 이때 이 남자가 고려해야 하는 점은 콘서트에 감으로써 얻을 수 있는 만족감과 콘서트에 감으로써 한층 건강을 해칠 가능성으로 지출해야 할 비용의 비교이다. 사려 깊은 사람이라면 콘서트장에서 다른 사람에게 인플루엔자를 전염시켜 손해를 끼칠 가능성도 비용의 일부로 계상計上할 수 있을 것이다. 어쨌든 중요한 것은 이미 지불한 10만 원은 복수불반분의 원칙을 적용해 고려 대상에서 제외해야 한다는 점이다. 여기서 이미 지불한 10만 원에 집착하게 되면 제대로 된 결정을 내릴 수가 없다.

유명한 레스토랑을 힘들게 예약해서 찾아갔더니, 실내는 담배 연기로 가득한 굴뚝 같은 상태라 애초부터 요리를 즐길 분위기가 아니었다고 가정해보자. 이럴 때는 깨끗이 포기하고 레스토랑을 나와야 하며, 그런 곳에서 식사 따위를 해서는 안 된다. 예약하는 데 힘들었다는 점, 또는 이미 지불한 돈 등은 '복수불반분'이므로 깨끗하게 잊어버려야 한다. 요리를 즐길 기분이 나지 않는 레스토랑에서 식사를 한다 해도 좋은 추억으로는 남지 않는 법이다.

매몰비용에 현혹되면 불이익이 있다

매몰비용을 제대로 고려하지 않으면 불이익이 생긴다는 사실을 실감하도록 이에 대한 예도 몇 가지 들어보겠다.

뷔페에 가서 과식해 후회해 본 적은 없는가? 이는 지불한 대금의 본전을 찾으려고 음식을 무리하게 먹었기 때문이다. 후회할 행동이 합리적일 리가 없다. 이처럼 불합리한 행동을 초래한 원인은 지불한 돈이 매몰비용이라는 사실을 잊어버린 데 있다. 이 점을 파악하고 있다면

자신의 뱃속 사정과 의논하며 먹었을 것이다. 복수불반분 원칙을 이용해 대금을 고려 대상에서 제외한다면, 처음부터 본전을 찾겠다는 발상조차 떠오르지 않을 것이다. 그런데 이것이 불가능하기에 사람은 손해를 보는 것이다. 뷔페가 차려진 연회에서 보기 흉하게 술에 만취되는 경향을 보이는 사람은 연회에 들어가기 전에 '복수불반분'이라고 세 번 외쳐야 한다.

노래방에 가서 일 분 일 초가 아까워 계속 노래를 부른 나머지 목을 상하게 하는 행위는 노래를 많이 부르지 않으면 손해라는 생각을 하기 때문이다. 이런 행동도 도저히 합리적인 행동이라고 말할 수 없다. 일단 노래를 부르기 시작하면, 나중에 지불해야만 하는 요금은 어쨌든 내야 하는 것이므로 이는 매몰비용으로 잊어버려야만 한다.

보석을 박은 반지는 반지 자체의 무게와는 비교가 안 될 정도의 고가로 매매되고 있다. 그런데 1,000만 원을 내고 구입한 반지라고 해도 구입한 순간부터 감가減價되는 법이다. 무심코 반지에 이니셜이나 날짜라도 새겼다면, 전당포에 가져가 100만 원을 받으면 아주 운 좋다고 할 것이다. 이런 사실을 전제로 한다면, 나머지 900만 원은 돌려받을 수 없는 비용이므로 반지를 구입한 순간에 이 900만 원은 매몰비용이 되는 것이다. 즉, 1,000만 원 중 900만 원은 그 자리에서 잊어버려야 한다는 것이 '복수불반분'의 가르침인데, 사람에게는 1,000만 원을 지불하고 산 물건은 언제까지나 1,000만 원의 가치가 있다고 믿는 아주 이상한 성질이 있기에 인생의 다양한 국면에서 중요한 판단을 그릇되게 내리는 것이다.

이 같은 비합리적인 판단은 하지 않는 편이 좋을 것이다. 무언가 판단을 내릴 때 '복수불반분'의 원칙이 올바르게 적용되고 있는지 아닌지를 확인하려면 그때까지 한 푼도 쓰지 않았던 경우를 가정해 보고, 과연 동일한 판단을 내릴지 어떨지를 스스로에게 물어보면 된다. 그래서 다른 결론이 나온다면, 어딘가 잘못된 것이 틀림없으므로 차분히 다시 생각해보는 것이 좋다. 이 방법은 매우 도움이 되므로 독자 여러분에게도 추천한다.

돈이 아까우니까 콘서트에 가려고 마음먹었던 인플루엔자 환자는 집을 나서기 전에 만약 그 티켓이 우연히 길에서 주운 것이었다면 어떻게 할지를 스스로에게 물어보면 된다. 만약 대답이 무리하지 않고 집에서 잔다는 것이라면 어딘가에서 매몰비용을 잘못 보지 않았는지 재고해야 한다. 주운 경우에도, 스스로 구입한 경우에도 티켓은 티켓,

콘서트에 갈 수 있다는 점에서는 동일하다.

이미 돈을 지불했으므로 어쩔 수 없이 레스토랑에서 담배 연기와 격투를 벌이고 있는 손님 역시 만일 생면부지의 누군가가 이 식사대금 청구서를 대신 지불해준다면 과연 그대로 참고 먹을 수 있을지 어떨지를 생각해보는 것이 좋다.

1,000만 원짜리 반지가 아까워서 이별을 망설이고 있는 사람은 그 반지가 우연히 경품에 당첨돼 받은 것이라면 어떻게 했을까를 생각해보는 것이 좋다. 그래도 헤어질 수 없다고 한다면 여상 아내의 경우도 있으니 헤어지지 않는 것이 좋다.

매몰비용인지 아닌지는 판단 시점에 따른다

이론이야 어찌 되었든 간에 일상적 감각으로 이 매몰비용에 대한 논의를 생각한다면, 석연치 않은 느낌을 받는 독자도 있을 것이다. 예를 들어, 콘서트 티켓의 예라면 역시 10만 원을 내고 샀으니까 이를 보다 효과적으로 활용하기 위해서 본전을 찾겠다는 사고방식은 나쁘지 않은 듯 여겨질 것이다. 오히려 기껏 지불한 돈의 본전을 안 찾는 것이 무언가가 낭비가 되고 있는 것이니 이를 합리적이라고 생각하는 경제학 쪽이 이상하지 않은가?

사실 유효하게 활용해야 한다는 사고방식은 옳다. 게다가 본전을 찾기 위해서 활용법을 생각해야 한다는 것도 올바른 생각이다. 그러니 석연치 않은 기분을 느끼는 것도 당연하다 하겠다.

그렇다면 일상적 감각의 어떤 부분에 문제가 있는 걸까? 이는 본전을 찾으려고 할 때의 판단 시점에 있다.

콘서트의 예에서 유효한 활용을 고려해야 할 때는 사실 티켓을 구입하는 시점이다. 정말 경제학적으로 생각한다면, 티켓을 구입하는 시점에서 자신이 인플루엔자에 걸려 콘서트에 갈 수 없게 되고, 이는 갑작스런 일이므로 티켓을 되파는 것도 불가능하게 된다는 불행한 가능성도 고려했어야 한다. 즉, 본전을 찾을 수 있을지 어떨지를 따지는 판단 기준은 올바르지만, 그 판단 기준을 사용하는 시점은 티켓을 구입하는 시점이어야 하며, 인플루엔자에 걸린 뒤는 아니라는 것이다.

뷔페의 예에서도 애초에 본전을 찾을 수 있을지 없을지를 깊이 생각해야 하는 시점은 집에서 나서기 전이다. 요리를 앞에 두고 어처구니없는 짓을 하지 않는다는 점을 전제로 하고, 이 돈을 지불해 본전을 찾을 수 있을까, 하고 생각하는 것이 합리적인 사고법이다. 여상 아내의 입장에서는 처음 여상의 뒷바라지를 했을 때, 좀 더 거슬러 올라가면 결혼을 해야 할지 말아야 할지를 결정할 때 과연 이 결혼으로 본전을 찾을 수 있을까를 고민했어야 했다. 반지를 구입하는 경우도 이 반지를 사서 과연 본전을 찾을 수 있을까를 깊이 생각해야 하는 시점은 보석상을 가려고 할 때보다도 훨씬 이전 시점이라는 사실을 생각할 수 있을 것이다.

▶▶▶

울어도, 빌어도, 소리쳐도 엎질러진 물을 도로 담을 수는 없다. 본전을 찾기 위해 곰곰이 생각하고 행동해야 하는 때는 물이 땅바닥에 엎질러지기 전의 시점이다.

칼럼 과연 여상의 아내는 잘못한 걸까?

전해 내려오는 이야기에서 여상의 아내는 뻔뻔스러운 악역이지만,

냉정하게 생각한다면 꼭 그렇지만도 않다.

정신적으로나 금전적으로나 여상에게 상당한 투자를 했는데도 불구하고 그에 대한 보상을 전혀 받을 수 없었던 그녀가 오히려 동정을 받아야 하지 않을까? 그녀가 악역이 된 것은 태공망 여상이 역사에 남을 대성공을 거둔 인물이었기 때문이다. 태공망이 좋은 사람이 되기 위해서 그의 아내는 악역이 될 수밖에 없었다. 선악이란 원래 상대적인 것이기 때문이다.

또한, 이혼을 선택한 여상의 아내가 합리적으로 생각하지 못했던 인물이었냐고 한다면 꼭 그렇지만도 않다. 그녀가 이혼을 결심했을 당시, 지금까지 온힘을 다해 뒷바라지했으므로 이제 와서 헤어지는 것은 손해가 아닐까 하고 생각했었을 것이 틀림없다. 그러나 과거에 최선을 다한 것은 매몰비용이므로 고려 대상이 될 수 없고, 중요한 것은 이후 여상이 성공할 가능성과 앞으로도 계속 들여야 하는 수고의 비교였다. 그녀가 이혼을 선택한 시점에서 거기까지 생각했다면, 그것은 합리적인 사고방식이다. 결과적으로 여상이 출세하게 된 것은 오히려 그녀가 운이 나빴기 때문이다. 결정의 합리성과 결과적인 운은 얼핏 보아 비슷해 보이지만 다른 것이다.

2

蛇足
사　족

추가적 득실을 고려하다

불필요한 것

‘사족蛇足’이란 덧붙일 필요가 없는 것 또는 하지 않는 편이 나은 쓸 데없는 짓이라는 의미를 지닌다. "이 논문의 논의는 3장에서 끝이 난다. 4장 이후부터는 사족이다."라든가, "두 사람이 맺어지는 부분이 이 영화의 클라이맥스다. 그 뒤 두 사람의 생활까지 보여주는 건 사족이다." 등으로 사용한다.

그러나 이런 용법뿐 아니라 사족은 겸양어로 쓰이는 경우도 있으므로 세심한 주의가 필요하다. 예를 들어, "사족입니다만, 제가 이번에 학회상을 수상하게 되었습니다."라는 말로 연설을 끝맺었을 경우에는 오히려 이 부분이 중심 화제일 가능성이 크다. 그런데 이 말에 대해 무싶고 "정말로 불필요한 말씀을 하셨네요." 등과 같은 말을 했다가는 그후의 인간관계에 심각한 생채기가 남을 수 있다. 이렇듯 말이란 어려운 법이다.

그런데 세상에는 쓸모없는 것이 무수히 많은데 왜 하필이면 그중에서 뱀의 다리를 선택한 걸까? 분명 기어다니는 뱀에게 다리는 필요 없을지 모르지만, 사용하기 편리한 다리가 있다면 의외로 뱀도 다리를 이용해 도마뱀처럼 빨리 걸어다닐지도 모를 일이니 뱀의 다리가 사족인지 아닌지는 분명치 않다.

'사족'에 대한 이유는 원전을 살펴보면 알 수 있다. '사족'의 출전은 전한前漢 시대(기원전 202~기원후 8년)에 전국戰國 시대(기원전 403~기원전 221년) 유세가遊說家들의 책략을 모아서 편찬한 『전국책戰國策·제책이齊策二』이다.

사족의 유래

『전국책』이 기술하는 중국의 전국 시대는 몇 개의 강국들이 영토를 둘러싸고 치열한 경쟁을 벌이던 시대였다. 그 강국들 중 하나인 초楚나라도 소양昭陽이 재상(지금으로 말하면 총리)으로 있었던 시대에 적극적으로 영토를 확장하고자 했다. 소양이 이끄는 초군은 북쪽에 있는 이웃 나라 위魏를 정복했다. 그리고 북동쪽에 있는 제齊나라까지 제압한다면 초나라는 마치 반석 위에 놓인 듯 매우 굳건해질 것이었다. 따라서 소양은 위를 정복한 여세를 몰아 단숨에 제를 공격하기 위해 준비하고 있었다.

위기를 맞은 제나라에 식객食客으로 있던 진진陳軫은 제나라를 위기에서 구하기 위해 소양과 마주했다. 진진은 제나라를 공격하지 말라고 애원하기 위해 소양을 만난 것은 아니었다. 그 같은 애원은 자신의 약점을 노출시키는 행위이며, 가뜩이나 기세등등한 소양에게 도리어 역효과만 줄 뿐이라고 생각했기 때문이다. 소양과 대면한 진진은 전쟁의 득실을 설명해 소양의 마음을 움직이려고 여유로운 웃음을 띠면서 다음과 같은 이야기를 시작했다.

*

옛날, 초나라에서 선조의 사당을 모시는 일을 하는 남자들에게 그 노고에 보답해 술을 대접했다. 그런데 그때 사당을 모시는 일에 종사하고 있던 남자들은 여러 명이었는데, 정작 중요한 술은 한 잔뿐이어서 이를 모두 나눠 마신다면 한 사람당 돌아가는 양이 너무 적어 그 누구도 만족할 수 없을 것이 분명했다. 그래서 그들은 땅바닥에 뱀 그림 빨리 그리기 대회를 해서 가장 빨리 그린 사람이 술을 전부 마시기로 결정했다.

준비가 되자, 신호와 함께 남자들은 일제히 뱀 그림을 그리기 시작했다. 무슨 일을 하든 잘하는 사람과 못하는 사람이 있는 법이다. 남자들이 뱀 그림을 그리는 속도는 제각각이어서 순식간에 차이가 벌어졌다. 그리고 가장 빨리 뱀을 그린 재주 있는 남자는 처음 약속대로 술잔을 잡았다.

그는 승리의 술잔을 맛보기 전에 다른 사람들은 얼마나 그렸는지 보기 위해 주위를 둘러보았는데, 그 누구도 아직 그림을 완성하지 못한 상태였다. 이미 승부가 났다는 사실도 모른 채 필사적으로 그림을 계속 그리고 있는 우직한 경쟁자들을 둘러보고 있는 사이에 이 남자는 너무나도 쉽게 얻은 승리에 조금 김이 새버렸다. 그래서 자신은 그저 이기기만 한 것이 아니라 아주 여유롭게 이겼다는 사실을 모두에게 자랑하고 싶어졌다.

남자는 자신이 그린 뱀 그림에 다리를 덧붙이기로 하고 다시 그림에 달려들었다. 그런데 미처 뱀 다리를 완성하기도 전에 다음 남자가 뱀 그림을 완성하고 말았다. 그 남자는 본디 뱀에 다리가 있는 것은 이상하므로 가장 먼저 뱀을 그린 것은 자신이라고 말하고 잽싸게 술잔을 빼앗아 마셔버렸다.

*

진진은 이야기를 마치며 제나라를 공격하는 일은 소양 님의 입장에서 뱀에 다리를 그려 넣는 것과 마찬가지 아닙니까, 라고 미소를 띠우면서 말했다. 그때까지 아무 말 없이 듣고 있던 소양은 진진에게 감사의 인사를 하고는 제나라 공격을 중지하고 군대를 철수시켰다고 한다.

비용편익분석의 관점에서 다시 읽기

경제학적 관점에서 이 이야기를 해석하면, '사족' 이야기에는 단순히 '덧붙일 필요가 없는 쓸데없는 짓'보다도 더 중요한 의미가 있다는 사실을 알 수 있다. 여기서는 이에 대해 설명하고자 한다. 제나라에 쳐들어가느냐 마느냐를 판단할 때 어떤 기준을 이용해야만 하는가를 경제학적 관점에서 정리해보자.

일반적으로 어떤 행동을 할 때에는 그 행동을 통해 얻을 수 있는 것과 그 행동에 의해 입게 되는 손실을 비교해야 한다. 얻을 수 있는 가치 쪽이 크다면 그 행동을 해야 할 것이고, 손실 쪽이 크다면 당연히 그 행동을 삼가야 한다.

여기서 얻을 수 있는 것이란 반드시 금전적인 이익만을 뜻하지는 않는다. 음식을 먹었다는 데서 오는 만족감도 그 한 예가 될 수 있고, 무언가를 성취함으로써 얻어지는 충족감도 그 대상이 된다. 경제학에서는 금전적 이익을 비롯해 어떤 행동을 통해 얻어지는 충족감이나 만족감 등을 총칭해 **편익**이라고 한다.

즉, 경제학적으로 바꿔 말하면, 이 일화는 자신이 앞으로 무엇을 해야 할지를 결정하는 판단 기준으로써, 그 행동을 함으로써 얻어지는 추가적 편익이 그 행동을 하기 때문에 처해질 위험에서 오는 비용에 상응하는지를 판단해야 한다는, **비용편익분석**의 기준을 설명하고 있는 것이다.

일반적인 원칙은 이것으로 충분하다고 해도 현실적인 문제에 직면했을 때, 무엇이 여기서 말하는 편익과 비용에 해당하는지를 알아내는 일은 의외로 어려운 법이다. 소양의 입장에 서서 다시 한 번 제나라를 공격해야 할지 말아야 할지를 생각해 보자.

우선, 소양은 이미 위나라를 정복했으므로 여기서 진군을 멈춘다고 해도 얼마간의 포상을 받을 수 있다. 이는 앞으로 취할 행동과는 상관없이 이미 확보된 것으로 간주해야 한다. 따라서 소양이 고려해야 할 점은 위나라와 제나라를 모두 정복했을 때, 최종적으로 얻을 수 있는 포상 전체가 아니다. 최종적으로 얻을 수 있는 포상 전체에서 이미 확보된 부분을 뺀 것이 제나라를 정복함에 따라 추가되는 편익이다. 판단의 재료로 삼아야 하는 편익은 바로 이 부분이다. 그런데 제나라를 정복한다 해도 이미 초나라에서 가장 높은 자리인 재상에 올라 있는 소양에게 그 이상의 출세란 있을 수 없다. 즉, 처음에 뱀 그림을 완성해 술잔을 손에 쥔 남자가 뱀에 다리를 덧붙인다 해도 추가적으로 얻을 것이 없었다는 점과 마찬가지로 제나라를 공격해도 소양이 추가적으로 얻을 수 있는 편익은 거의 없을 터이다.

게다가 제나라를 공격한다 해도 공략에 실패할 가능성이 충분히 있다는 점도 잊어서는 안 된다. 뱀의 다리를 그린 남자가 손에 쥐고 있던 술잔을 빼앗긴 것처럼, 만일 제나라를 정복하는 데 실패라도 하는 날이면 지금까지 힘들게 쌓아왔던 공적마저 허사가 되고 말 것이다.

즉, 제나라를 공격하는 행위를 통해 얻을 수 있는 추가적 편익은 적은데, 그 때문에 무릅써야 하는 위험(리스크)으로 인해 발생할 비용은 무시하지 못할 만큼 크다는 것이다. 그런데도 잘못하여 위나라와 제나라 모두를 정복했을 때의 편익을 기준으로 삼는다면, 판단해야 하는 편익을 과대평가하게 되므로 해서는 안 될 일을 하게 될 가능성이 있다. 진진은 이런 사정을 소양에게 이야기해준 것이다.

'추가적'의 중요성

이와 같이 생각하면, 여기에서 키워드는 '추가적'이라는 말임을 알 수 있다. 어떤 행동을 해야 할지 말아야 할지의 판단 기준으로서 그때까지 확보한 것을 기준으로 삼아 거기에 추가되는 득실의 크고 작음을 생각하는 사고방식이 합리적인 의사결정을 하기 위해서 중요하다. 그래서 경제학 책을 펼치면 이 '추가적'이라는 표현이 빈번하게 등장하는 것이다.

이처럼 이론적으로는 간단하지만, 매몰비용을 올바르게 파악하는 일이 어려운 것처럼, 일상생활에서 이 '추가적 편익'을 제대로 파악하기란 꽤나 힘든 일이다. 예를 들어, 이런 경우가 있을 수 있다.

오늘 저녁 메뉴는 매운탕으로 결정하고, 생선과 야채를 사서 양손에 비닐봉투를 들고 집에 돌아오는 도중, 우연히 잠깐 들른 반찬가게에서 흰살 생선 튀김을 반액에 팔고 있었다. 재료가 좋고 신선하기로 소문난 반찬가게였다. 싸다고 생각해 두 봉지를 사서 집에 돌아오니, 저녁 식탁에는 먹고 남을 정도의 음식물로 넘쳐나게 된다. 남은 음식물은 냉장고에 넣어두면 된다며 치우기 시작했지만, 믿었던 냉장고 안에는 이미 이틀 전에 사서 채워두었던 30% 할인된 닭고기와 2개 사면 하나를 덤으로 준다는 말에 혹해 덜컥 구입한 양배추 3개로 꽉 차 있었다. 이런 집의 냉동고 속을 뒤져 보면, 아마도 몇십 년 전 날짜가 찍힌 냉동식품도 있을 것이 뻔하다.

올해 유행하는 하얀색 코트. 너무나 세련돼 보이지만 비싸서 구입을 미루고 있었는데, 어느 날 반액 세일이라는 빨간 가격표가 붙어 있는 것을 보고, 지금 안 사면 진짜 손해라는 생각에 서둘러 구입한다. 종종 이런 사람들의 옷장에는 이미 비슷한 코트가 적어도 2벌은 있을 터이고, 그러고도 다음해에는 천연덕스럽게 회색 코트를 찾고 있을 것이다.

그밖에 어차피 썩지도 않고, 갖고 있으면 전부 쓸 것이라고 생각해 20% 할인된 키친타월을 차에 전부 싣지도 못할 만큼 사재기를 한 경험이 있거나, 이미 집에 있는 수납장이 페트병과 통조림으로 점령되어 있거나 하는 사람은 틀림없이 추가적 편익을 생각하는 사고 모드를 갖추지 못한 사람이므로 주의해야만 한다.

앞에 제시된 모든 경우는 자신이 어떤 상황에 처해 있는지 조금만 생각하는 버릇을 들여 둔다면, 막을 수 있는 잘못이다. 분명 반액 세일 하는 흰살 생선 튀김을 사는 것은 득이 될지도 모르지만, 이미 음식 재료를 충분히 구입한 사람에게 흰살 생선 튀김에서 발생하는 추가적 편익은 그다지 크지 않다. 그러므로 반액 세일을 하는 흰살 생선 튀김의 구입은 이익이 아니다. 바꿔 말하면, 흰살 생선 튀김에서 발생하는 추가적 편익은 흰살 생선 튀김의 가격(비용)보다 작으므로 이는 사족이기에 구입하지 않는 편이 좋다는 말이다.

하얀색 코트도 마찬가지로, 옷장에 이미 자리 잡고 있는 코트들과 독립적으로 새로운 코트의 가치를 판단하는 일은 불가능하다. 하얀색 코트에 소비해야 하는 비용과 하얀색 코트 한 개를 비교하는 것이 아니라, 이미 소유하고 있는 코트에 추가되는 기쁨을 비교해야 한다. 이런 점을 잊어버리고 머릿속이 온통 하얀색 코트만으로 가득 차서는 사족을 구입할 뿐이다.

그러나 냉장고가 텅 비어서 오늘 저녁에 무엇을 먹을지 고민하고 있던 사람에게 반액 세일 하는 흰살 생선 튀김이나, 당장 입을 옷이 없어서 추위에 떨고 있던 사람에게 반액 세일을 하는 코트는 사정이 다르다. 그들의 입장에서는 아마도 구입하는 것이 이득일 것이다. 요컨대, 새로 얻는 것의 가치는 지금까지 사 두었던 것과 독립적으로 존재하지 않는다. 그렇기 때문에 추가적으로 생각하는 사고방식이 중요하게 된다. 하긴 갖가지 정보를 종합해 보건대, 비슷한 옷들을 대량으로 사들이는 사람에 한해서 자신은 입을 옷이 없어서 외출도 제대로 못 한다고 고민하는 경향이 있는 듯하다. 이렇게 되면, 추가적 사고를 익히는 것만으로는 문제가 해결되지 않을지도 모른다.

사족을 피하고 추가적 득실을 고려해야 한다는 것은, 사람이나 물건의 가치가 과거에 무엇을 했느냐가 아니라 앞으로 무엇을 추가할 수 있느냐로 결정된다는 점을 시사하고 있다. 앞으로 추가할 수 있는 것을 추측하기 위해서 과거에 일어났던 일이 참고가 되지만, 이는 과거 그 자체가 중요하기 때문은 아니다.

칼럼 교과서에서 배울 수 있는 추가적 사고법

쓸데없는 짓으로부터 자신을 지키기 위해서는 '추가적'이라는 단어를 키워드로 삼아 생각하는 버릇을 들이는 것이 좋다. 앞에서도 말했듯이, 경제학 입문서를 읽다 보면 이 '추가적' 사고방식이 몇 번이나 등장한다. 따라서 명색이나마 경제학부를 졸업한 사람들은 이 개념을 제대로 이해하고 있을 것이라고 생각했는데, 의외로 그렇지 않은 듯하다.

그 원인 중 하나가 바로 설명 방법에 있는 것은 아닐까? 교과서를 보면, '한계효용체감의 법칙' 같은 용어가 등장해 '소비자는 가격과 한계효용이 같아지는 지점까지 재화를 구입한다.'처럼 설명하므로 경제학을 처음 배우는 사람들 대부분은 여기에서 그만 질려버리고 만다. 이는 무리도 아닌 것이, 우리끼리 하는 이야기지만 경제 전문가라는 타이틀을 내걸고 있는 내가 읽어도 이 한계효용 뭐라는 표현이 무엇을 의미하는지 잘 모르겠다.

여기서의 본질은 '추가적'이라는 개념을 의식하는 사고법을 익힌다면, 사족을 피하고 현명한 선택을 할 수 있다는 것이다. 위에서 말한 한계효용 어쩌고저쩌고 하는 이야기를 일상적인 용어로 바꾼다면, '현명하게 행동하기 위해서는 추가적인 드나듦〔出入〕을 생각해야 하므로, 우선은 자신이 처한 상황을 파악하고 그 상황에서 추가적인 편익과 추가적 편익 때문에 드는 추가적 비용을 비교하라.'는 것이다. 이런 점을 납득했다면, 그 외의 것은 모두 사족이라고 말한다면 지나친 표현일까?

3

矛盾
모 순

트레이드오프

이치에 맞지 않다

'모순矛盾'이란 이치나 도리에 맞지 않는다 또는 동시에 성립하지 않는다는 의미로 쓰인다. "이 보고서에 기재된 숫자에 모순은 없다."라든가 "공항과 고속철도의 이용자를 함께 증가시키는 계획에는 모순이 있다." 등과 같은 형태로 쓰인다.

'모순'이라는 말은 긴 창과 같은 무기인 모矛와 이를 막는 방패인 순盾을 나란히 적은 한자성어로, 이들 무기나, 혹은 무기를 갖고 싸운다는 것이 본래 지니고 있는 자연스러운 의미라고 할 수 있을 것이다. 그러나 현대에 와서는 이런 의미로 쓰이는 경우는 드문데, 과거에는 이런 의미로도 '모순'이라는 표현이 사용되었다. 일본어 사전 『고지엔廣

辭苑』에 따르면, 중국에서 가장 오래된 시집인 『시경詩經』에 이 같은 의미로 사용된 예가 있는 듯하다. 또한, 예수회 선교사의 일본어 공부를 위해 1603~1604년에 간행된 『닛포지쇼日葡辭書』에는 '모순'을 적대 또는 다툼으로 번역하고 있다.

오늘날 표준적인 의미가 된 '이치에 맞지 않다.'라는 의미의 유래도 사실 아주 오래되었다. '모순'은 기원전 2세기 무렵, 중국 전국 시대 말기의 사상가인 한비韓非와 그 일파의 저작물을 모아 만든 『한비자韓非子・난일편難一編』이 출전이다.

모순의 유래

한비는 성악설性惡說을 주창한 순자荀子의 가르침을 받고 대중을 다스리려면 제도에 의해 질서를 구축하는 것이 필요하며, 따라서 나라를 통치하기 위해서는 법과 규율로써 백성을 다스려야 함을 이상理想으로 삼았다. 그리고 사람에게 본래 갖추어진 인덕仁德으로 나라를 다스려야 한다는, 공자로부터 시작되는 유교儒敎의 가르침에 의문을 품고 있었다.

유교에 따르면, 고대 중국의 전설적 황제인 요堯는 천하를 덕德으로 다스렸고, 또한 자신의 자식도, 혈연도 아닌 순舜을 후계자로 삼아 왕위를 물려주었다. 그후 순은 더욱 큰 덕을 바탕으로 정치를 하여 나라가 점점 발전했다고 한다. 유교의 입장에서 요와 순의 관계와 통치방식은 이상적인 모습이었고, 따라서 유교에서는 요와 순을 성인聖人으로 받들고 있었다.

그런데 한비는 이 두 사람이 모두 성인이라는 말은 논리적으로 맞지 않는다며 다음과 같이 주장했다. 만일 순이 성인군주聖人君主라고 한다면, 그 앞의 요임금 시대에는 아직 덕이 완전히 미치지 못해 민심의 장악이 불완전했을 것이다. 한편, 요임금 시대에 이미 덕치德治가 완전하게 이루어졌다고 한다면, 이를 계승한 순의 공적은 그리 크지 않다. 즉, 요와 순 두 임금이 성인군주에 동시에 오를 수는 없는 것 아니냐는 것이다.

한비는 이 같은 사정을 다음의 비유적 이야기를 통해 설명하려고 했다.

*

옛날, 초나라에 창(矛)과 방패(盾)를 파는 상인이 있었다. 그는 사람들이 오가는 길에 돗자리를 깔고 팔 물건인 창과 방패를 늘어놓았다. 그는 무슨 일인가 하고 다가온 사람들에게 자신이 팔 물건의 품질이 훌륭하다는 점을 선전하려고 자신만만한 태도로 이렇게 말했다.

"내가 파는 이 창은 아주 날카로워 어떤 방패라도 뚫을 수 있고, 또한 이 방패도 아주 단단해 어떤 창의 공격도 막을 수 있다."

이 말을 듣고 있던 사람들 중 한 명이, 그렇다면 그 창으로 그 방패를 뚫어 보면 도대체 어떻게 되느냐고 물었다. 그러자 상인은 아무 말도 하지 못했다.

트레이드오프

한비의 주장이 옳은지 그른지는 제쳐두고, 두 가지 상태가 양립할 수 없다 내지는 모순된다는 논법이나 사고방식은 경제학에서 아주 중요하다. 이를 단적으로 나타낸 것이 **트레이드오프**trade off라는 경제학에서 자주 사용되는 용어다. 트레이드오프란 몇 가지 선택지가 있을 때, 그중 하나를 선택하면 다른 것은 선택할 수 없게 되는 경우를 말한다. 즉, 둘 다를 선택하는 것이 모순될 때 트레이드오프가 있다고 한다.

예를 들어, 예산을 1만 원으로 잡고 사과와 딸기를 살 경우, 사과 한 개를 사면 그만큼 딸기를 살 숫자는 줄어들 수밖에 없다. 즉, 이 문제에서 사과와 딸기의 구입량에는 트레이드오프의 관계가 성립한다.

경제학에서 트레이드오프의 관계가 중시되는 이유는 다음과 같다. 만일 트레이드오프가 없다면, 모두를 실행하면 좋으므로 아무것도 고민할 필요가 없다. 따라서 학문의 대상이 되는 것은 트레이드오프가 있는 경우이다. 또한, 사람들이 한계가 있는 자원이나 재화 · 서비스를 나누며 살아가고 있는 이상, 모든 선택지를 끝없이 실행할 수 있을 리가 없다. 즉, 어딘가에는 트레이드오프의 관계가 있을 것이다. 어디에 어떤 형태로 트레이드오프의 관계가 있는지, 즉, 무엇과 무엇이 모순되는지를 파악해야 비로소 경제학에서의 논의가 가능하다. 이런 이유로 경제학자는 세상의 '모순'에 눈을 번뜩이는 것이다.

일상에 있는 모순

다음과 같은 곳에서도 '모순'의 예를 찾아볼 수 있다. 일본 헤이안平安 시대(794년 간무천황이 헤이안쿄平安京로 천도한 때부터 미나모토노 요리토모源賴朝가 가마쿠라 막부를 개설한 1185년까지의 일본 정권 – 옮긴이)부터 있었던 사원인 쇼고인聖護院은 종종 화재가 발생해 위치를 여러 번 옮겼는데, 현재는 교토대학 요시다 캠퍼스 바로 남쪽에 위치한다. 그 쇼고인 부근에는 교토 명산품으로 인기가 있는 전통과자 '야쓰하시'를 제조 판매하는 유서 깊은 점포가 둘 있다. 한 곳의 이름은 '쇼고인 야쓰하시 총 본점'이고, 또 한 곳의 이름은 '본가 야쓰하시 니시오'이다. 점포의 유래를 적은 종이를 읽으면 두 곳 모두 겐로쿠元禄 시대(1688~1704년)에 창업했고, '야쓰하시'를 처음 만들었다고 주장하고 있다.

교토 구시가의 북부, 다이토쿠지大德寺의 북쪽에 있는 이마미야今宮 신사는 오랜 옛날부터 역병을 막아주는 수호신을 모시는 곳으로 받들어져 왔다. 꼬치에 꽂은 작은 떡을 숯불에 구워 소스에 찍어 먹는 '아부리모찌'는 이마미야 신사의 명물로, 신사 앞에서 이것을 먹는 것이 전통이다. 이마미야 신사 앞의 좁은 길을 사이에 두고 '이치몬지야 와스케'와 '가자리야'라는 아부리모찌 전문점이 있는데, 이 두 점포는 각각 자신이 본가와 원조라고 주장하고 있다.

원조·본가라고 나서며 각각 정통이라고 우기는 사례는 음식에서뿐 아니라 여러 곳에서 많이 찾아볼 수 있다. 아부리모찌 전문점의 경우에는 어느 쪽이 진짜 원조인지 알 수 없지만, 둘 다 원조일 리는 만무하므로 서로 양립하지 않는다는 의미에서 명백한 모순이다.

이처럼 두 가지 주장이 전혀 양립하지 않는 명백한 모순도 있지만, 좀 더 시야를 넓혀서 몇 가지 상태가 양립하지 않는다는 의미에서의 모순도 고려한다면 모순의 응용 범위는 더 넓어진다.

대학 관계자에게 일본에서 가장 좋은 대학은 어디냐고 물으면 대개의 경우는 도쿄대학이라는 대답이 돌아올 것이다. 정말 대단한 대학이 아닐 수 없다. 그러나 저희 대학은 열 손가락 안에 들어갑니다, 하고 주장하는 대학은 아마 20개교는 될 것이다. 이들 대학의 주장은 양립하지 않으므로 모순이라 할 수 있다.

매년 대학 입시 시즌이 끝나갈 무렵이 되면 입시학원이나 진학학원이 유명대학에 학원생 몇 명을 보냈는지 경쟁적으로 광고한다. 시험 삼아 이들 학원에서 주장하는 도쿄대학 합격자 수를 꼼꼼하게 합산해 보면, 대개 실제 합격자 수보다 훨씬 많으므로 이들의 수치數値는 모순된다.

이처럼 두 가지 주장이 모순되고 있는 예이든, 합산해서 모순이 판명되는 예이든, 모순이 지적하고 있는 것은 몇 가지의 주장이나 상태가 양립하지 않는다는 점일 뿐이다. 그렇기에 모순을 구성하는 어떤 주장이 잘못되었는가 하는 문제가 되면, 이는 반드시 명확하지만은 않다. 원조와 본가는 서로 모순되지만, 그렇다고 해서 어느 쪽이 그릇된 주장을 하고 있는지까지 결정하는 일은 불가능하기 때문이다.

경제학에서의 모순 논법

문제의 자세한 부분을 특별히 짚을 수 없다고는 하지만, 어딘가에 잘못된 부분이 있을 것이라는 모순 논법은 경제 문제를 생각하는 데 큰 도움이 된다. 나열되는 몇 가지 조건이 전체적으로 양립할 수 있는지 없는지 하는 관점에서 문제를 생각하면, 문제가 보다 명확해지는 일이 많기 때문이다.

사람들은 예부터 근검절약을 미덕으로 여겨 왔다. 현재의 소비를 억제하고 저축을 늘려 미래에 대비하는 것은 개인의 입장에서 보면 의심할 여지없이 좋은 일로 보이고, 그렇다면 그런 절약하는 사람들만 있으면 경제는 아주 바람직하게 돌아갈 것이라고 생각된다. 그런데 절약하는 사람들과 호경기는 양립하지 않고 모순된다. 왜냐하면 열심히 저축한다는 말은 소비를 절제한다는 뜻이므로 전체적으로 보면 소비재의 소비량은 감소할 터이다. 소비되는 소비재의 양이 감소한다는 것은 판매량이 줄어든다는 의미이다. 반면, 경기가 좋을 때는 소비재가 많이 팔리고 있을 터이므로 이 둘은 양립하지 않는다. 이 현상을 **절약의 역설**이라고 부른다.

이 논법을 사용해 '일흔 살을 맞은 모든 사람들에게 무조건 4,000만 원을 지급한다.'는 정책을 음미해보자.* 일흔 살을 맞은 모든 사람들에게 4,000만 원을 지급하겠다는 것은 약자 보호가 대의명분일 것이므로 약자가 아닌 그밖의 국민들 모두는 4,000만 원 이상의 소득이 있을 것이라는 의미일 것이다. 그렇지 않고서는 누가 약자인지 알 수 없다. 따라서 이 정책이 실현되면 어떤 국민도 적어도 4,000만 원의 수입을 얻게 된다. 일본 총무성 통계국에 따르면, 2003년 일본 총인구는 1억 2,761만 명이므로 최저한도 1인당 수입이 4,000만 원이라고 잡고 계산하면 국민 전체로 약 5,100조 원이 된다. 즉, 국민 전체에서 얻을 수 있는 소득의 합계는 적어도 5,100조 원이라는 것이다.

한편, 2003년도 일본 GDP는 연 4,980조 원 정도였다. 무슨 뜻이냐하면, 일본이 일 년간 벌어들이는 금액이 대략 4,980조 원이라는 의미이다. 국민 전체에서 얻을 수 있는 소득이 국가 전체가 벌어들이는 금액보다 많아질 리가 없을 터인데, 4,980조 원은 소득을 최저한도로 잡

---

* 2003년 일본 자유민주당 총재 선거에 입후보한 가메이 시즈카龜井靜香 씨는 눈이 번뜩
뜨일 듯한 과감한 경제 정책 중 하나로 이 공약을 내세웠다(〈요미우리신문〉 2003년 8월
18일 조간).

고 계산한 5,100조 원과 비교해도 너무 적은 숫자다. 즉, 국민 누구나 4,000만 원 이상의 소득이 있다는 점과 일본의 GDP가 약 5,000조 원이라는 점은 양립하지 않고 모순 관계에 있다는 사실을 알 수 있다. 따라서 당초의 정책을 실현하는 일은 불가능하다. 이 정책은 모순의 사상으로 음미해 봐야 한다.

2004년에 성립된 일본의 주요 법률 중 하나가 연금개혁법이었다. 이를 대략적으로 정리하면, 위기라고 말할 수 있는 연금재정의 악화에 대응해 연금제도가 장기간 안정적으로 기능하도록 연금 적립과 연금 급부의 균형을 재검토한 것이다.

법률이 성립된 후, 후생노동성 연금국이 작성한 〈2004년 연금제도

개정안 포인트〉 중에는 '연금은 낼수록 손해입니까?'라는 제목의 칼럼이 있었는데, 그 칼럼에는 '1985년 이후에 출생한 사람도 지불한 보험료보다 후생연금에서는 2.3배, 국민연금에서는 1.7배를 더 받을 수 있다는 계산이 나옵니다. 결코 '손해'가 아닙니다.'라는 해설이 있었다.

그러나 이번 연금제도 개정이 연금재정의 악화에 대응해서 나온 방책이라고 한다면, 이는 이 해설과 모순된다. 만일 이번 개정으로 국민 누구나 지불한 금액 이상으로 연금을 받는 제도가 확보되었다고 한다면, 그 차액은 공적으로 조달한다는 의미이므로 재정은 더욱더 악화될 것이다. 그렇지 않다면, 개정 후의 제도를 유지하는 일이 불가능하리라는 것이 명백하지 않은가?

연금제도는 요술방망이가 아니다. 단순히 돈이 나가고 들어가는 것만 생각한다면, 합계가 바뀌지 않는 한 국민 전원이 '낸 것보다 더 많이 받는다.'는 것은 결코 있을 수 없는 일이다. 누군가가 낸 것보다 더 많이 받는다면, 다른 누군가는 낸 것보다 덜 받지 않으면 이치에 맞지 않는다. 예를 들어, 기초연금은 국고에서 보조하므로 가입자는 지불한 것보다 더 많이 받을 수 있다. 그렇다면 국고에 있는 돈은 어디에서 나온 것인지를 생각할 수 있고, 그 돈은 누군가가 세금으로 낸 것이다. 모순의 논리를 통해 누군가가 낸 것보다 덜 받고 있다는 것은 금방 알 수 있지만, 그렇다면 도대체 누가 얼마만큼 손해를 보고 있는지는 분명하지 않다. 이 점이 이 문제의 골치 아픈 부분이다.

순전히 낸 금액과 받는 금액의 많고 적음만을 따져서, 낸 것보다 더 많이 받는지 덜 받는지를 설명하기 시작하면 금방 모순에 빠진다. 연금제도가 제공하는 주요한 경제 서비스는 미래에 대한 안심이라는 점을 이해해야만 한다. 여기서는 미래에 대한 안심을 통해 얻을 수 있는 편익이, 제도 유지를 위한 비용에 비해 얼마나 되는지가 중요한 논점인 것이다. 이렇게 생각하면, 인력도 시간도 마음껏 활용해 무슨 일이 있어도 국민들을 안심시키라는 식의 논의는 편파적이라는 사실도 알 수 있다. 예를 들어, 현재 사회보험청이나 2010년에 발족할 예정인 일본연금기구를 유지·운영하기 위해서 소요되는 비용 등 미래의 안정을 위해서 일본이 지불할 비용이 얼마나 되는지, 또한 연금제도의 개혁을 통해 그 비용을 절약할 수는 없는지 하는 물음이 함께 이루어져야만 하는 것이다.

▶▶▶

모순이 있다는 것은, 즉 거기에 트레이드오프의 관계가 있다는 사실을 알았다는 것이지 문제가 해결되었다는 것은 아니다. 모순의 발견은 논의의 출발점이지 종착점은 아니다.

칼럼 마음에 안 드는 일은 모두 모순된다

사람들은 자신이 승복할 수 없는 것, 또는 스스로는 아니라고 생각하면서도 그 생각에 반해 저질러버린 일을 모순이라는 말로 표현하는 경우가 많은 듯하다.

예를 들어, 스스로 해서는 안 된다고 생각하는 일을 할 수밖에 없는 상황을 한탄하거나, 주의 주장을 바꾼 것에 대해 변명하기 위해 모순이라는 표현을 즐겨 사용한다. 그러나 자신의 행동이 이상을 좇아가지 못하는 경우는 일상다반사다. 본디 자신의 신변 주위에 실재하는 일과 머릿속에 존재하는 일은, 말하자면 서로 차원이 다른 부분이 있으므로 이 둘이 논리적·물리적으로 양립하는지 아닌지를 결정할 수는 없다. 따라서 본래의 의미에 입각한다면, 여기에 모순을 내세우는 것은 적절하지 않다.

자신이 생각하는 대로 행동이 좇아가지 못한다면, 이는 오히려 너무 높은 이상이나, 일상생활과 행동의 조합 방식에서 그 원인을 찾아야 한다. 정세가 바뀌었거나 주의 주장의 근거가 변했다면, 자신이 해야 할 행동에 변화가 생겼다고 해도 전혀 이상할 것이 없으므로, 이전에 했던 말을 철회하고 새로운 행동을 취하는 데는 그 어떤 모순도 존재하지 않는다.

이처럼 본래의 의미에서 멀어진 용법으로 모순이라는 단어가 많이 쓰이게 된 배경에는, 생각대로 되지 않는 상황을 모순이라고 표현하면 그 사태는 불가항력적인 원인으로 일어난 것 같은 뉘앙스를 준다는 사정이 있기 때문이다. 모순이기에 어쩔 수 없다고 자신에게 일종의 면죄부를 주고 싶은 것이다. 책임 없는 방관자만큼 편한 것은 없다. 따라서 모순은 폼 나고 듣기에도 좋은 매우 편리한 말이 되는 것이다.

4

他山之石
타 산 지 석

분업과 전문의 경제 효과

하찮은 것도 쓸모가 있다

'타산지석他山之石'이란 아무리 쓸모없고 하찮은 것이라도 취하는 방법에 따라서는 자신을 반성하는 재료로 삼을 수 있다는 의미다. 나보다 열등한 사람의 언행을 내 몸을 연마하고 학문을 닦는 데 참고로 삼는 것을 가리킨다. "여러분은 이번 제 실패를 타산지석으로 삼았으면 합니다." 등으로 사용한다.

여기서 돌은 하찮은 돌멩이를 가리킨다. "여러분은 ○○씨의 실패를 타산지석으로……" 등으로 사용하는 경우를 보게 되는데, ○○씨의 실패가 아무짝에도 쓸모없다는 의미가 되므로 ○○씨에게 실례가 될 것이다. 또한, "말씀해 주신 고견을 타산지석으로 감사히 받아들이겠습니다.” 등과 같은 발언도 하는데, 이래서는 고견이 하찮다는 의미가 돼 버린다. 이렇게 단어의 오용에서 발생하는 손해는 막대할 수 있으므로 주의를 요한다.

‘타산지석’의 출전은 『시경詩經』이다.

타산지석의 유래

『시경詩經 · 소아편小雅篇』에 있는 「학명鶴鳴」이라는 시에서 하찮은 것이라 해도 어떻게 사용하느냐에 따라 도움이 된다는 점을 몇 가지 사례를 들어 노래하고 있다. 마른 가지나 더러운 낙엽이라도 비료로 쓰면 쓸모가 있다. 평범한 잡목이라도 좋은 나무가 쓰러지지 않도록 떠받쳐 세우는 버팀목으로 활용할 수 있다. 그리고 남의 산에서 가져온 하찮은 돌멩이라도 내가 갖고 있는 보석을 가는 숫돌로 이용하면 쓸모가 있다.

바로 이 마지막 부분에서 ‘타산지석’이라는 말이 생겨난 것이다. 원문을 읽어 보면, ‘타산지석 가이공옥他山之石 可以攻玉’이 된다. 오용을 막기 위해서는 이 문장을 그대로 외우는 편이 좋다. 여기서 ‘공攻’이란 갈다, 연마하다는 뜻이고, 옥玉이란 보석의 원석을 가리킨다. 보석의 원석은 이미 자신의 수중에 있는 것을 전제로 한다.

분업

신변에 있는 물건 중 제작에서 유통까지 한 사람이 모든 일을 도맡아 하는 것은 없다고 말해도 좋으리라. 예를 들어, 자동차 한 대는 다양한 부품으로 이루어져 있지만, 이들 부품은 수많은 부품 제조업체에서 만들어진 것이다. 농업만 하더라도 화학비료나 농기구는 농가에서 만들지 않으며, 농산물이 식탁에 오르기까지 실로 많은 사람들이 관계하고 있다. 어떤 예를 생각해 보아도, 경제는 수많은 사람들이 분담해 일을 함으로써 성립하고 있음을 실감할 수 있을 것이다. 즉, 현대 경제는 **분업**으로 이루어지고 있는 것이다.

'타산지석'이 주는 교훈에서는 분업할 때 누가 어떤 일을 해야 하느냐는 기준을 배우고자 한다. 이를 위한 출발점으로 분업이 가진 경제적 효과를 정리해 보자.

분업이 이루어지는 이유는 분업을 통해 작업이 효율적이 되기 때문이다. 우리들은 경험적으로 모두 같은 작업을 하지 않고, 각자 맡을 업무를 정해 분담해서 작업하는 편이 일을 보다 빨리 마칠 수 있다는 사실을 알고 있다. 즉, 분업의 경제학적 효과는 한마디로 효율화다.

분업이 효율화에 도움이 되는 이유를 적확하게 지적한 이는 경제학의 창시자라고 불리는 아담 스미스Adam Smith였다. 스미스는 저서 『국부론』에서 핀을 제조하는 한 공장의 예를 들어 분업의 의의를 분석하고 있다. 그 예란 핀을 제조하는 공정을 핀의 각 부분을 만드는 작업과 부품을 모아 핀으로 만드는 작업 등으로 나누어 각 노동자에게 한 작업에만 전념시킨 결과, 각 노동자가 핀 제조 공정 모두를 혼자서 도맡아 했을 때보다 같은 시간에 훨씬 많은 핀을 만들 수 있었다는 것이다. 바꿔 말하면, 같은 양의 재화나 서비스를 생산하기 위해서는 분업을 하는 편이 노동시간을 절약할 수 있다는 말이다.

공장에서의 작업뿐만 아니라 경제 전체에서 생각해도 재화나 서비스의 생산은 다양한 산업 부문에 의해 분담되어 이루어지고 있다고 생각할 수 있다. 공장에서의 분업과 마찬가지로 경제 전체에서 분업이 이루어짐에 따라 효율성이 향상되기 때문이다.

이처럼 분업에 의해 효율성이 향상되는 이유로 스미스는 몇 가지를 들었는데, 이들 이유는 지금까지도 통용된다. 이를 대강 요약해서 말하면, 분업에 의해 작업이 제한되므로 그 작업에 금방 익숙해질 수 있다는 것이다. 요컨대, 작업이 신속하게 이루어지는 이유는 각 사람들이 자신이 맡은 구역에서 전문가가 될 수 있기 때문이다. 그리고 작업을 숙지한 전문가들은 자신이 맡은 구역에서 작업을 더욱 효율적으로 하기 위해 궁리를 하므로, 이것이 또한 전체의 효율화로 이어진다.

즉, 경제학적 분업은 단순히 일을 나누어 한다는 점뿐만 아니라 사람과 기업이 분할된 업무의 전문가가 된다는 점에 의의가 있다. 여기서 후자를 **특화** 또는 **전문화**라고 한다. 분업은 효율화를 낳는다고 말했지만, 정확히 말하면 분업과 특화가 어우러져 효율성이 향상되는 것이다.

비교우위의 원칙

그렇지만 애초부터 분업 내에서 필요 없는 존재였고, 결과적으로 특화되지 못하여 일자리를 찾지 못하는 사람은 생기지 않는 걸까? 무슨 일을 시켜도 서투르기만 한 사람은 도대체 어떻게 되는 걸까? 아무리 분업으로 효율화를 꾀한다고 해도 분업에 참가할 수 없는 사람에게는 분업이 이루어지지 않는 편이 더 낫지 않을까?

이런 의문들은 국제적인 분업이 본격적으로 시작되던 18세기 무렵

에 활발하게 논의되었다. 만일 전 세계에서 무역이 자유롭게 이루어
진다면, 공업생산력도 농업생산력도 떨어지는 열등한 국가는 공업제
품도 농업제품도 수출할 수 없다. 따라서 자유무역을 추진한 결과, 그
런 나라는 혜택을 못 입는 것 아니냐? 결국, 자유무역이란 강력한 생
산력을 가진 국가를 무역에 의해 부유하게 만들 뿐이며, 국가 간의 격
차를 확대하는 제도가 아니냐는 의문을 당시 사람들은 품고 있었던
것이다.

이런 의문에 대해 영국의 경제학자 리카도David Ricardo는 자유무역 체
제를 추진해야 한다고 주장하면서 이를 위한 이론을 전개하였다. 리카
도의 이론은 참으로 타산지석의 교훈 그 자체다. 즉, 남의 산의 돌이라
도 숫돌로 이용하는 것처럼, 자유무역 체제가 되었을 때 전혀 도움이
안 되는 국가란 있을 수 없다는 것이다.

예를 들어, 아주 평범한 동네 야구팀에 메이저리그에서 활약하는 이
치로 선수가 참가했다고 가정해 보자. 이치로 선수에게 어떤 수비 포
지션을 맡겨도 동네 야구팀의 다른 선수들보다는 훨씬 잘할 것이다.
그렇다면 이치로 선수 이외의 다른 선수들에게 시합에 나갈 기회가 전
혀 없느냐 하면 그렇지는 않다. 이치로 선수 혼자 수비를 하고 나머지
8명의 선수가 벤치에 앉아 차를 마시고 있는 것보다는, 이치로 선수를
대신해서 9명의 선수가 분담해 수비를 하는 편이 팀은 훨씬 강해진다.

즉, 하찮은 남의 산의 돌이라고 해도 분업 시스템 속에서는 확실하
게 공헌할 수 있다. 뒤집어 말하면, 분업이 이루어지고 있기에 남의 산
의 돌에게도 중요한 역할이 생기는 것이며, 분업이 없다면 남의 산의
돌은 언제까지나 그저 하찮은 돌멩이일 뿐이다. 즉, 특정한 사람, 조직

또는 국가가 모든 면에서 우월하거나 또는 열등하다는 **절대우위**의 관계는 분업의 성패와는 관계가 없다는 말이다.

자, 그렇다면 누가 어떤 일에 특화되어야 할까? 리카도는 여기서 중요한 점은 상대적인 장기라고 주장하고, 이를 **비교우위의 원칙**이라고 불렀다. 이 원칙을 예를 통해 이해해 보자.

둘이서 분담해 요리와 빨래를 할 때 생각해야 할 점은 어느 쪽이 요리나 빨래를 잘하느냐가 아니라, 둘 중에서 어느 쪽이 상대적으로 요리보다 빨래를, 또는 빨래보다 요리를 잘하느냐 하는 점이다. 비교우위의 원칙이란 요리보다 빨래를 상대적으로 잘하는 사람이 빨래를 하고, 빨래보다 요리를 상대적으로 잘하는 사람이 요리를 해야 한다는 것이다.

여기에서의 요점은 '두 사람 중에서 상대적'이라는 점이다. 예를 들어, 이 두 사람 모두 빨래보다는 요리를 잘한다고 치자. 요리를 해야 하는 사람은 두 사람 중에서 상대적으로 빨래보다 요리를 더 잘하는 사람이다. 여기까지의 상황은 간단한 수치의 예로 살펴보면, 좀 더 쉽게 알 수 있다.

요리와 빨래의 예에서 A는 요리를 60분 만에 하지만, 빨래는 100분 걸린다고 치자. B는 요리에 70분, 빨래에는 140분이 필요하다고 한다. 두 사람 다 빨래보다 요리를 빠르고 효율적으로 할 수 있으므로 빨래보다 요리를 잘한다고 볼 수 있다. 또한, 요리와 빨래 모두 A가 솜씨 좋게 할 수 있으므로 A는 B에 대해 절대우위에 있다. 말하자면 B는 남의 산의 돌인 셈이다.

A가 B보다 요리를 척척 잘할 수 있지만, 요리를 해야 하는 쪽은 B

이다. 왜냐하면 B는 빨래를 하는 시간의 절반 시간으로 요리를 할 수 있지만, A는 60%이므로 상대적으로 요리를 빨래보다 잘하는 사람, 즉 요리에 비교우위가 있는 쪽은 B이기 때문이다. 실제로 B가 요리를 맡는다면, 둘이서 소비해야 하는 시간의 합계는 170분이다. 그러나 요리를 A가 맡는다면, 소비 시간은 200분이 되어 버린다. 남의 산의 돌이라도 숫돌이 된다가 아니라 남의 산의 돌이기에 숫돌로써 사용하라는 것이 비교우위의 원칙인 것이다.

마지막으로, 어떤 작업으로 특화해야 하는가는 분업에 참가하는 다른 사람들의 자질에 의존한다는 점도 강조하고 싶다. 상대적 비교이므로 누구와 비교하느냐에 따라 결과가 달라지기 때문이다.

이 점 역시 예를 들어 설명하자면, 이치로 선수는 메이저리그 시합에서는 과거 우익을 지켰고, 현재는 센터를 지키는 경우가 많다. 이는 꼭 이치로 선수 개인의 능력이 변했기 때문이라고는 볼 수 없다. 오히려 메이저리그 선수로 구성된 팀에서 처음에는 이치로 선수가 우익을 지키는 데 비교우위가 있었지만, 그후 소속팀의 사정이 바뀌어 다른 선수들의 상대적 기량이 바뀌었으므로, 센터를 지키는 데 비교우위가 생겨났기 때문이라고 생각하는 편이 자연스러울 것이다. 어디에 특화해야 하는가는 다른 선수들에 의존하는 것이다. 이는 가상 동네야구의 예와 더불어 생각하면 보다 분명해진다. 내가 생각하기에 동네야구에서는 투수가 가장 어려운 포지션이므로 아마 이치로 선수가 상대적으로 가장 뛰어난 포지션은 투수일 것이다. 즉, 비교우위의 원칙에서 생각한다면 이치로 선수는 외야수가 아닌 투수를 맡아야 한다. 적어도 동네야구에서는 그다지 공이 날아오지 않는 우익

에 이치로 선수가 우두커니 서 있는 그림은 도저히 효율적인 분업이
라고는 생각할 수 없다.

분업을 해야 남의 산의 돌에게도 활로가 생긴다. 분업과 격차는 같은 개념이 아니
다. 보조를 맞추려고 하는 안이한 평등사상은 잠재적인 성공자成功者의 적이다.

칼럼 요점이 빗나간 세계화 논의

분업은 효율성을 개선한다고 강조해왔다. 즉, 분업을 함으로써 시간
이 절약되고, 그 결과 전체적으로 보다 많은 재화와 서비스가 창출된
다는 것이었다.

그러나 효율성의 개선은 경제 전체의 편익 증가를 의미하기는 하지
만, 증가한 편익이 최종적으로 누구에게 돌아가는지에 대해서는 아무
것도 말하지 않는다는 점에 주의해야 한다. 즉, 분업 이론은 자유무역
의 추진과 경제의 글로벌화에 의해 세계적인 규모로 분업이 진전되었
을 때 세계 전체의 편익이 증가할 것으로 예측하지만, 누가 그 편익을
누리는가 하는 문제에 대해서는 아무 말도 하지 않는다는 것이다. 이
론적으로 말하면, 분업에 의해 얻어진 편익의 부수입 전부가 결국 특
정인이나 특정 국가에 착취될 가능성이 아주 크다.

효율화와 이것으로 확보된 편익의 분배 문제는 분명 서로 관련되어
있기는 하지만, 본래 다른 관점을 나타내는 개념이다. 이에 관해 자주
거론되는 크나큰 오해 두 가지가 있다. 첫 번째는 경제학에서는 이론
적으로 자유무역에 의해 전 세계의 모두가 똑같은 혜택을 받는다고 제
시하고 있으므로, 자유무역을 저해하지 말라는 것이다. 그러나 이런

이론은 존재하지 않는다. 그리고 두 번째는 분업의 진전과 효율화는
필연적으로 격차와 불평등을 낳는다는 것이다. 이런 이론 또한 존재하
지 않는다, 적어도 경제학 속에서는.

5

洛陽紙價貴
낙 양 지 가 귀

가격이론

저술한 책이 잘 팔리다

'낙양지가귀洛陽紙價貴' 또는 '낙양의 종이 값이 오른다.'는 것은 출판한 책이 잘 팔린다는 의미다.

사람들이 문자 없이 사회생활을 한다는 것은 쉬운 일이 아니다. 실제로 도시 문명이 시작되기 이전, 적어도 5,000년 전쯤에는 점토판에 글씨를 새긴 편지 비슷한 것을 주고받았던 모양이다. 점토판 외에는 돌이나 나무, 동물 가죽 같은 것에 글씨를 새겼지만, 이들 재료는 문자를 적는 매체로써는 그리 탁월하지 않았다. 그렇다면 왜 오늘날과 같이 종이를 사용하지 않았느냐고 묻는다면, 당시에는 종이가 아직 발명되지 않았기 때문이다.

종이 제조법이 확립된 때는 중국 후한後漢 시대이므로 약 2,000년 전의 일이다. 이렇게 보면, 인류가 문자에 의한 의사전달법을 고안하고, 종이라는 매체를 획득할 때까지 놀라울 정도로 오랜 세월을 필요로 했다는 사실을 알 수 있다. 점토판과 같은 구식 매체에 비해 훨씬 가볍고 품질을 조절하기 쉬운 종이가 발명되었다는 것은, 문화사상을 기록·전승하기 위해서 참으로 획기적인 사건이었던 것이다.

당시 사람들도 곧 종이의 중요성을 인식했다. 그래서 오랜 세월 동안 종이 제조법은 중국에서도 비밀에 붙여졌다. 종이 제조법이 비밀에 붙여졌기 때문에 종이는 오랫동안 극히 일부 사람들만 쓸 수 있는 귀중품이었다. 길거리에서 광고용 휴지를 무료로 나누어주는 현대 문화를 설명한다 해도 당시 사람들에게는 도저히 믿을 수 없는 일일 것이며, 실제로 휴지로 코를 푸는 사람을 본다면 틀림없이 기절하고 말 것이다.

'낙양지가귀'는 진晉 왕조에 대해 저술한 역사서 『진서晉書·문원전文苑傳』에 있는, 진나라의 문인 좌사左思에 얽힌 일화가 그 출전이다. 진나라가 번영을 누렸던 시기는 한漢나라 직후이므로, 진나라 때는 아직 종이 제조가 비밀리에 이루어지고 있었다. 따라서 종이는 어디에 가든 쉽게 얻을 수 있는 물건이 아니었다.

낙양지가귀의 유래

진나라의 좌사는 후한 시대에 저술된 반고班固의 「이도부二都賦」와 장형張衡의 「이경부二京賦」를 본떠, 삼국 시대에 번영을 누렸던 세 도시를 노래한 「삼도부三都賦」를 10년이라는 세월에 걸쳐 완성하였다. 좌사는 예술가로서 탁월한 재능을 갖고 있었다. 그러나 얼굴이 못생기고 말수가 적어 사람들과 잘 사귀지 못했기 때문에 자신의 작품을 알리는 일이 그리 수월치 않았다. 그래서 「삼도부」가 완성된 초기에는 그다지 사람들의 이목을 끌지 못했다.

그러나 진정 훌륭한 작품은 언젠가는 두각을 나타내는 법이다. 어느 날, 우연히 「삼도부」를 읽은 학자는 아주 훌륭한 작품이라고 감탄하고 친구에게 추천했다. 이것이 계기가 되어 점차 「삼도부」는 사람들의 주목을 받게 되었다. 마침내 당시 재상이었던 장화張華가 「삼도부」를 읽고 난 후, 이 책은 「이도부二都賦」나 「이경부二京賦」와 견줄 만한 훌륭한 작품이며, 교양인의 필독서라고 격찬하였다. 그래서 수도 낙양에 사는 상류계급 사람들이 앞 다투어 「삼도부」를 읽으려 했다.

그러나 그 시대는 복사나 대량 인쇄를 할 수 없었던 시대였다. 읽고 싶은 책이 있다면 아랫사람을 시켜 베껴 쓸 수밖에 없으므로 상류계급 사람들은 우선 종이부터 사려고 했다. 그런 까닭에 낙양에서는 종이 값이 폭등하고 말았다. 낙양의 종이 값이 오를 만큼 「삼도부」는 인기 있는 책이 되었던 것이다.

수급이론의 기초

'낙양지가귀'만큼 고상한 고사성어가 또 있을까? 경제학 용어로 말하면, 낙양의 종이 값이 상승한 이유는 한정된 종이 공급에 비해 수요가 증가했기 때문이다. 낙양 이야기에 좀 더 현대적인 구체성을 띠게 하면서 **시장이론**의 요점을 정리해보자.

이야기를 쉽게 하기 위해서, 「삼도부」를 베껴 쓰기 위해서는 종이

한 장이 필요하고, 낙양에는 딱 1,000장의 종이밖에 없다고 가정해보자. 또한 낙양에는 휴지로 코를 푸는 정신 나간 사람은 없으며, 종이는 오직 「삼도부」를 베껴 쓰기 위해서만 사용된다고 가정하자. 그리고 이 종이들이 한 장당 1,000원에 과부족 없이 팔렸다고 치자. 여기에서 과부족이 없다는 말은 팔다 남은 것도 없고, 1,000원이라면 나도 사고 싶었는데 결국 못 샀다는 불운한 사람도 없었다는 뜻이다.

이를 시장이론 용어로 바꿔 말하면, 1,000원일 때 수요량이 1,000장이고, 공급량이 1,000장이므로 정확히 가격 1,000원으로 시장에서의 수급이 균형을 이루었다는 의미가 된다.

시장이론이란 게 이렇게 단순하지만, 그 내용은 아주 깊고 오묘하다. 앞의 사례를 조금만 주의해서 생각한다면, 다음 세 가지를 배울 수 있다.

가격이 1,000원이라는 것의 의미

첫 번째로, 가격이 1,000원이라고 해서 실제로 종이를 구입한 사람들이 정확히 1,000원만 지불할 의사가 있었다고는 볼 수 없다는 점이다. 가격이 1,000원이 되었다는 사실에서 알 수 있는 것은, 종이를 구입한 사람은 누구나 종이 한 장당 적어도 1,000원을 지불해도 좋다고 생각하고 있었다는 점뿐이다. 그 사람들 중에는 딱 1,000원만 지불할 의사가 있었고, 그보다 10원이라도 비싸다면 사지 않겠다는 사람도 있을 것이다. 또한, 한편으로 돈을 아낌없이 써서라도 종이가 사고 싶어서, 만일 종이 값이 10만 원이라 해도 구입할 의사가 있었던 종이 마니아도 있었을지 모른다. 즉, 1,000원일 때의 수요량이란 1,000원

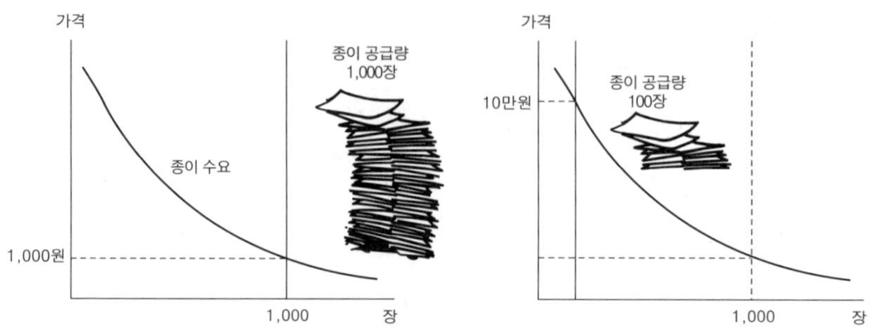

공급이 줄면 가격이 상승한다

이상을 지불해도 좋다고 생각하고 있었던 사람들의 합계에 대응하고 있는 셈으로, 오히려 종이를 구입한 거의 모든 사람들이 1,000원을 훨씬 웃도는 금액을 지불할 의사가 있었을 것이라는 점을 알 수 있다.

우리들은 값이 1,000원인 물품의 가치는 당연히 1,000원이라고 간주하는 경향이 있는데, 이는 그다지 올바른 생각이 아니다. 왜냐하면, 1,000원만 지불하려고 한 사람에게 분명 종이는 1,000원짜리 물건이지만, 10만 원을 지불해도 좋다고 생각하고 있던 사람은, 무려 1,000원이라는 아주 저렴한 가격으로 종이를 구입해서 크게 득을 봤다며 한동안 행복한 기분에 젖어 있었을 것이기 때문이다. 일상생활에서 우리들이 싸게 사서 이득을 봤다고 여기는 것은, 정도의 차이는 있지만, 지불해도 좋다고 생각하는 금액과 실제로 지불한 금액의 차액에 반응하고 있기 때문이다. 경제학에서는 이처럼 싸게 사서 이득을 봤다는 기분을 나타내는 금액 차이를 **소비자잉여**라고 부른다. 꽤나 거창한 이름이지만, 나타내고 있는 의미는 아주 간단하다. 10만 원을 지불해도 좋다는 사람의 경우라면, 10만 원에서 1,000원을 뺀 9만 9,000원이 소비자잉여에 해당한다.

가치와 가격이 꼭 상관관계에 있는 것은 아니다

두 번째로, 가격의 높고 낮음은 수급관계로 결정되고, 본질적인 가치와는 관계가 없다는 점이다. 예를 들어, 낙양에 있는 종이가 1,000장이 아니라 100장이었다고 가정하자. 낙양에 종이가 몇 장 있든 종이 한 장으로 할 수 있는 일은 똑같으므로, 종이 한 장을 사용함으로써 생기는 가치는 낙양 전체에 있는 종이 숫자와는 관련이 없을 터이다. 그런데 이번에는 1,000명의 사람에게 골고루 돌아갈 만큼의 종이가 없으므로 누군가에게 양해를 구하지 않으면 안 된다. 그러므로 종이 값이 오르는 것이다.

이런 상황을 좀 더 자세히 살펴보자. 종이 값이 1,000원에서 1,500원으로 오른다 해도, 10만 원을 지불해도 좋다고 생각하고 있던 종이 마니아는 역시 사려고 할 것이다. 그러나 딱 1,000원이면 사겠다고 생각하고 있던 사람은 이번에는 너무 비싸므로 종이를 사지 않는다. 따라서 이 사람들은 자연히 종이 구입을 포기하기 때문에, 종이를 사려는 구매자는 1,000명보다 줄어들 것이다. 즉, 가격이 오르면 종이 수요량은 감소하게 된다. 그리고 수요량이 정확히 100장이 되는 지점에서 종이 값이 결정되는 것이다. 가격이 얼마만큼 상승하느냐는 낙양 사람들이 얼마만큼 종이를 원하고 있느냐에 따르는데, 적어도 종이의 본질적 가치가 바뀌었기 때문은 아닐 터이다.

꽁치나 정어리처럼 가까운 바다에서 잡을 수 있는 생선의 가격은 어획량에 크게 의존한다. 시장이론이 가르쳐준 대로 생선이 많이 잡히면 값은 내려가고, 생선이 적게 잡히면 값은 상승한다. 그러나 생선이 많이 잡혀 값이 내려갔다고 해서 생선 질이 떨어지는 것은 아니다. 오히려 생선이 많이 잡혔을 때 소비자에게 도달하는 생선의 질은 더 높다고 말할 수 있을 것이다.

경제학 입문서에 반드시라고 말해도 좋을 만큼 자주 등장하는 것이 **물과 다이아몬드의 역설**이다. 다이아몬드는 공업 생산을 위해서 중요하지만, 장식품으로 목걸이 등에 박혀 있는 다이아몬드는 물품 제조에는 아무런 쓸모가 없는 돌멩이일 뿐이다. 내가 보기에 다이아몬드는 부피가 별로 크지 않다는 것이 유일한 장점이라고 말할 수 있는 물건인데, 이런 물건에 진정한 가치 따위가 있을 리 없다. 한편, 사람은 물 없이는 살 수 없으므로 물이 가진 진정한 가치는 아주 높을 터이다. 그런데 다이아몬드는 가치가 아주 높고, 물은 다이아몬드에 비하면 거의 공짜나 다름없는 가격에 살 수 있다.

종이의 예를 응용한다면, 이를 간단하게 설명할 수 있다. 다이아몬드가 비싼 이유는 비싼 값을 지불해서라도 이 돌멩이를 사고 싶다고 생각하는 이상한 사람들이 다이아몬드의 숫자 이상으로 많이 있기 때문이다. 한편, 한국이나 일본에서 물이 싼 이유는 사람이 필요로 하는 이상으로 물이 있기 때문이다.

시장이론의 가르침에 따르면, 어떤 원인으로 물이 아주 부족해진다면 물 값은 다이아몬드 가격 못지않게 비싸진다. 실제로 페트병에 들어 있는 좋은 물은 나름대로 고가인데, 이는 좋은 물의 공급량이 적기 때문이다. 반대로, 누군가가 천연 다이아몬드와 구별이 안 되는 다이아몬드를 물처럼 대량으로 생산하는 기술을 발명한다면, 다이아몬드는 물 이하의 가격으로 크게 폭락할 것이다. 현재 다이아몬드를 매우 소중하게 간직하고 있는 사람들은 이런 기술이 개발되지 않도록 신경 써야 할 것이다.

가격차별

세 번째로 주목하고자 하는 것은 시장에서는 거래의 익명성이 중요하다는 점이다. 앞에서 보았듯이, 1,000원에 구입하는 사람들 중에는 10만 원을 지불하고서라도 사고 싶다는 여유 있는 사람도 섞여 있지만, 값이 1,000원이라는 것은 그 사람 역시 1,000원만 지불한다는 의미이다. 즉, 거래에서는 가격만 중요할 뿐이고, 구매자와 판매자 각 개인의 특수한 사정은 고려되지 않는다.

만일 이런 익명성이 없고 판매자는 각 개인의 구매자에게 각기 다른 가격을 매길 수 있다고 가정해보자. 즉, 판매자는 고객을 보고 가격을 매기는 것이다. 그렇게 되면, 10만 원을 지불해도 좋다고 생각하는 사람은 매우 주의 깊게 행동하지 않는다면 1,000원으로는 절대 구입할 수 없을 것이다. 자신이 10만 원을 지불해도 좋다고 생각하고 있음을 판매자에게 들켜 버린다면 판매자는 당연히 값을 올릴 것이기 때문이다.

어떤 거래든 자신이 그 물건을 몹시 갖고 싶어 안달이 났다는 사실을 상대방에게 들켜버린다면 입장이 불리해지는 법이다. 그러므로 흥정을 잘하려면 마치 자신은 거의 관심이 없으며, 값이 비싸면 절대 안 살 것처럼 단호하게 행동하는 습관을 익혀야만 한다.

깐깐한 오사카 출신 아주머니가 무엇을 보든지 "거참, 비싸네."라고 말하는 것은 이런 의미에서 이치에 맞다는 사실을 알 수 있다. 이는 꼭 물건을 사고파는 일에만 한정되지 않는다. 아무리 거대한 속셈이 있다 해도 상대가 하라는 대로 하는 것은 어리석기 그지없는 행동인데, 이 것도 사정은 같은 것이다.

반대로 판매자의 입장에서 보면, 구매자의 속성을 파악해 이에 맞게 가격을 매긴다면 돈을 많이 벌 수 있을 것이다. 실제 경제에서 판매자 는 다양한 수단을 활용해 상대에 맞춘 적확한 가격을 매기려고 궁리하 고 있는데, 이를 전문용어로 **가격차별화**라고 한다.

단골손님이나 회원에게는 가격을 할인해주는 장사 관행도 가격차별 화의 일종이다. 요즘에는 결혼정보회사의 단체미팅 이벤트라는 것이 있어, 남성과 여성의 요금이 놀랄 정도로 차이가 나는 것이 오히려 정 상인 듯하지만, 이것도 하나의 예라고 말해도 좋다. 또한, 교묘하게 꾸 며져 있어 얼핏 보아서는 알 수 없는 가격차별화도 있다.

예를 들어, 휴대전화 계약에는 다양한 요금제도가 있으므로, 고객은 자신의 휴대전화 사용방식에 맞춰 가장 유리한 요금제도를 선택하려 고 한다. 바꿔 말하면, 회사 측은 고객에게 요금제도를 선택하게 함으 로써 휴대전화 사용방식이라는 고객의 속성을 밝혀내고, 그 속성을 포 함해 각각의 요금제도의 가격을 설정하고 있는 것이다. 주변을 조금만 주의해서 살펴본다면, 이런 형식의 가격차별화를 쉽게 발견할 수 있을 것이다.

경쟁시장은 격차를 낳는가?

세상에는 공평 · 불공평에 매우 민감한 사람들이 있다. 그들은 물건

값이 오르면 부자밖에 물건을 살 수 없게 되고, 이는 불공평하므로 자유거래 시장은 당치도 않다고 생각한다. 이런 생각은 분명 일리가 있지만, 내가 보기에 자유거래 시장은 당치도 않다고 주장하는 사람들의 대부분은 하나만 알고 둘은 모르는 듯 싶다.

낙양의 종이 예를 다시 한 번 들어 이 같은 상황을 설명해 본다. 만약 종이 공급량이 1,000장에서 100장으로 줄고, 1,000원이었던 종이 값이 폭등해 1만 원이 되려 한다고 가정해보자. 자유거래 시장은 당치도 않다는 논리를 펴는 사람은, 자유거래에 맡겨 종이 값이 오른다는 것은 「삼도부」라는 고금에 드문 예술작품을 부자들만 독점하는 꼴이 되므로 불공평하며, 단연코 종이 값을 1,000원으로 그대로 두어야 한다고 할 것이다. 그리고 제비뽑기 따위를 해서 100명을 선정해 100장의 종이를 분배하면 종이가 공평하게 사람들에게 돌아가지 않겠느냐고 말할 것이다.

이 주장은 얼핏 보면 공정한 것처럼 보이지만, 이래서는 도리어 만사가 왜곡되고 만다. 왜냐하면, 10만 원을 지불해도 아깝지 않다고 생각하는 사람은 제비뽑기에서 떨어졌다고 해도 결코 종이를 포기하지는 않을 것이기 때문이다. 그는 1,000원보다 비싸면 살 마음이 없었는데도 우연히 제비뽑기에 뽑힌 사람에게 많은 돈을 주고 종이를 구입하려 들 것이다. 논리상으로 보았을 때, 10만 원에 산다고 해도 이상할 것이 없다. 그러면 원래 1,000원분 정도밖에 흥미가 없었던 사람은 흔쾌히 종이를 넘길 것이다. 그 결과, 열심히 종이를 만든 사람은 1,000원밖에 못 버는데, 우연히 제비뽑기에 당첨된 사람은 큰돈을 벌게 된다. 이런 상황을 공평하다고 보기는 어려울 것이다.

더군다나 왜곡은 이것만으로 끝나지 않는다. 왜냐하면, 이처럼 큰돈을 벌 수 있게 되면 문학에 아무런 흥미가 없었던 사람들도 나도 나도 하면서 일단 추첨에 참가할 것이기 때문이다. 그 결과, 추첨하는 장소는 1,000원 이상 지불해도 좋다고 생각하고 있던 선량한 1,000명의 문학 팬뿐만 아니라, 일확천금을 노리는 벼락 종이상인들로 북적거리게 된다. 그리고 종이 마니아가 지불하는 10만 원은 벼락 종이상인들의 호주머니 속으로 들어갈 가능성이 커지는 것이다.

실제로 야후Yahoo의 옥션을 살펴보면, 잡다한 상품이나 상품권 등이 매물로 나와 있는데, 그중에는 앞의 벼락 종이상인에 해당하는, 벼락 암표상들이 상당수 섞여 있는 듯하다. 그러나 이들을 비난하는 것은 본말전도라고 말할 수 있을 것이다. 왜냐하면, 문제는 시장 시세보다 싼 가격에 물건을 파는 사람이 있다는 데 있기 때문이다.

소박한 공평의식을 토대로 한 분배 방법은 도리어 편익분배의 공평성을 왜곡시키는 법이다. 보다 골치 아픈 문제는 소박한 공평의식을 가진 사람들이 이런 사실을 알아채지 못한다는 것이다.

▶▶▶

값비싼 물건이 꼭 가치가 있다고는 단정 지을 수 없고, 가격이 싼 것이 보잘것없는 것도 아니다. 그러나 무리하게 가격을 정하려고 하면 여러 가지 폐해가 생기는 법이다.

6

先始於隗
선 시 어 외

케인즈와 승수효과

큰일을 이루려면 우선 작은 일부터

'선시어외先始於隗'란 큰일을 완수하기 위해서는 우선 자신부터 시작해야만 한다. 또는 원대한 목표라고 해도 하잘것없어 보이는 주변의 일부터 먼저 시작해야 한다는 의미다. 우선 당신 자신부터 시작하라는 의미로도 쓰인다.

'선시어외'라는 말뿐 아니라 어떤 일부터 시작해야 할지를 함께 적는 것이 흔히 쓰이는 용법이다. 이에 대한 몇 가지 예문을 들어 본다. '지구 온난화 문제를 해결하기 위해 나도 무언가 도움이 되고 싶다고 생각한다면, 선시어외로 우선은 사용하지 않는 전기 스위치를 부지런히 끕시다.', '하고 싶은 일이 많아도 동시에 다할 수는 없으니, 우선

선시어외로 책상 위 정리부터 시작합시다.', '교통 정체가 문제라고 생각한다면, 선시어외로 우선 나부터 자가용 출퇴근을 자제하면 어떨까요?' 등이다.

비슷한 한자성어로는 '매사마골買死馬骨'이 있다. '매사마골'이란 죽은 말의 뼈를 산다는 뜻으로, 하찮은 인물이라도 소중히 하면 유능한 인재들이 모여든다는 의미이다.

'선시어외'와 '매사마골'은 둘 다 『전국책戰國策 · 연책일燕策一』에 있는, 다음과 같은 일화에 따른다.

선시어외의 유래

중국 전국 시대, 연燕나라 소왕昭王은 국력을 증강하기 위해 인재를 많이 모으려고 했다. 그런데 기대한 만큼의 우수한 인재를 좀처럼 얻을 수가 없어서 한탄하곤 했다. 이때 소왕 밑에 식객으로 있던 곽외郭隗가 다음과 같은 이야기를 들려주었다.

*

옛날, 어떤 이가 명마를 구하려고 백방으로 애를 썼으나 좀처럼 구할 수가 없었다. 그때 아주 훌륭한 명마가 있다는 소문을 듣게 되었다. 그는 소문대로 진짜 명마라면 천금을 주어도 아깝지 않다고 생각해, 하인에게 얼마가 되든 개의치 말고 사가지고 오라고 시켰다. 그런데 하인이 그곳에 도착했을 때 그 말은 이미 죽어 있었다. 하지만 하인은 죽은 말의 뼈를 오백 금이라는 거금을 주고 사가지고 돌아왔다.

죽은 말의 뼈는 아무런 가치가 없는데도 불구하고 거금을 주고 사온

 고사성어로 배우는 경제학

하인을 호되게 야단치자, 하인은 죽은 명마인데도 오백 금이라는 거금을 주고 샀다는 소문이 퍼지면, 살아 있는 진짜 명마라면 어마어마한 가격에 사줄 것이라고 여겨 모두 앞을 다투어 명마를 데리고 몰려올 것이라고 태연한 얼굴로 말하였다. 과연 그로부터 머지않아 그는 세 마리의 명마를 손에 넣을 수 있었다고 한다.

*

그리고 곽외는 "우선 지금 바로 옆에 있는 저, 외隗부터 시작해주십시오."라고 소왕에게 아뢰었다. "저같이 아무런 장점도 없는 인물이라도 왕께서 우대해주신다면, 온 나라의 인재가 앞을 다투어 왕 앞에 모습을 드러낼 것입니다. 그리고 이런 소문이 퍼진다면, 이를 들은 다른 나라의 인재들까지도 경쟁하듯 몰려올 것입니다."라고.

케인즈의 충격

별 가치가 없다고 여겨지는 작은 일이라도 자금을 듬뿍 들인다면, 이것이 퍼져 커다란 파급효과를 얻을 수 있다. 이런 사고방식을 경제이론으로 전개한 이가 케인즈John M. Keynes이다.

내가 대학생이었을 무렵에는 거시경제이론 하면, 케인즈 이론을 의미한다고 말해도 좋을 정도로 영향력이 있었다. 케인즈 이론을 공부하려면 우선은 케인즈의 경제학적 사고를 설명한 그의 저서, 통칭 『일반이론The General Theory of Employment, Interest and Money』을 읽어야 한다고 배웠다. 그러나 1930년대에 저술된 『일반이론』은 사실 어려운 책이었다. 혈기왕성했던 나는 시오노 야쓰쿠모塩野谷九十九가 번역한 『일반이론』을 찾아내 열심히 탐독했지만, 잘 이해할 수가 없었다. 지금도 훌훌 책장을 넘기면서 다시 읽어봐도 역시 잘 모르겠다. 새롭게 번역된 『일반이론』 쪽도 이해가 안 되기는 마찬가지다.

이렇듯 읽어도 잘 모르겠는 책으로는, 마르크스Karl Marx의 『자본론 Das Kapital』을 꼽을 수 있다. 사키사카 이쓰로向坂逸郎가 번역한 『자본론』 전 4권을 입수해 그 속에 궁극적인 진리가 있을 것이 틀림없다고 생각하며 꽤나 열심히 읽어 댔지만, 이해할 수 없었던 것은 『일반이론』보다 더했다. 당시 젊었던 나는, 모르는 것을 마치 아는 것처럼 말하는 것이야말로 학문일 것이라고 묘하게 납득을 했었다.

일반적으로 내용이 어려울수록 무언가 있어 보인다는 것은 참으로 불가사의한 현상이다. 이런 사정을 생각하면, 있어 보이기 위해 일부러 난해한 표현을 사용해 해설하는 것은 합리적인 생각이지만, 나이를 먹은 탓인지 지금의 나로서는 전혀 그렇게 생각되지 않는다.

그후 나는 미국으로 유학을 갔는데, 일본에서 배웠던 케인즈 이론은 주류는커녕 수업 시간에도 그다지 다루어지지 않았다. 보다 정확히 말하면, 케인즈 이론은 훨씬 이전에 진화되어 『일반이론』은 꽤나 시대에 뒤처진 이론서가 되어 있었던 것이다. 그나마 케인즈의 『일반이론』과 마르크스의 『자본론』을 참고문헌으로 삼고 있었던 수업은, 비주류파 경제학의 역사를 해설하는 수업이었기에 나는 그만 큰 충격을 받고 말았다.

『자본론』의 원문은 독일어였으므로 영어로 번역한 책을 읽었지만, 예상과 달리 이 책은 조금 알 것 같은 느낌을 받았다. 아마 조금 똑똑해졌기 때문이리라. 그러나 케인즈 이론은 원문이 영어이므로 원서를 읽었는데도 전혀 이해가 되지 않았다. 하긴 동급생인 미국인 친구들도 의미를 파악하는 데 애를 먹을 정도로 난해한 문장이 많은 책으로, 그들도 농담 삼아 자신도 영어 번역본이 필요하다고 말하곤 했다.

그럼에도 불구하고, 케인즈 이론이 일찍이 경제학계에 충격을 안겨준 이유는 시대적 요청이 있었기 때문이다. 제1차 세계대전 중 전쟁의 피해를 입지 않았던 미국은 1920년대에 미증유의 경제적 번영을 구가한다. 소득은 가파르게 상승하고, 거리는 소비재로 넘쳐났다. 많은 사람들이 앞으로도 이 같은 번영이 영원히 계속될 것이라고 믿었으나, 사실 지나친 신규투자가 생산과잉 상태를 낳아 경제의 토대가 흔들리고 있었다. 그리고 1929년 주가 대폭락을 계기로 미국은 불황의 늪에 빠지게 된다. 제1차 세계대전으로 피폐한 국가들은 미국 경제의 호조에 의존해 부흥의 길을 걷고 있었기에, 미국의 불황은 연쇄적으로 전 세계에 파급되어 전 세계적으로 실업자가 넘쳐나게 되었다. 이것이 바로 세계대공황이다.

당시 경제학은 세계대공황을 맞아 어떻게 하면 경기가 회복될 것인지에 대해 아무런 처방전도 제시하지 못했고, 학계에는 무력감이 감돌고 있었다. 이런 상황에서 정부가 취해야 할 정책과 경기회복을 위한 이정표를 분명하게 제시하며 등장한 것이 케인즈 이론이었던 것이다.

승수효과

요컨대, 케인즈는 실업자에게는 일자리가 없으므로 정부는 실업자에게 일자리를 제공하라고 주장했다. 이렇게까지 간단하게 말해버리면, 그런 당연한 말에 충격을 받은 당시 경제학자들과, 난해한 책을 필사적으로 해독하려고 진땀을 흘렸던 학생들이 아주 얼간이였던 것처럼 보이겠지만, 사실 그렇지 않다. 따라서 조금 보충 설명을 하겠다.

케인즈의 처방전을 대담무쌍하다고 느꼈던 것은 그가 주장한 일자리의 제공 방식이 다음 두 가지 점에서 매우 획기적이었기 때문이다.

첫 번째는 제공하는 일자리는 무엇이든 괜찮다고 했다는 점이다. 따라서 인력을 많이 고용할 수 있는 공공사업을 벌이는 편이 좋다고 했다. 왜냐하면 일자리를 얻지 못해 남아도는 사람들을 그냥 방치해서는 안 되기 때문이다. 이런 실업자를 구제하려면 어떻게 하든 돈이 들게 마련이다. 어차피 돈을 써야 한다면 사회 전체에 편익을 줄 수 있는 공공사업을 벌이라는 것이다.

두 번째는 모든 실업자에게 동시에 일자리를 제공할 필요는 없고, 먼저 실행할 수 있는 일부터 하면 된다고 한 점이다. 공공사업을 벌여 실업자가 일자리를 얻으면, 실업자들은 일을 해서 벌어들인 돈을 소비하므로, 이들을 상대로 장사하는 사람에게도 돈이 돌아간다. 새롭게 돈을 번 사람은 또다시 돈을 소비한다.

효과는 이것만으로 끝나지 않는다. 돈을 써서 소비재를 사는 사람이 있다는 소문이 퍼지면, 돈을 벌 목적으로 소비재를 생산할 준비를 하려는 사람들이 등장한다. 이들은 생산 준비를 위해 돈을 소비하므로 이런 현상이 계속해서 확대되어 간다.

이 같은 상황을 정리하면, 어딘가에서 돈을 들여 일자리를 만들면 일자리가 일자리를 부르므로 처음에 소비한 금액의 몇 배나 되는 효과를 얻을 수 있다. 즉, 처음 금액에 어떤 수를 곱한 것이 총 효과가 되는 셈이며, 이것이 바로 **승수효과**라고 부르는 개념이다. 승수효과에 의해 경제 전반에 다양한 형태로 효과가 파급되므로, 각 지방에 사는 사람들 모두에게 공평하게 돈이 돌아가는지 아닌지를 걱정하지 말고 어디에서든 일단 시작만 하면 된다는 것이다.

당시 불황은 말하자면 장기臟器는 다 갖추어져 있는데 혈액이 정체되어 건강을 해친 사람과 같은 상태라는 것이 케인즈의 진단이었다. 즉, 생산설비는 갖추어져 있으나 톱니바퀴가 잘못되어 경제가 돌아가지 않는 점이 문제라는 것이다. 따라서 '선시어외'로 어딘가에서 혈액을 다시 흐르도록 계기를 만들어주는 것이 중요하다. 그렇게 하면 자연히 몸 전체에 혈액이 순환될 것이다.

또한, 케인즈는 처음 벌이는 공공사업 그 자체가 가져오는 사회적 편익과 사회적 편익이 낳는 파급효과의 크기가 꼭 상관관계에 있는 것은 아니라고 보았다. 극단적인 이야기인 죽은 말의 뼈라도 살 의미가 있듯이, 노동자를 고용해 구멍을 파게 한 후 이를 메울 뿐인 무의미한 사업이라도 파급효과는 있다고 케인즈는 주장하였던 것이다.

일본에서의 케인즈적 사고방식

케인즈의 사고방식이 지금도 매우 중요하다는 사실은 의심할 여지가 없다. 그러나 유감스럽게도 죽은 말의 뼈를 사도 경제에 도움이 된다는 발상은 일본에서는 공공사업의 지방 유치를 위한 이론적 근거가 된다고 곡해되어 버린 모양이다. 다음에는 이에 대한 상황을 조금 설명해 보도록 하겠다.

해야 할 사업이 무궁무진했던 패전 직후의 일본에서는 어디서부터 시작하든 큰 효과를 볼 수 있었다. 이는 파급효과를 논의하기 이전의 문제로, 사회적으로 필요한 시설들이 정비되지 않았고 매우 부족했기 때문에, 마을회관을 세우든 번듯한 도로를 건설하든 시설 자체에 사회적 가치가 있었기 때문이다. 바꿔 말하면, 만일 파급효과가 전혀 없다고 해도 지을 가치가 있는 시설들이 많이 있었던 것이다.

예를 들어, 지금은 비포장도로를 찾는 일이 힘들어졌지만, 패전 직후 일본에서는 전국 국도에서 포장된 도로가 전체의 20%도 안 됐다. 당시는 일본 국내의 자동차 보유대수가 불과 수십만 대에 불과했던 시대였으며, 전국적인 도로 정비가 일본의 산업경제발전을 담당하는 근간이라는 인식이 강하지 않았다. 오히려 현재의 사고로 재인식해 본다면, 당시 정부는 도로 정비에는 소극적이었다고 말해도 좋을 것이다. 당시는 도로 따위에 자금을 쓰기보다는 전쟁 피해자 구제에 자금을 사용해야 한다는 생각이 대세였던 것이다. 실제로 일본의 도로를 정비하는 기본방침을 정한 '도로법'은 전후 7년이나 경과된 1952년에 성립되었으며, 또한 이 법률은 다나카 가쿠에이田中角榮 의원의 의원입법이 기초가 되었다. 1950년대부터 시작된 적극적인 도로 정비가 일본의 경제발전에 기여한 효과는 이루 다 말할 수 없을 정도다. 당시 정치인이 보였던 리더십에는 그저 탄복할 수밖에 없다.

그러나 경제가 성숙해 시설이 증대되고 정비된 이후에는 어떨까? 국도를 정비하겠다는 기세가 지나쳐서 농도공항農道空港(농로를 확장 정비해 활주로를 만들어, 신선한 농수산물의 공수를 위한 소형 항공기의 이착륙장으로 이용하는 곳 – 옮긴이)을 건설하거나 간석지를 메우기보다는 차라리 전국 주요 도시의 전선을 지하에 매설하고, 하는 김에 광섬유망도 지하에 정비해두었다면 훨씬 도움이 되었을 것이다. 또한, 2005년에 일본의 총 인구는 감소세로 돌아섰지만, 미래에 인구가 감소할 것이라는 사실은 1990년 무렵에는 거의 확실시되고 있었다. 이런 시대에 새로운 도로를 건설하고 보수 관리에 매년 세금을 탕진하는 계획을 세우기보다는, 어린이집을 새로 짓거나 학교의 수업료 보조에 세금을 쓰는 편이 그나마 나았을 것이다.

물론 지금까지의 공공사업이 경제효과를 무시하고 계획되어 왔다는 말은 아니다. 효과가 없는 도로가 정비되거나 건물이 세워졌다고 생각했다면 이는 크나큰 오해다. 적어도 계획을 세우는 시점에서는 이 시설들에 경제효과가 있을 것이라고 예상되었던 것이다.

문제는 파급적인 경제효과가 있느냐 없느냐 하는 절대수준이 논점이 되어 왔다는 점에 있다. 죽은 말의 뼈에도 얼마간의 파급효과가 있다는 사실은 지금 와서도 변함이 없음을 잊어서는 안 된다. 어떤 특정 공공사업에 파급효과가 있는지 없는지, 또는 그 절대수준을 논의함으로써 그 특정 공공사업의 필요성을 주장하는 것은 초점이 빗나간 이야기다.

즉, 여러 실행 가능한 공공사업들 중에서 상대적으로 비용에 비해 효과가 큰 공공사업이 어떤 것인지 하는 것이 본질적인 물음이다. 그리고 상대적 비교를 가치 있는 것으로 만들기 위해서는 사업의 파급효과와 비용에 대해서 객관성 있는 면밀한 계획과 성과 평가가 이루어져야만 한다.

공공사업의 축소는 아마도 시대적 요청일 것이다. 그러나 객관적 평가에 기초한 공공사업의 선별과 선택이라는, 어렵지만 꼭 필요한 작업을 할 기력과 능력이 동반되지 않는다면 결국은 가장 무난한 일률적

삭감으로 귀결될지도 모른다. 이래서는 아무리 시간이 흘러도 본질적 선별은 이루어지지 않으므로 공공사업의 경제효율을 개선하는 일로는 이어지지 않을 것이다.

▶▶▶

케인즈적 사고방식이 쓸모없어졌다는 말은 아니다. 케인즈적 사고방식을 활용하기 위해서는 객관적 평가에 기초하는 선별이 필요하다는 것이다.

7

青出於藍
청 출 어 람

인센티브

꾸준함은 힘이 된다

'청출어람青出於藍'이란 중단하지 않고 노력해서 학문을 계속 닦는다면 언젠가는 큰 성과를 낼 수 있다는 의미이다. 이 의미가 바뀌어 제자가 스승보다 더 나음을 비유한 말로도 쓰이는데, 지금은 이 의미가 표준적인 쓰임새라고 할 수 있다. 같은 의미에서 '출람出藍'이라는 표현도 사용된다. "그는 출람의 본보기라고 할 만한 제자다."라는 형태로 쓴다.

청출어람의 출전은 중국 전국 시대의 사상가 순자荀子가 저술한 『순자荀子 · 권학편勸學篇』이다.

그밖에도 그만두지 않고 꾸준히 학문을 계속하는 노력의 중요성을 강조하는 말에는 '단기지계斷機之戒'가 있다. 여기에서 '기機'는 베를 짜는 도구를 가리킨다. '단기지계'는 『열녀전烈女傳』에 있는, 중국 전국 시대의 사상가 맹자孟子와 그의 어머니의 일화에서 유래한다.

청출어람과 단기지계의 유래

순자는 학문의 중요성을 강조하였다. 『순자 · 권학편』의 서두에는 다음과 같은 대목이 나온다.

*

선생은 이렇게 말씀하셨다.

"학문을 중도에 그만두어서는 안 된다. 끝까지 계속한다면 그 이상의 것이 있는 법이다. 옷감을 염색하기 위해 사용하는 푸른색은 쪽〔藍〕이라는 풀에서 나오지만, 원래의 쪽보다 훨씬 푸르고 선명한 색을 띤다. 얼음은 원래 물로 이루어졌지만 물보다 훨씬 차갑지 않느냐?"

*

『열녀전』에 따르면, 맹자의 어머니는 교육에 아주 열심이었다. 맹자가 어렸을 때, 그의 어머니는 교육에 좋은 환경을 찾기 위해 세 번이나 이사를 했다. 이를 가리켜 '맹모삼천孟母三遷'이라고 하고, 자녀 교육에는 환경이 중요하다는 의미로 쓰인다.

맹자는 학문에 매진했지만, 아직 젊기에 자신에게 배움이 어떤 의미가 있는지 때때로 고민하는 경우도 있었다. 읽고 있는 책이 도대체 앞으로 어떤 도움이 된다는 것인지 의문이 생겨, 그만 글 읽기를 그만둔

적도 있었다. 어느 날, 더 이상 참을 수 없게 된 맹자는 학교를 잠시 쉬기로 하고 집으로 돌아왔다.

집에 돌아오자, 맹자의 어머니는 한창 베틀로 베를 짜고 있었다. 맹자의 어머니가 맹자의 학업이 어느 정도까지 진척되었는지 학업 진도를 묻자, 맹자는 "뭐, 늘 똑같습니다."라고 아무렇게나 대답했다. 그러자 맹자의 어머니는 칼을 꺼내 그때까지 짜고 있었던 천을 싹둑 잘라 버렸다. 그리고 깜짝 놀라서 눈이 휘둥그레진 맹자에게 학문을 중도에 그만두는 것은, 조금씩 노력해 힘들게 짜고 있던 천을 잘라서 못쓰게 만드는 일과 같은 것이라고 말했다.

그후 맹자는 마음을 다잡고 다시 학문에 매진했다고 한다.

인센티브가 사람을 움직인다

대학 교수의 입장에서는 이들 일화를 그대로 받아들여 꾸준히 학문에 매진하는 중요성을 역설하고 싶지만, 그것도 기분 잡치는 소리가 될 것이다. 그래서 여기서는 맹자와 순자가 주창했던 학설을 경제학적 관점에서 생각해보고자 한다.

맹자와 순자는 둘 다 공자의 사상을 계승, 발전시킨 사상가이다. 맹자는 사람에게는 천성적으로 타인의 슬픔을 그냥 보고 지나치지 못하는 동정심이 있어 누군가가 어려움에 처하면, 이를 도와주어 문제를 해결하려는 경향이 있으므로 사람의 본성은 틀림없이 선할 것이라고 보았다. 그러므로 맹자는 왕이나 제후에게 이런 동정심을 잘 끌어낼 수 있는 정치를 하도록 권했다.

반면, 순자는 사람은 천성적으로 이익을 추구하는 욕망을 가지고 있기에 남과 경쟁해 가진 것을 서로 빼앗는 경향이 있으므로, 사람의 본성은 틀림없이 악할 것이라고 보았다. 그러나 사람의 성질을 후천적으로 선하게 만들 수 있다고 보고, 이를 위해 규율과 교육으로써 사람들을 다스릴 것을 권했다.

본성이 어떠냐는 차이가 있을지언정, 두 사람 모두 나라를 다스리기 위해서는 정치적 지도가 필요함을 인식하고 있었던 것이다. 성선설을 주창한 맹자라고 해도, 아무것도 하지 않아도 저절로 이상적인 사회가 실현된다고 주장한 것은 아니다. 경제학 용어로 말하면, 두 사람 다 인센티브의 중요성을 설파하고 있었던 것이다.

인센티브incentive는 '동기 부여'라든가 '유인', 또는 '유인책'이나 '의욕자극'이라고도 번역된다. 인센티브의 의미는 사람에게 특정 행동을 유도하기 위한 상(또는 벌)이나, 그 상이 부여되는 구조라고 이해하면 맞을 듯하다.

인센티브의 구조는 일상생활의 도처에서 문제가 된다. 본인의 의식 여부는 제쳐두고, 우리들 모두 인센티브에 영향을 받고 있으며, 자신이 직면하는 인센티브를 좇아 행동을 결정하고 있다. 답례를 받음으로써 할 의욕이 생기거나, 덤을 받을 수 있다면 평상시에는 하지 않던 일까지 하는 것은 인센티브가 작용하고 있다는 증거다. 처음 만나는 사람을 방문할 때나 부탁할 때 선물용 과자 등을 사들고 가는 행동은, 이런 선물들이 사람의 행동을 촉구하는 인센티브로 작용하기 때문에 그 후의 이야기가 원활하게 이루어질 가능성이 높아진다는 지식이 우리들의 머릿속에 배어 있기 때문이다.

이런 경우도 있다. 백화점 지하의 식품매장에서 멍하니 북적거리는

사람들 속을 이리저리 배회하고 있었는데, 돌연 사람들의 흐름이 싹 바뀌더니 순식간에 많은 사람들이 떼를 지어 모여 있었다. 옆 사람을 밀어젖히며 좁은 틈새에 억지로 끼어들려는 사람들의 모습은 마치 어미 개의 젖을 먹기 위해 옹기종기 모여 있는 강아지들처럼 보인다. 무슨 일인가 싶어 가까이 다가가서 보았더니, 타임세일로 거대한 참치를 손질해 판매하고 있었다. 경제학적으로 말하면, 참치를 손질하는 시각적 효과와 저가 판매가 인센티브가 되어 사람들이 몰려든 것이다.

교토에서는 비오는 날 버스 안이 매우 혼잡하다. 그 이유는 평상시 걷거나 자전거를 타고 통근·통학하던 사람들이 버스를 이용하기 때문이다. 경제학적으로 말한다면, 비는 도보나 자전거 타기를 힘들게 만들므로, 말하자면 걷기와 자전거 타기에 대한 벌이라 할 수 있다. 이 것이 인센티브가 되어 걷거나 자전거 타는 것을 꺼리고 버스를 이용하 려고 하는 것이다.

일본은 2002년에 새로운 도로운송법이 시행되어 택시 회사가 독자 적으로 요금체계를 정할 수 있게 되었다. 그전에는 규제 때문에 택시 는 모두 동일한 요금체계를 적용하고 있었다. 법률이 개정된 결과, 다 양한 요금체계들이 등장했다. 기본요금의 차이뿐 아니라 이후의 가산 요금에도 차이가 생겼으며, 원거리 할인 등도 등장했기 때문에 어떤 택시를 타느냐에 따라 최종적으로 지불하는 요금에 큰 차이가 생겼다.

길거리에 손님을 기다리기 위해 늘어서 있는 택시 중에서 제일 앞에 있는 택시가 아닌, 가장 요금이 저렴한 택시를 골라 타는 일은 이제 교 토에서는 낯익은 풍경이 되었다. 규제 완화 전에는 택시를 고른다는 인식 자체가 없었던 사람은 나뿐만이 아닐 것이다. 이제는 요금의 차 이가 도리어 택시를 선택하게 하는 인센티브가 되고 있다. 좀 더 거슬 러 올라가서 말하면, 규제 완화가 택시 회사에게 가격을 낮추는 경쟁 을 하도록 인센티브를 부여한 것이다.

또한, 2002년은 광우병 소동이 계기가 되어 식품의 생산지 허위 표 시가 커다란 사회적 문제로 관심을 끌기 시작한 해이기도 하다. 수입 육을 국산이라고 허위 표시하고 판매한 대형 유통업체 세이유 홋카이 도 모토마치점은 문제가 발각된 이후 진지한 태도로 사태 수습에 나 섰다. 이 점포에서는 허위 표시된 고기를 구입한 고객에게 그 대금을 전액 환불해주기로 결정했다. 거기까지는 좋았는데, 진심 어린 사죄 의 마음을 표시하고 싶다며 영수증이 없는 사람에게도 환불해 주겠다고 발표해, 결과적으로 매출액을 훨씬 뛰어넘는 환불 청구가 이루어졌다. 구입하지 않은 사람에게도 허위 신고를 통해 돈을 교묘하게 가로채는 금전 인센티브를 부여했기에 부당 청구하는 사람들이 등장했던 것이다.

이를 두고 허위 신고를 한, 양심 없는 사람들의 도덕심 결여를 한탄한다고 해도 아무 소용이 없다. 사람은 인센티브에 의해 움직이는 존재다. 허위 신고를 할 인센티브를 스스로 부여해주고 나중에 가서 도덕심 결여를 한탄하는 일은 안타깝지만 경제학적 감각이 결여된 행동이라고 지적하지 않을 수 없다.

우리들은 왜 규제나 약속을 지키는 걸까? 대부분의 초등학교에서는 '규칙과 약속을 지키자'를 급훈으로 내걸고 있으므로 학교 규칙은 반드시 지켜야 하며, 선생님과 한 약속은 절대 어겨서는 안 되는 법이라고 철들 무렵부터 교육을 받는다. 그런 교육을 시킨 보람이 있어서인지 많은 아이들은 규칙과 약속을, 반드시 지켜야 하는 것이라는 이유만으로 지키기 위해 애를 쓴다. 그러나 여기에도 인센티브라는 논리는 분명히 작용하고 있다. 아이들이 약속을 지키는 것은 규칙이나 약속을 깨서 부모나 선생님, 그 외의 다른 사람들에게 야단맞는 것이 싫기 때문이며, 이것이 인센티브가 되고 있다. 그 증거로 완전히 철이 들면, 거짓말을 지어내는 기술도 교묘해진다. 그리고 자신에게 편리한 규칙이나 약속만 지키게 되는데, 이것을 어른이 된다고 하는 것일 것이다.

인센티브의 강도를 적절히 선택한다

이처럼 인센티브의 구조가 바뀌면 사람의 행동이 바뀌고, 인센티브를 부여함으로써 사람에게 특정 행동을 촉구할 수 있다. 그러나 유도된 행동이 올바르고 바람직한 것이 된다는 보장은 없다는 점에 주의할 필요가 있다.

세금이라는 벌금에도 아랑곳하지 않고 담배를 구입하는 사람들을 가리켜 세상 사람들은 애연가라고 부른다. 따라서 경제학적으로 말한다면, 애연가란 현행 세율이 담배 구입을 중단하게 하는 인센티브로써 너무 약하다고 느끼고 있는 사람들이다. 담배를 끊을 인센티브의 강도를 높이기 위해서는, 예를 들어 담배의 세율을 올리면 된다.

그러나 여기에도 아마 적절한 인센티브의 강도가 있을 것이다. 세율을 아주 높이면 애연가의 즐거움을 감소시키는 데서 생기는 사회적 손실이 있을 것이다. 그렇다고 해도 나는 담배 연기를 아주 질색하므로 그들의 즐거움이 줄어드는 것은 곧 내 기쁨이기도 하기에 이런 관점에서는 사회적 이익이라고 말할 수 있으리라.

한편, 흡연자의 수를 줄이면 폐암에 걸리는 사람의 수도, 그리고 담배와 관련된 질환으로 병원에서 치료를 받아야 하는 사람의 수도 감소할 것이다. 그 결과, 의료비는 줄어들 것이다. 따라서 담배의 세율을 올리면 이와 같은 사회적 편익을 불러올 터이다.

하지만 유감스럽게도 문제는 그렇게 간단하지 않다. 현재 의료기술로는 암 중에서도 폐암이 가장 치사율이 높은 암 중 하나인 듯하다. 만약 폐암에 걸려 일찍 사망하는 사람이 줄어든다면, 사람들은 평균적으로 보다 고령까지 생존하게 된다. 그러면, 일찍 사망할 경우에는 걱정할 필요가 없었던, 치유되기 어려운 그밖의 병에 걸려 치료를 받는 사람들의 숫자가 늘어날 것이다. 그러면 결과적으로 앞에서 말했던 의료비 감소효과를 상쇄해 버릴지도 모른다.* 또한, 연금이나 생활보호 수급자가 늘어나게 되므로, 담배의 세율을 올리는 것은 아마도 일본의 연금재정에는 부정적인 효과를 줄 것이다.

이런 사정들을 모두 감안해 적절한 인센티브를 가져올 세율을 정하는 것은 어려운 일이다. 그렇다고 해도 현재 일본의 담배 세율은 너무 낮은 듯하다. 세율이 낮기 때문에 일본의 담배 가격은 구미의 담배 가격에 비해 그 반에서 4분의 1 정도밖에 안 된다.

인센티브의 강도뿐만 아니라 요점이 빗나간 인센티브에는 당연한 일이지만 바람직하지 않은 결과가 초래된다.

공공도서관은 문화적 사회의 필수품일까? 사람들이 도서관에 있는 책들을 아무리 열심히 읽어도, 저작자에게는 도서관이 구입한 그 책의 인세분밖에 들어오지 않는다. 자신이 쓴 책이 많은 사람들에게 무료로 읽혀진다는 점 자체는 아주 기쁜 일이기는 하다. 하지만 한편으로 아무리 지혜를 짜내 글을 쓴다 해도 수익이 없다면, 세세하게 신경을 써서 성실하게 책을 쓸 인센티브가 없어져 버린다.

지식이나 정보가 많은 사람들에게 무료로 폭 넓게 전해진다는 사실은 의심할 여지없이 사회적인 선善인 듯 여겨지기 쉽지만, 무료로 해서 읽는 인센티브를 높인다는 행위는 반대로 저작의 집필 인센티브를 저하시키므로 무조건 바람직하다고는 말할 수 없다.

실제로 CD나 비디오 대여에서는 비디오 대여점으로부터 직접적,

---

* 일본담배산업(JT)에 따르면, 2005년 시점에서 흡연이 의료비를 상승시키고 있다는 분명한 사실을 나타낸 학술연구결과는 없으며, 연구에 따라서는 오히려 의료비 절감 효과가 인정된다고 한다.

간접적으로 저작권 사용료가 관계자에게 지불된다. 그 금액이 타당한 지의 여부는 논의의 여지가 있겠지만, 저작자의 창작을 위한 인센티브를 확보한다는 점에서는 높이 평가할 수 있다. 그런데 여기서도 공공 도서관은 예외이며, CD나 비디오를 무료로 대출해 준다.

서적에 대해서는 2003년에 '대여권연락협의회'가 설립되어 도서관 대출에 대한 저작권 사용료를 저자와 출판사에 지불하는 시스템을 모색하게 되었다.

이렇게 말하면, 집필업은 승려나 목사처럼 신성한 직업이므로 돈벌이에 연연하는 저작자는 집필할 자격도 없다고 화를 내는 독자도 있을지 모른다. 분명 일단 책을 쓰고 나면 그 뒤에는 별다른 노력 없이 판매 수입을 얻을 수 있다는 것은 매우 행복한 이야기라 하겠다. 그럼에도 불구하고 대여권까지 확립해 대여에서도 수입을 얻으려 하는 악착스런 태도에 반발하고 싶어지는 것도 인지상정일 것이다.

그러나 문제의 본질은 좀 더 심층적인 데 있다. 지적 창조활동이 보답을 받지 못하는 제도하에서는 다른 데서 급여를 받을 수 있으므로 저술 수입에 전적으로 매달릴 필요가 없다. 따라서 오직 심심풀이나 스트레스 해소를 위해 시시한 문장을 끼적거리는 나 같은 저작자가 상대적으로 유리해지므로, 필연적으로 그 같은 저작자의 책들만이 범람하는 결과를 낳는다는 점에 주의해야 한다. 즉, 지적 생산물에 대한 대가가 정당하게 지불되지 않고, 지적 창조에 대한 인센티브가 충분히 부여되지 못하는 사회에서는 뼈를 깎는 고통으로 진지하게 창조적 활동에 매진하는, 말하자면 정말로 쓸 권리가 있는 저자들이 상대적으로 침체할 수밖에 없게 된다는 말이다.

이기주의와 현대 경제학

현대 경제학에서는 기본적으로 사람은 인센티브로 움직이는 존재라고 여긴다. 성선설을 주창한 맹자조차도 사람을 방임해서는 안 되며 사람의 선善을 끌어낼 수 있는 정책을 주장했던 것이다. 그러나 이미 앞에서 말했듯이, 인센티브란 그 사람에게 주어지는 벌칙이나 상을 가리키므로 현대 경제학에서의 이 같은 사고방식은 인간은 태어나면서부터 자기중심적이고, 벌칙이나 상에 의해서만 움직인다는 일종의 성악설을 지지하고 있다고 말할 수 있다.

이래서는 너무 한심하다. 인간은 동물과 다르며 돈이 세상의 전부는 아니다. 그러므로 사람을 움직이는 것이 자신의 이해득실을 따지는 것 이외에도 있지 않을까, 하는 의문이 당연히 생길 것이다. 경제학에서의 성악설에 어딘가 위화감을 느끼는 사람을 위해서, 주의해야 할 점 세 가지를 환기시켜 두고 싶다.

첫 번째, 인센티브로 설명할 수 있는 부분은 체계적인 분석이 가능하다는 점이다. 성악설이 진리인지 아닌지는 제쳐두고, 사람이 행동하는 이유를 생각할 때 어떤 행동이든 그와 관련된 인센티브로 설명할 수 있다면, 그만큼 체계적이고 명확한 해설은 없다. 반대로 인센티브로 설명할 수 없는 사람의 행동은 체계적이고 보편적인 설명을 할 수 없으며, 예측할 수도 없다. 인센티브로 설명할 수 없는 행동은 경제학적 분석의 대상이 되기 어렵다.

두 번째, 경제학은 자신의 이해를 고려하지 않고 항상 박애정신으로 행동한다는, 말하자면 천사 같은 사람이 있다는 사실을 부정하고 있지는 않다는 점이다. 또한, 그렇게까지 극단적이지는 않다고 해도, 사람은 그 같은 순수한 선의에서 행동하는 경우가 있다는 사실을 경제학은 부정하지 않는다. 경제학에서 주장하는 것은 마음이 천사 같지 않은 사람도 분명히 존재하며, 순수하게 남을 위해 선의로 행동하는 경우가 많은 사람이라 해도 자신과 가족의 이익을 종종 우선시한다는 점 또한 사실이라는 것이다. 이를 전제로 삼는다면, 사람의 선의를 믿고 마련된 제도나 규칙은 실제로는 의도된 대로 기능하지 않을 가능성이 높다. 즉, 계획된 대로의 행동을 이끌어낼 인센티브의 구조를 갖고 있지 않은 제도나 규칙은 계획대로 기능하지 않는다는 말이다.

세 번째, 인센티브의 원천인 상이나 벌칙은 꼭 금품일 필요는 없다는 점도 강조하고 싶다. 금품으로 제어되는 인센티브는 효력을 쉽게 알 수 있기 때문에 편리하지만, 사람이 무엇을 인센티브로 느끼는지는 천차만별이다. 또한, 직접 전달되는 금품이 인센티브의 전부는 아니다. 상은 미래의 보상일 수도 있고, 연대감이나 성취감에서 얻어지는 기쁨일 수도 있다. 한편으로 벌칙은 따돌림을 당해 사람들과의 친분이 끊어지는 일일지도 모르며, 신의 뜻에 따라 행동하지 못한 데 대한 죄책감에 시달리는 일일지도 모른다. 그 정도까지 범위를 넓힌다면, 인센티브로 설명할 수 없는 경우를 찾는 일이 더 힘들지 않을까?

▶▶▶

이익을 추구하고자 하는 욕망은 나쁘지 않다. 그러나 이익을 추구하는 욕망의 존재를 무시하는 일은 악惡이다.

8

鷄鳴狗盜
계 명 구 도

위험에서 오는 수익을 어떻게 고려할까?

재주만 있을 뿐 훌륭하다고는 말할 수 없는 인물

'계명구도鷄鳴狗盜' 혹은 '계명구도지도鷄鳴狗盜之徒'란 재주만 있을 뿐 훌륭한 인물이라고는 볼 수 없는 사람을 가리킨다. 한편으로는 여러 재능을 가진 부하를 데리고 있는 편이 좋다, 아무리 하찮은 인물이라도 키워두면 언젠가 그 재능을 발휘할 때가 온다라는 의미로도 쓰인다.

'계명구도'를 문자 그대로 파악하면, 전자의 의미가 타당하지만, 경제학적 관점에서 흥미로운 것은 후자 쪽이다. 두 경우 모두 사마천司馬遷이 기원전 90년 무렵에 완성한 『사기史記 · 맹상군열전孟嘗君列傳』에 있는, 다음과 같은 고사가 출전인데, 이야기의 어느 부분을 강조하느냐에 따라 의미에 차이가 있다고 생각한다. 같은 이야기라도 보는 사람에 따라 다른 메시지를 도출하는데 이것 또한 흥미로운 일이다.

계명구도의 유래

중국 전국 시대에 활약한 '전국의 사군四君' 중 한 사람으로 꼽히는 제齊나라의 맹상군孟嘗君은 자신을 찾아오는 식객은 어떤 신분의 사람이라도 차별 없이 대했으므로 여러 나라에서 다양한 인재들이 그를 흠모하여 찾아왔고, 식객의 수는 수천 명에 이르렀다고 한다.

맹상군의 인망人望을 높이 산 진晉나라의 소왕昭王은 맹상군을 초청해 재상으로 임명하고 환대하였다. 그러나 어느 세계이든 누군가가 자신보다 잘되게 되면, 반드시 이를 시기하는 사람이 등장하기 마련이다. 아니나 다를까, 소왕의 측근은 타국인 제나라의 왕족 중 한 사람인 맹상군을 신임하는 일은 바람직하지 못하다고 참언讒言하였고, 그 말을 들은 소왕은 어처구니없게 맹상군을 없애야겠다고 생각하게 되었다. 그리하여 맹상군은 불쌍하게도 옥에 갇히는 신세로 전락하고 말았다.

남을 초대해 놓고 갑자기 마음을 바꾼 데다 심지어 죽이려고까지 드는 소왕의 행동은, 맹상군의 입장에서 볼 때는 정말 섭섭하기 짝이 없는 일이지만, 아무것도 안 하고 그대로 있다가 죽임을 당한다면 모든 것이 허사일 따름이었다. 맹상군은 소왕의 마음을 바꾸도록 설득하는 일은 상책이 아니라고 여기고 탈출하려 하였으나, 감옥을 빠져나가려면 소왕의 허가가 필요했다. 그러나 소왕의 측근들은 자신의 적이므로 정공법으로는 허가를 얻을 수가 없었다. 그러므로 고금동서에 통용되는 정석에 따라 이면공작을 펴기로 하였다. 즉, 맹상군은 소왕이 총애하는 왕비에게 자신을 풀어달라고 간청했던 것이다.

그런데 웬걸, 이 왕비는 전략 감각이 뛰어난 여성이었던 모양이다. 그녀는 자신의 교섭력이 높다고 판단하자, 곧 왕에게 부탁해주는 대신 맹상군이 갖고 있는, 천하에 둘도 없는 하얀 여우 가죽옷을 달라는 조건을 내걸었다. 맹상군은 사물의 이치를 아는 사람이었기에 가죽옷 따위는 하나도 아깝지 않았지만, 그 즉시 조건을 받아들일 수는 없었다. 왜냐하면 맹상군은 이미 진나라에 들어왔을 때 소왕에게 그 가죽옷을 바쳤기 때문이다.

맹상군은 어찌해야 좋을지 몰라 망설이고 있었는데, 다행히도 그와 동행한 식객들 중 도둑질에 능한 자가 있어 한밤중에 개 흉내를 내고 진의 보물창고에 몰래 숨어들어가 순조롭게 가죽옷을 훔쳤다. 가죽옷을 받은 왕비는 약속을 지켰던 모양이다. 소왕은 왕비의 구슬림에 넘어갔고, 그 결과 다행히도 맹상군 일행은 석방되었다.

성공리에 탈출한 맹상군 일행은 한밤중에 국경인 함곡관函谷關의 검문소에까지 다다랐다. 당시 함곡관은 야간에 문을 닫고 새벽을 알리는 닭 울음소리가 나기 전까지는 무슨 일이 있어도 통행을 금지한다는 규칙이 있었다. 하지만 꾸물꾸물하며 날 새기를 기다렸다가는 언제 추격자의 손에 잡힐지 모를 일이었다.

그런데 다행히도 맹상군과 동행하던 식객들 중에는 닭 울음소리를 기차게 흉내 내는 사람이 있었다. 이 남자가 닭 울음소리를 내자, 이 소리를 따라 다른 닭들도 일제히 울기 시작하였다. 문지기는 아직 아침이 되기에는 이른 것 같다고 수상쩍게 생각했지만, 규칙은 규칙이기에 닭이 울었으니 검문소의 문을 열기로 하였다. 관리란 다 그런 것이다. 이렇게 해서 맹상군 일행은 무사히 진나라에서 탈출할 수 있었다.

닭 울음소리〔鷄鳴〕를 내고, 개 흉내를 내면서 도둑질〔狗盜〕을 한 두 사람은 원래 미천한 신분으로 문무文武에 대해 잘 몰랐기 때문에 평소에는 다른 식객들이 이들을 별 도움이 안 된다며 업신여기고 있었다. 그러나 이 두 사람 덕분에 무사히 탈출할 수 있었으므로, 식객들은 과거의 행동을 크게 뉘우쳤고, 다시금 맹상군의 크나큰 도량에 탄복했다고 한다.

투자 수익에 대한 사고방식

계명구도의 이야기는 경제학적으로 식객을 부양하는 투자가 미래에 수익을 가져왔다고 설명할 수 있다.

버리지 않고 보관했다는 사실을 완전히 잊고 있었을 즈음에 발견하여 이번에는 처분하겠다고 마음먹고 팔려고 내놓았더니, 의외로 가치가 있었거나 반대로 더 이상 필요 없다고 여겨 처분해버린 물건이 나중에 귀중품으로 비싼 값에 거래되고 있는 것을 보고 발을 동동 구른다. 또는 이런 수업이 도대체 무슨 도움이 될까, 하고 생각하면서 공부했던 것이 나중에 가서 의외로 유용하게 쓰이는 경우도 있는 법이다. 반대로 그에 대한 지식과 견문이 없는 탓에 고생을 거듭해, 그때 제대로 배워 둘걸 하며 후회하는 일도 종종 있다. 이처럼 미래에 필요할지 어떨지 모르는 물건이라도 속는 셈 치고 취득·보존해 두면, 의외로 나중에 큰 도움이 되어 '무엇이든 간직해 두어야 한다니까.' 하고 혼자 말을 한 경험이 독자 여러분에게도 있을 것이다. 이를 경제학적으로 바꿔 말하면 다음과 같을 것이다. 속는 셈 치고 보관해 둔다.

보관한다는 행위는 미래에 이익이 될 가능성을 믿고 현재에 비용을 투입하는 활동이므로 이는 투자다. 취득·보존해 두었던 것이 이익을 창출한 경우는 투자 수익이 올라간 것이다. 반면, 후회를 한 경우에는 투자 기회를 놓쳤기 때문에 수익을 얻을 수 없었던 것이다.

투자 효과를 올바르게 직시한다

투자가 가치가 있었는지 아닌지를 판단하기 위해서는, 투자 결과로 얻을 수 있었던 이익만으로는 부족하다. 올바른 판단을 하려면 그 이익을 투입된 비용과 비교하지 않으면 안 된다. 10억 원의 수입을 창출하기 위해서 100억 원의 비용을 들였다고 한다면, 결코 그 투자가 성공했다고는 볼 수 없다.

유감스럽지만, 우리들이 흔히 가지고 있는 '만일의 경우에 대비해 간직해 두자.'라는 생각은 이런 평가원칙에서 본다면 실격인 듯하다. 지금까지도 햇빛 볼 날이 없는 창고 안의 물건들을 떠올리며 거기에 들인 비용과 얻을 이익에 대비해 '만일의 경우에 대비해 소중히 간직해 두자.'라고 생각하는 사람이라면 상당한 경제적 감각을 지닌 소유자이겠지만, 안타깝게도 이를 제대로 실행하고 있는 사람은 그 정도로 많지 않을 것이다. 그 물건들은 공짜로 받은 것이라서 들인 비용이 없다 등과 같이 납득한다면, 더더욱 핵심을 빗나갔다고 말하지 않을 수 없다. 예를 들어, 얼마 안 된다고 해도 집 안의 일정 공간을 점유하는 데는 비용이 든다. 이것이 장기간 지속될 경우, 축적된 비용의 합계는 무시할 수 없는 금액이 되기 때문이다.

이를 믿지 못하는 독자를 위해서 계산을 조금 해보겠다. 아파트의

방 하나를 생각해 보자. 교토 시내라면 면적 80평방미터의 방세는 월 200만 원 이상 된다. 그러면 1평방미터당 방세는 2만 5,000원이라고 볼 수 있다. 1평방미터에 상자 5개를 간신히 쌓아둔다고 해도, 상자 하나당 월 5,000원의 비용이 든다. 거의 입을 일이 없는 옷을 넣은 상자 하나를 10년간 보관해 둔다고 하면, 5,000원의 120개월분이므로 합계 60만 원이다.

닭 울음소리를 내고, 개 흉내를 내면서 도둑질을 한 두 사람은 그나마 투자 효과가 나타난 사례다. 그러나 식객 수천 명 가운데는 결국 아무것도 하지 않고 계속 식객으로 있으면서, 포식하고 게으르게 잠만 자는 식객도 틀림없이 있었을 것이다. 맹상군의 식객에 대한 투자 효과를 평가하기 위해서는 이들처럼 결실을 맺지 못했던 투자물건이 얼마나 있는지를 조사해야 한다.

▶▶▶

행운아란 투자에서 우연히 좋은 결과를 얻은 사람이다. 현명한 사람이란 자신이 행운아가 될 가능성이 얼마나 되는지를 생각하고 투자처를 정하는 사람이다. 그리고 어리석은 사람이란 행운과 현명함을 구별하지 못하는 사람이다.

칼럼 나중 끼워 맞추기식 해석

그런데 맹상군의 입장에서는 진나라에 가는 일 자체가 커다란 투자였지만, 만일 갑자기 감금되어 왕비에게 구해 달라고 요청할 가능성을 계산에 넣고 진나라에 갔더라면, 가죽옷은 왕에게 바치지 않고 그냥 가지고 있었을 것이다. 즉, 그에게 감금은 생각지도 못한 사태였음이 틀림없다.

　모든 가능성을 예견하지 못했던 그의 리스크 관리는 실패였을까? 사실을 이미 알고 있는 후세의 우리들에게는 간단한 일이지만, 이처럼 나중 끼워 맞추기식 해석은 결코 건설적이라고 말할 수 없다. 만전을 기한 투자 안건이라고 해도 전혀 생각지도 못한 사건이 발생하므로 실패할 가능성은 있다. 성공한 사례만 가지고 투자 효과를 올바르게 측정할 수 없는 것과 마찬가지로, 실패로 끝난 일만 가지고 투자 효과를 측정하는 일 역시 불가능하다.

　사실, 결과적으로 생각지도 못했던 일이 발생했을 때 원래 내린 판단의 잘잘못을 어떻게 평가하느냐 하는 것은 이론적으로도 매우 어려운 문제다. 경제학에서는 지금까지 이에 대한 표준적 사고방식이 확립되지 않았다.

9

漁夫之利

어 부 지 리

예측

시시한 다툼은 손해의 근원

　'어부지리漁夫之利'란 당사자들이 시시한 일로 싸우고 있는 사이에 제삼자가 이익을 얻음을 비유한 말이다. 여기서 제삼자에 해당하는 사람은 어부로, 고기 잡는 일을 업으로 삼는 사람을 말한다. 싸우고 있던 당사자들은 '도요새'와 '민물조개'다. 도요새와 민물조개의 싸움을 뜻하는 '방휼지쟁蚌鷸之爭'은 시시한 일로 다투는 것을 가리키는 한자성어가 되기도 한다. 이번 제도의 개정으로 A사는 어부지리를 얻었다든가, 너희들의 싸움은 참으로 방휼지쟁이다 등으로 사용한다.

　'어부지리'의 출전은 『전국책戰國策 · 연책이燕策二』이다.

어부지리의 유래

중국 전국 시대에 활약했던 외교가 소대蘇代는 연燕나라를 지키기 위해, 연을 공격하려던 조趙나라의 혜문惠文왕을 알현하였다. 소대는 혜문왕을 다음과 같이 설득했다고 한다.

*

제가 이곳 조나라에 오는 도중의 일이었습니다. 강변에 민물조개가 나와 입을 벌리고 햇볕을 쪼이며 느긋하게 일광욕을 즐기고 있었습니다. 그러자 민물조개를 발견한 도요새가 다가가 조갯살을 먹으려고 부리로 조개를 쪼았습니다. 깜짝 놀란 조개는 입을 닫았고, 도요새의 부리가 조개에 끼었습니다. 도요새는 조갯살 먹기를 포기하지 않았기에 부리를 빼려고 하지 않았으므로, 조개도 점점 굳게 입을 다물었습니다. 그렇게 다투고 있었으므로 둘 다 점점 지쳐 전혀 움직일 수 없게 되었습니다. 그러는 사이에 어부가 나타나 도요새와 조개 모두를 잡아 버렸습니다.

연나라와 조나라가 서로 고집을 세우고 계속 싸운다면, 양국의 국민들은 지치게 될 것입니다. 그렇게 되었을 때, 어부처럼 이익을 얻는 이는 양국을 노리고 있는 강국 진秦나라가 아니겠습니까?

예측과 경제학

상대가 어떻게 나오는지를 보고 나서 태도를 결정해야 하는 상황은 경제생활 속에서 곧잘 등장한다. 비즈니스에서의 힘겨운 흥정 사례를 들먹일 필요도 없다. 예를 들어, 백화점에 가서 옷을 구입하는 간단한 일도 이런 예에 해당한다. 왜냐하면 상대에 해당하는 백화점 측이 상품을 구비하고 가격을 정하고 난 후 이쪽은 살지 말지를 결정하기 때문이다.

반대로, 자신이 어떻게 하느냐를 보고 나서 상대가 태도를 결정하는 상황도 자주 발생한다. 상품을 구비하고 가격을 정하는 것은 원래부터 백화점만 할 수 있는 전매특허가 아니다. 인터넷 옥션에서는 아주 평범한 사람이라도 가격이나 상품 구비를 결정하는 판매자가 될 수 있게 되어 있다. 또한, 이런 상품 매매에 관련되지 않아도 누군가를 식사에 초대하거나, 파티를 기획해 참가자를 모으거나, 버스나 전차에서 앉을 자리를 정하는 일 역시 이런 종류의 사례에 해당된다.

어떤 개인의 행동이 본인뿐 아니라 다른 사람의 편익에도 영향을 미치는 환경을 **전략적 환경**이라고 하고, 전략적 환경에서의 선택 대상을 전략, 또는 전략적 행동 등으로 부른다. 그리고 전략적 환경을 수학적으로 분석하는 도구가 **게임이론**이다. 자신이 행동한 뒤에 상대가 전략을 결정하는 경우에는, 자신의 행동에 대해 상대가 취할 것으로 예상되는 행동을 예측하고 나서 현재 자신의 행동을 결정해야 한다. 미래에 발생할 일을 얼마만큼 정확하게 **예측**하느냐 못 하느냐는, 현재 어떻게 해야 할지를 파악하기 위해서 매우 중요하다.

경제학에서는 사람들이 미래의 예측을 세우면서 가능한 최선의 행동을 현재 선택한다고 생각한다. 바꿔 말하면, 경제현상을 생각한 다음에 당사자들이 미래를 어떻게 계산에 넣고 있는지를 고려하는 일이 필요하다고 생각하는 것이다.

예측을 잘하는 두 가지 요점

여기서는 방휼지쟁과 어부의 일화를 토대로 하여 전략적 예측을 합리적으로 하는 방법을 정리해 보자. 요점은 두 가지다.

첫 번째는 최종국면에서부터 거꾸로 생각한다는 것이다. 즉, 현재 어떻게 될지가 아니라 전략적 관계의 최종국면에서 어떻게 될지를 생각하고, 그전에는 무엇을 해야만 하는지, 그리고 그전에는……이라고 생각하라는 것이다.

만약 조개가 새의 부리를 물어 저항할 것이라는 사실을 도요새의 입장에서는 전혀 예상할 수 없었던 일이었다고 가정해 보자. 그렇다면, 이는 어쩔 수 없는 일이다. 하지만 조개에게 부리를 물린 후에는 조개를 먹기보다는 우물쭈물하다가 어부가 나타나면 어떻게 될까 하는 점부터 생각해야만 했다. 도요새는 최종국면에서부터 거꾸로 생각하지 않았기 때문에 그만 어부에게 잡히고 만 것이다.

약속이 있는데 급한 일이 생겨서 회사에서 나갈 수 없게 되었다고 치자. 언제 급한 일이 생길지 예측하기란 어려우므로 이는 어쩔 수 없는 일이다. 생각 있는 사람이라면 약속을 한 상대에게 자신이 처한 상황을 알리기 위해 재빨리 연락을 취할 것을 생각할 것이다. 이런 생각 역시 연락을 하지 않고 상대를 마냥 기다리게 하는 미래의 상황을 떠올리고, 그런 상황이 그다지 바람직하지 않기에 대책을 세우고 있는 것이다. 즉, 최종국면에서부터 거꾸로 생각함으로써 비극을 미연에 방지한 것이다. 이는 예측의 훌륭한 응용사례다.

두 번째는 자신뿐 아니라 미래의 상대방의 이해와, 행동의 인센티브를 생각한다는 점이다. 미래에 상대방이 자신에 대해 취할 행동이란,

상대에게 인센티브가 있는 행동임이 틀림없다. 그렇게 해서 선택된 상대의 행동은 반드시 자신에게 유리한 행동이라고는 단정 지을 수 없다.

방휼지쟁을 목격한 어부가 곧바로 도요새와 조개를 잡지 않고, 다툼의 결과가 어떻게 되는지 흥미롭게 지켜본다고 예상된다면, 도요새가 고집을 피우는 행위에도 이유를 붙일 수 있다. 그러나 어부의 인센티브를 생각한다면, 조용히 지켜보고 있을 것이라는 예측은 합리적이라고 볼 수 없을 것이다.

갑작스레 일이 생긴 사람의 경우도 마찬가지다. 무슨 일이 있어도 상대는 불평 한마디 없이 그저 자신을 기다리는 일을 기쁘게 여기고 있을 것이라고 생각한다면, 연락을 하지 않고 일에 몰두해도 좋다. 그러나 상대의 인센티브를 고려한다면, 이는 그다지 합리적이라고 말할 수 없는 예측일 것이다. 즉, 미래를 계산에 넣으려고 최종국면에서부터 거꾸로 생각한다고 해도 그 국면에서 자신에게 유리한 일만을 생각해서는 안 된다는 점이다.

남성이 유흥가에서 여성에게 거절당하거나, 많은 돈을 허비하는 원인은 대부분 예측 실패 때문이다. 남성은 술집을 나와 둘이서 밤거리로 나간 뒤에 일어날 것으로 예측되는 최종국면에서부터 생각하는 경향이 있다. 즉, 남성의 경우 예측의 제1원칙을 지킨다는 점에 관해서는 특별히 가르쳐주지 않아도 알고 있다는 것이다. 게임이론의 관점에서 본다면, 실로 기적이라고도 말할 수 있는 이런 현상에는 아마 유전학적으로 딱 들어맞는 어떤 전문용어가 있겠지만, 통상적인 말로는 속셈, 흑심이라고 한다.

따라서 이 같은 장면에서 남성이 거절당하는 이유는 예측의 제2원칙을 지키지 않았기 때문이라는 사실을 논리적으로 결론 내릴 수 있다. 즉, 상대인 여성의 입장에서의 인센티브를 고려하지 않고, 자신이 바라는 최종국면만을 머릿속에 떠올린 점이 그 원인인 것이다.

결투게임

예측의 원칙이 이해되었는지를 확인하기 위해 다음 퍼즐을 생각해 보자. 이것은 게임이론에서 예로 사용되는 '결투게임'이라 부르는 게임의 변형이다.

지금 A, B, C 3명이 권총으로 결투를 하려고 한다. 각자 권총을 손에 들고 있으며, 각각의 권총에는 총알이 한 발씩만 들어 있다. 동시에 서로 쏘아서 한순간에 죽어버리면 너무 허무하고 시시하니까, 다음과 같은 방법으로 결투를 하기로 결정했다. 먼저 제비뽑기를 해서 1번, 2번, 3번으로 순서를 정하고, 순서대로 한 번만 총을 쏠 권리를 준다. 총을 쏠 권리가 있는 사람은 누구를 쏘든 상관없다.

제비뽑기를 한 결과, A·B·C의 순서로 총을 쏘게 되었다. 그런데 첫 번째로 총을 쏘는 A는 사격에 그다지 능숙하지 못하다. 아무리 침착하게 총을 쏜다 해도 명중할 확률은 30%밖에 안 된다. 한편, B는 70%의 명중률을 갖고 있고, C는 100%의 확률로 목표를 명중시킬 수 있다.

그렇다면, 첫 번째로 쏘는 A는 어떻게 해야 할까?

C가 총을 쏜다면 100% 총에 맞아 죽겠지만, B라면 빗나갈지도 모른다. 우선 머릿속에 떠오르는 작전은 가능성은 적다고 해도 어쨌든 C를 노린다는 것일 것이다. 이 작전에는 예측의 사고방식이 포함되어 있다. 먼저 이 사고방식을 살펴보자.

최종국면에서부터 거꾸로 생각한다는 예측의 원칙으로 되돌아온다면, 이 경우 우선 생각해야 할 점은 맨 마지막인 세 번째에 총 쏠 권리가 있는 C가 총을 쏠 때의 상황이다. 상대의 이해에 서서 생각한다는 원칙에서 살펴보면, 그때 C는 어떻게 하고 싶을지를 고려해야 한다. 결투이므로 C는 살아남아 있는 쪽을 분명히 쏘아 죽일 것이다. 즉, A가 B를 쏘아 죽였다면, C는 틀림없이 A를 쏘아 죽일 것이라는 사실을 알 수 있다.

그렇다면 A가 C를 쏘아 죽인 경우에는 어떻게 될까? 이번에는 B가 총을 쏘는 것이 마지막이 되므로 B의 입장에서 B의 이해를 생각할 필요가 있다. 그러면, B는 확실히 A를 겨냥할 터이므로 A는 70%의 확률로 죽게 된다는 사실을 알 수 있다.

이 두 가지 상황을 비교한다면, 분명 처음 생각대로 C를 노리는 편이 좋을 듯하다. 그러나 이 예측은 완전하지 않다. 왜냐하면 A의 총이 빗나갔을 경우를 고려하지 않았기 때문이다.*

A가 총알을 명중시킬 수 없었다면, 다음은 B의 차례다. B가 제대로 예측을 하고 있다면, 다음과 같이 생각할 것이다. 만일 자신이 A를 쏘아 죽인다면, C는 틀림없이 살아남은 B를 쏠 것이다. 한편, A는 이미 총알을 써 버렸으므로 A의 총에 맞아 죽을 염려는 없다. 따라서 적어도 자신이 총에 맞아 죽을 확률을 줄이기 위해서는 C를 노려야 한다.

A는 이런 B의 사고과정까지 고려해야 한다. 즉, A의 총이 빗나갔다면, 적어도 70%의 확률로 C가 B의 총에 맞아 죽고, A와 B는 살아남은 채 결투는 종료된다. 따라서 A가 살아남을 확률은 최저 70%가 되는 것이다.

이렇게 생각하면 A가 선택해야 할 길은 분명해진다. 누구도 노리지 않고 일부러 빗나가게 쏘는 것이다. C를 쏘아 죽인다면 살아남을 확률은 30%밖에 안 되므로 오히려 명중시키면 손해다.** 즉, B와 C가 경쟁하도록 놔두고, 어부지리를 얻을 것을 목표로 삼는 것이 이 경우에 A가 할 수 있는 최선의 방법인 것이다.

▶▶▶

만사를 혼자의 힘으로 어떻게든 해결하려는 정신은 소중히 여겨야만 한다. 하지만

---

* 엄밀하게 말하면, 이 경우 외에 B의 총이 빗나갔을 경우도 고려해야 한다.

** 여기에서는 쏠 수 있는 총알을 한 발만으로 제한했지만, 쏠 수 있는 총알의 수에 제한을 두지 않는 규칙도 생각할 수 있다. 무제한일 경우 분석은 어려워지지만, 수학적으로는 보다 우아한 결과를 얻을 수 있다.

기를 쓰고 혼자서 해결하려고 하지 않고, 오히려 남의 손에 맡기는 편이 나은 경우
도 있다.

 약한 척하는 전략

결투게임은 예측에 대한 연습이 될 뿐 아니라, 공격이 반드시 최선
의 방어가 되지는 못하며, 오히려 눈에 띄지 않는 편이 이득이 될 수도
있다는 사실도 가르쳐준다. 선제공격 작전은 일견 화려한 듯 보이지
만, 그 작전이 자신에게 최선이 될지 어떨지는 주변의 전략적 환경의
구조에 따른다.

『장자莊子』에는 '곧은 나무가 먼저 베이고, 달콤한 우물물이 먼저 마
른다.'라는 말이 나온다. 가장 먼저 베이는 나무는 곧아서 사용하기 편
리한 나무이고, 사용하는 사람이 많아 빨리 말라버리는 우물은 좋은
물이 나오는 우물부터라는 의미다. 재능을 너무 많이 피력하면 거꾸로
과도하게 부림을 당해 손해를 보므로, 경우에 따라서는 다른 것과 별
차이 없는 평범한 일을 하고 있는 편이 도리어 전략적으로는 우수하다
는 뜻이다.

이렇게 말하면 어쩐지 한심한 이야기로도 들리겠지만, 이 원리는 의
외로 유용하다. 예를 들어, 가위바위보 게임을 할 때에도 이 원리가 적
용된다. 주먹 내는 것이 장기로 늘 주먹만 내는 사람은 좀처럼 가위바
위보 게임에서 이길 수가 없다. 자신의 행동을 상대가 읽지 못하도록
하기 위해서는 자신에게 유리한, 가장 자신 있는 기술을 만들어서는
안 되는 것이다.

10

伯牙絶絃

백 아 절 현

확약

강한 결의를 보이다

'백아절현伯牙絶絃'이란 자신의 강한 결의를 보이는 것을 비유한 한자성어다.

교토의 기온 마쓰리祇園祭는 일본의 3대 마쓰리(축제) 중 하나로 꼽힌다. 기온 마쓰리라고 하면, 7월 17일에 교토 시 중심부를 '야마보코(山鉾, 대 위에 산 모양을 만들고 창이나 칼을 꽂은 화려한 수레 ─ 옮긴이)'라고 부르는 거대한 수레가 행진하는 야마보코 행렬이 유명하지만, 기온 마쓰리 자체는 7월 1일에 시작해 장장 한 달에 걸쳐 다양한 행사들을 벌이는 숨이 긴 마쓰리이다. 야마보코 행렬은 이들 행사 중 하나다.

야마보코 중 몇 개는 중국 고사성어와 관련하여 만들어진다. 그중

하쿠가야마伯牙山에는 손에 도끼를 들고 눈앞에 있는 거문고의 현을 끊으려고 하는 인형이 타고 있는데, 이는 '백아절현'의 고사와 관련된 것이다.

'백아절현'은 기원전 239년경 진秦나라의 여불위呂不韋가 식객들에게 편찬하도록 한 백과사전 『여씨춘추呂氏春秋 · 본미편本味篇』에 있는, 다음과 같은 고사에 따른다.

백아절현의 유래

옛날, 백아伯牙라는 거문고 연주자가 있었다. 사람들은 백아가 연주하는 거문고 소리를 두고 희대의 명인이라고 극구 칭찬했지만, 백아는 연주를 잘하든 못하든 입을 모아 야단하는 모습을 그렇게 기뻐하지만은 않았다. 그런데 예외였던 인물이 종자기鐘子期였다. 종자기는 백아가 연주하는 거문고 소리를 적확하게 비평할 줄 알았다. 그래서 백아는 자신의 거문고를 진정으로 이해할 수 있는 이는 종자기밖에 없다고 생각하게 되었다. 그런 종자기가 돌연 병으로 죽자, 백아는 그의 죽음을 몹시 슬퍼하며 즐겨 연주하던 거문고의 현을 끊어버렸다. 그리고 그후 두 번 다시 거문고를 연주하지 않았다고 한다.

확약

자신이 미래에 취할 행동을 표명하고 이를 확실하게 이행하겠다고 약속하는 것을 확약한다고 한다. **확약**commitment이란 '반드시 달성해야 할 목표' 또는 '확실하게 이행할 것을 약속하는 행동'이라는 의미다. 백아는 두 번 다시 거문고를 연주하지 않겠다고 확약한 것이다.

　확약은 경제학을 생각하는 데 있어서 매우 중요한 개념이다. 일견 확약은 스스로 미래의 선택지를 줄이는 어리석은 술책처럼 보인다. 분명 가위바위보 게임을 할 때 보를 낸다고 확약하는 것은 현명한 전략이 아니다. 그러나 확약이 유효한 전략이 되는 경우도 수없이 많다.

　일상생활에서 우리들은 자주 약속을 한다. 많은 경우, 약속이라는 것은 자신의 미래 행동을 속박하는 것이므로 이는 약속한 자신의 행동에 확약을 하는 것이다. 그러나 그처럼 약속하는 데는 당연히 의의나 이점이 있으며, 일부러 자신에게 불리한 일을 하고 있는 것은 아니다. 약속을 해서 자신의 태도를 분명하게 결정함으로써 비로소 상대가 태도를 결정할 수 있게 된다. 상대가 자신에게 유리할 만한 행동을 취할 수 있도록 자신의 행동을 확약하는 것이다.

　일상생활에서 장보기 하나를 보아도 확약을 둘러싼 흥정의 예는 쉽게 찾아볼 수 있다. 예를 들어, 상점에 진열되어 있는 상품에 붙어 있는 가격표를 생각해보자.

　1만 원이라고 적혀 있는 가격표를 보고 이것은 1만 원으로 살 수 있다는 의미라고 생각하는 독자는 유감스럽지만 끝까지 파고드는, 사고의 집중력이 부족한 사람이다. 이 가격표는 1만 원으로 살 수 있다는 점뿐만 아니라, 판매자가 1만 원 미만으로는 팔지 않겠다는 사실을 확약하고 있음을 감지해야 한다. 왜 그처럼 확약을 시도하느냐 하면, 만일 1만 원 미만으로도 팔 수 있다는 사실을 구매자에게 들켜버린다면 아무리 1만 원으로 팔려고 하더라도 아무도 1만 원으로는 사지 않을 것이기 때문이다. 즉, 1만 원 미만으로는 팔지 않겠다고 확약할 수 있느냐 아니냐 하는 부분이 판매자의 입장에서는 중요한 것이다.

고가 상품만을 취급하는 고급 상점에서는 가격인하를 하지 않겠다는 사실을 확약함으로써 비싼 가격을 계속 유지하기 쉽도록 하는 전략을 취한다. 예를 들어, 슈퍼마켓 폐점 시간 직전에 식품매장을 가면 생선회 팩 등에 가격할인 스티커가 붙어 있어 그날 중에 전부 팔려는 노력을 느낄 수 있다. 한편, 고급식료품 상점의 경우에는 팔다 남으면 가격인하를 하지 않고 그냥 처분해버린다.

또한, 옷이나 장신구는 계절이 바뀌면 가격인하를 한다. 그런 상품들을 대량으로 판매하는 백화점 행사장에는 살기殺氣가 돌아서 나처럼 심약한 사람은 절대 들어갈 수가 없다. 고급 브랜드 상품을 판매하는 상점이 이런 전쟁터 같은 상황을 연출하는 경우는 없는데, 그 이유는 디자인이 뒤처져 팔 수 없게 된 상품이 생겨도 세일해서 판매하지 않고 어딘가로 처분해버리기 때문이다.

상점가를 걷다 보면, 폐점 대바겐세일이라고 써 붙이고 물건을 팔고 있는 점포를 보게 된다. 이 상점 안에 무리지어 있는 사람들은, 노력한 보람도 없이 폐점이라는 어려운 결단을 내릴 수밖에 없었던, 그 상점 주인을 위로하기 위해 몰려든 것이 아니다. 폐점하기 때문에 평소보다 저렴한 가격으로 팔 것이 틀림없다는 경제적 사고에 이끌려 찾아온 것이다. 따라서 상점 측에서 일부러 폐점한다는 사실을 강조하는 이유도, 이곳의 상품 가격은 다른 곳보다 훨씬 저렴하다는 사실을 상점 측이 확약하고 싶기 때문이다. 그렇다고 해도 폐점 대바겐세일을 매월 하고 있는 만만찮은 상점도 있으므로 이런 경우의 흥정은 매우 미묘하다고 하겠다.

한편, 가격을 유지하겠다는 약속만이 경제 합리성에 들어맞는 것은 아니다. 예를 들어, 폐점 직전에 가격인하를 하는 행위는 분명 가격 유지라는 관점에서는 해가 되지만, 본 상점에서는 오래된 식품은 팔지 않는다는 점을 확약하는 데는 도움이 된다. 환절기 바겐세일을 하는 것은 바겐세일을 하지 않았다면 세일 전 가격으로 샀을 터인 고객에게 굳이 싸게 판매하는 것이 되므로 이런 의미에서는 바람직하지 않다. 그러나 한편으로는 바겐세일을 하지 않았다면 구입하지 않을 고객층을 개척할 수 있다. 또한 바겐세일에서 충분한 전과戰果를 거둬 기쁨에 젖어 있는 소비자는 평상시 같으면 쳐다보지도 않을 상품도 온 김에 충동구매하도록 하는 효과도 있다. 이 같은 득실을 고려해 적절한 확약의 방법이 모색되는 것이다.

신뢰 – 확약 전략의 핵심

확약이 전략적 효과를 충분히 발휘하기 위해서는 그 확약은 신뢰할 수 있는 것이어야 한다. 아무리 자신이 어떤 행동을 확약했다고 생각해도 상대가 이를 신뢰해주지 않으면 자신의 생각대로 움직여주지 않기 때문이다.

바겐세일이나 폐점 세일을 언제까지나 계속하고 있으면, 그곳에서 팔고 있는 상품이 정말로 싼지 의심스럽게 되는데, 이는 그 상점에서 확약하고 있는 싼 가격에 대한 신뢰성이 흔들리고 있다는 뜻이다.

신뢰할 수 있는 확약이란 확약하려는 당사자에게 선언한 대로의 행동을 취할 인센티브가 있는 경우이다. 예를 들어, 냉장고에 케이크가 들어 있고 그 케이크의 소유자가 이것은 나 혼자 먹겠다고 선언한 경우, 이는 꽤 신뢰할 수 있는 확약이라고 보아도 좋을 것이다. 반면, 다이어트 중이므로 이 케이크는 버리겠다고 선언한다 해도 이 말을 믿기란 힘들다.

선언한 대로 이행할 인센티브가 있는지 없는지 의심스러울 경우에는 상대방에게 신뢰 받기 위해서 선언이 이루어지도록 환경을 바꿀 필요가 있다. 예를 들어, 확약에 반하는 행동을 취할 수 없도록 하는 것을 일례로 꼽을 수 있다. 다이어트 중이라면 눈물을 삼키고 케이크를 버려야만 한다. 이 케이크를 아깝다고 생각한다면, 처음부터 케이크를 냉장고에 넣어서는 안 되는 것이다.

백아가 거문고의 현을 끊은 행위에도 정말 이 같은 효과가 있는지 확인해 보자. 그저 거문고를 연주하지 않겠다고 선언하는 것만으로는 확약의 신뢰성은 약하다. 현을 끊어서 애용하던 거문고를 더 이상 탈 수 없게 만듦으로써 비로소 확약의 신뢰도는 높아진다.

또한, 제삼자(대리인)를 활용하는 것도 확약의 신뢰성을 높이는 데 도움이 된다. 자신에게는 인센티브 문제가 발생해 실행하기 어려운 행동도 자신의 인센티브와 직접 관련이 없는 제삼자에게는 하기 쉽기 때문이다. 예를 들어, 아무리 건강을 위해서 해야 한다고 굳게 결심해도, 기껏 사둔 케이크를 안 먹고 자신의 손으로 버리는 일은 어렵다. 그러나 내가 케이크를 먹지 않도록 대신 먹어 달라며, 같은 집에 사는 배고픈 동거인에게 부탁하면 틀림없이 먹어 줄 것이다. 이처럼 지시받은 대로 행동할 것을 약속해주는 사람은 확약을 전략적으로 이용하기 위해서 매우 중요한 존재다.

▶▶▶

단호한 결의는 만사를 움직인다. 그러나 그 결의의 굳음은 자신이 생각하는 만큼 남에게 전달되지 않는 법이다. 현을 끊지 않아도 백아가 거문고를 연주하는 일은 없었을 것이다. 그러나 현을 끊지 않았다면 그의 결의가 후세에 전해지는 일은 없었을 것이다.

칼럼 일본에서의 코미트먼트의 역사

'코미트먼트コミットメント'는 영어 commitment의 일본어 표기로, 영어에서는 일상적으로 쓰이는 단어다. 그러나 일본에서 이 코미트먼트라는 용어를 사용하게 된 것은 비교적 최근이다. 일본어 대사전『고지엔廣辭苑』제5판(1998년)에는 실려 있으나,『고지엔廣辭苑』제4판(1991년)에는 실려 있지 않다.

코미트먼트의 전략적 의의를 처음 체계적으로 논의한 사람은 2005년 노벨경제학상 수상자인 셸링Thomas C. Schelling이었다. 그러나 코미트먼트라는 말을 일본어에 침투시킨 이는 경영 부진에 허덕이고 있던 닛산자동차의 실적을 V자 회복시켰던, 카를로스 곤Carlos Ghosn 사장이 아니었을까? 곤 사장은 1999년에 발표한 '닛산 리바이벌 플랜(닛산 회생 계획)'에서 매출이나 비용 절감의 수치 목표를 내세우고, 이들 수치는 코미트먼트로, 만일 달성하지 못했을 경우에는 책임을 지고 퇴진하겠다고 선언했다.

공장 폐쇄와 정리해고 숫자가 지나치게 많다는 점이 화제가 되었지만, 사실 '닛산 리바이벌 플랜'에서 크게 다루어져야 할 문제는 사장이 직접 내건 코미트먼트였다. 곤 사장은 실패하면 즉시 퇴진하겠다는 확약을 함으로써 자신의 손으로 퇴로를 차단했다. 즉, 그는 단순한 목표를 말한 것이 아니라 코미트먼트를 한 것이다.

그런데 이처럼 원어를 단순하게 소리 나는 대로 사용하는 것은 본래 바람직한 일이 아니다. 이를 간결한 일본어를 바꾼다면, '확약' 또는 '공약'이 자연스러운 번역일 것이다. 그런데도 현실적 문제로서 일본에서는 확약이나 공약이라고 하면, 이는 들은 것이 지켜지지 않아도 결과적으로 별 문제가 없는 것으로 인식되어, 안타깝지만 오역이 되고 만다. 현대 일본어의 용법에서 확약 또는 공약이라고 부르고 있는 것들은 대개 노력 목표, 또는 바람 정도로 표현해야 옳을 것이다. 이런 까닭에 일본에서는 굳이 확약, 공약이 아니라 원어를 소리 나는 대로 쓰는 코미트멘트를 사용하고 있는 것이다.

11

畵龍點睛
화 룡 점 정

홀드 업

가장 중요한 부분이 빠져 있다

'화룡점정畵龍點睛'에서 '화룡畵龍'은 용의 그림을 그리는 것을, '점정點睛'은 눈동자를 그려 넣는 것을 뜻한다. 이 두 한자성어를 합해, '화룡점정'은 문장이나 그림의 가장 중요한 부분에 마지막으로 손질을 가해 완성시킴을 의미한다. 또한, 얼마간의 가필加筆 수정에 의해 전체가 몰라볼 정도로 돋보이게 됨의 비유로도 쓰인다. 이런 까닭에 '화룡에 점정이 빠졌다.'란 말은 전체적으로 훌륭하기는 하지만 중요한 부분이 제대로 마무리가 되지 않아서 다른 잘된 부분까지도 가치가 떨어져 있는 상태를 가리킨다.

'화룡점정'은 847년에 만들어진 중국 최초의 본격적 회화사서繪畵史書

『역대명화기歷代名畵記』를 비롯해 여러 문헌들에서 찾아볼 수 있다고 한다. 어느 책이든 다음과 같은 이야기인 듯하다.

화룡정점의 유래

중국 남조南朝 시대에는 절에 용 그림을 그리는 것이 유행이었다. 금릉金陵(지금의 난징)에 있는 안락사安樂寺라는 절에서도 벽에 용 그림을 그리기 위해 화공畵工을 고용하였다. 화공은 바로 그 자리에서 멋진 네 마리의 백룡 그림을 그렸다. 이 그림을 보고 절에 있던 사람들은 매우 기뻐했지만, 용의 모습이 매우 훌륭한데 비해 무언가 빠져 있는 듯한 느낌을 받았다. 그래서 용 그림을 자세히 들여다보니 그려진 용들의 눈마다 눈동자가 없지 않은가?

이상하게 생각한 절 사람들이 화공에게 그 이유를 묻자, 화공은 만일 용의 눈동자를 그려넣으면 용에 생명이 깃들어 벽을 빠져나가 하늘로 날아갈 터인데 힘들게 그린 용이 하늘로 날아가버리면 절도 곤란하지 않겠는가, 하고 대답하였다.

하지만 절 사람들의 눈에는 화공이 눈동자를 잘 그릴 자신이 없어서 말도 안 되는 이야기로 변명을 늘어놓는 것처럼 보였다. 그래서 그중 한 사람이 도대체 그림에 그려진 용이 어떻게 하늘을 날아오를 수 있느냐고 히쭉히쭉 웃으며 비아냥거렸다.

이 말을 들은 화공은 말없이 붓을 들어 두 마리의 용에 유유히 눈동자를 그려넣었다. 그러자 갑자기 주위가 깜깜해지고 하늘에서 천둥이 치더니 용 두 마리가 생기를 얻고는, 곧바로 벽을 박차고 하늘을 향해 날아가버렸다. 그래서 안락사에는 눈동자가 없는 두 마리의 용 그림만

남아 있다.

분업에서의 흥정

앞에 나온 '타산지석他山之石'에서 말했듯이, 현대 경제는 분업으로 이루어져 있다. 효율적으로 분업이 이루어지고 있다면, 어느 한 부분이 결여되어도 많든 적든 전체 완성품에는 지장을 초래할 터이다. 만일 지장이 없다고 한다면, 애초에 군더더기가 있었다는 의미가 되므로 그 분업은 결코 효율적이라고 말할 수 없기 때문이다.

따라서 혼자서 모든 일을 하지 않아도 효율적으로 분업을 해서 제품을 만든다면, 최종적으로 전체에서 얻어진 이익은 분업에 참가한 사람들 사이에 자연스럽게 분배된다. 왜냐하면, 만일 전체에서 얻어진 이익을 받을 수 없는 사람이 있다면 그 사람은 더 이상 분업에 참가하지 않을 것이기 때문이다. 그 사람이 그만두면, 전체 완성품에 지장을 초래하므로 결국 다른 사람들 모두 손해를 입게 될 것이다. 이는 모든 사람들에게 폐가 된다. 따라서 전원에게 이익을 분배할 수밖에 없는 것이다.

알아채기 힘들겠지만, 앞서 논의한 분업과 관련된 사람들에게 이익이 골고루 돌아간다는 것에서 중요한 것은 이익 분배를 얻지 못해 만족할 수 없는 사람은 분업 참가를 그만둘 수 있다는 점이다. 그만둘 수 없는 사람은 이익 분배의 혜택을 입을 수 없다.

이런 사정을 용 그림 그리기라는 비유적 이야기를 통해 자세하게 살펴보기로 하자. 지금 두 사람의 화공이 분담해 용 그림을 그리는 일을 직업으로 삼고 있다고 가정하자. 한 사람은 용의 몸을 멋지게 그려낼 수 있지만, 눈동자를 훌륭하게 그리는 역량은 부족하다. 또 한 사람은 완성된 용의 눈에 눈동자를 꼼꼼하게 그리는 일을 전문으로 하고 있었다. 용의 몸을 그리는 일이 훨씬 힘든 작업이므로 수익은 용의 몸을 그리는 화공이 90%, 나머지 10%는 눈동자를 그리는 화공이 가졌다.

눈동자를 그리는 화공은 자신의 작업시간은 전체의 10% 정도이므로 수익의 10%라도 만족해야 한다고 생각하고 있었다. 그런데 그는 용에 눈동자를 그려넣지 않으면 용 그림에 상품가치가 거의 없다는 사실을 깨달았다. 어느 날, 눈동자를 그리는 화공은 용 그림을 앞에 두고 팔짱을 낀 채 눈동자를 그리려고 하지 않았다. 그는 이를 의아하게 생각하며 바라보고 있던, 용의 몸을 그리는 화공에게 요즘 자신의 생활이 어려우니 이번 수익의 분배는 반으로 해 달라, 만일 이 요구가 받아들여지지 않는다면 이 용에 눈동자를 그리지 않겠다고 고집을 부렸다. 쉽게 말하면, 협박한 것이다.

이 말을 들은 용의 몸을 그리는 화공은 깜짝 놀랐지만, 용의 눈동자가 없으면 자신이 힘들게 그린 용 그림도 아무 쓸모가 없어지고, 자신의 손으로 생기 있는 용의 눈동자를 그려넣을 자신도 없으며, 또 서투르게 눈동자를 그려 넣었다가는 용 그림의 가치가 반감되어 버린다고 생각했다. 그래서 용의 몸을 그린 화공은 이익을 반반으로 나누자는 요구를 수용하였고, 눈동자를 그리는 화공은 기뻐서 화룡점정을 하였다.

경제학에서는 이 용의 몸을 그리는 화공처럼 이미 완성한 작업에 대해 예상한 대로의 대가를 받을 수 없게 된 경우를 **홀드 업**Hold up을 만났다고 한다.

예를 들어, 기업이 납품처와 원자재 구매처를 한 회사로 제한하고 있다면, 홀드 업을 만날 가능성이 크다. 왜냐하면 만일 거래회사가 자사제품의 가격인하를 요구하거나 또는 구매가격을 올렸을 경우 다른 선택지가 없어 이들의 요구를 받아들일 수밖에 없기 때문이다. 홀드 업을 만날 우려를 피하기 위해서는 될 수 있는 한 거래처를 많이 두는 편이 바람직하다.

홀드 업 문제

그러나 이 이야기는 아직 끝나지 않았다. 용 눈동자를 그리는 화공은 이번에는 특별한 사정이 있어서 그랬지만 본심이 아니었으며, 원래대로 이익 분배를 해도 좋으니 앞으로도 계속 같이 일하자고 말했다. 그러나 용의 몸을 그리는 화공은 또다시 무언가 이유를 들어 배당을 바꾸도록 요구할지도 모른다고 생각하고, 정성껏 용 그림을 그릴 의욕을 그만 상실하고 말았다. 그후, 둘이서 완성한 용 그림은 완성도가 떨어져 비싼 값에 팔 수 없게 되었고, 결국 눈동자를 그리는 화공의 수입은 더 줄고 말았다.

즉, 홀드 업을 만날 위험성을 짐작한다면, 먼저 작업을 해서 투자하지 않으면 안 되는 쪽은 투자를 자제하게 된다. 그 결과, 본래 분업이 기능하고 있었다면 얻을 수 있었던 이익을 얻지 못하게 된다. 이런 문제를 **홀드업 문제**라고 한다.

화공의 예에서는 눈동자를 그리는 화공 쪽이 약속대로 이익을 9 대 1로 나눈다는 점을 확약할 수 있느냐 없느냐가 홀드 업 문제를 피할 수 있느냐 없느냐의 열쇠가 된다. 즉, 홀드 업 문제란 홀드 업의 피해를 입는 쪽만의 문제가 아니라, 스스로는 그럴 의사가 없다 해도 장래

홀드 업을 준비한다고 의심받는 경우를 어떻게 배제할 수 있느냐는 문제도 포함하고 있는 것이다.

현실적인 예로, 회사원이 자신이 근무하는 회사에서밖에 쓸 수 없는 기술을 적극적으로 익혀야 하는지를 생각해보자. 그런 기술만을 익힌 사람이 다니던 회사를 그만두면, 다른 회사에서는 전혀 쓸모가 없다. 따라서 회사를 옮기는 것도 마음대로 할 수 없기 때문에 만약 회사로부터 어떤 무리한 업무를 강요받더라도 그 조건을 받아들이는 수밖에 없다. 즉, 회사로부터 홀드 업을 만날 위험성이 있는 것이다. 따라서 그런 위험을 회피하기 위해서 현대 회사원들은, 특히 젊은 세대의 회사원들은 반은 본능적으로, 다른 직장에서도 써 먹을 수 있는 기술 습득에 보다 열심이다.

회사 측에서는 무리한 업무를 강요할 의사가 없고, 오히려 순수하게 이익 추구의 입장에서 회사의 특수한 요구에 부응할 수 있는 인재에게 상당한 대가를 지불할 용의마저 있을지 모르는데도 불구하고 인재를 육성하지 못하게 된다. 이것이 회사에서의 홀드 업 문제다.

이런 문제를 완화하기 위해서는 회사 측이 앞으로 홀드 업을 준비하지 않는다는 사실을 약속할 필요가 있다. 예를 들어, 종신고용 등 장기 고용관계를 보증하는 것은 이를 위해서 유용한 방법이다. 그렇다고 해도 회사가 도산해버리면 아무런 소용이 없다. 따라서 기업 도산이 만연하는 불황기에는 이런 홀드 업 문제의 영향으로 기술 축적이 저해되는 경향이 있다.

▶▶▶

효율성 추구와 생산성 향상을 위해서 분업은 꼭 필요하다. 그러나 분업에 참가하는 사람들의 인센티브를 충분히 고려하지 않으면, 홀드 업 문제가 초래되어 결과적으로 분업을 함으로써 효율성과 생산성이 희생되는 상황이 될 수도 있다. 바꿔 말하면, 흥정이라는 인센티브 구조에 대한 고려가 결여된 분업제도는 화룡에 점정이 빠진 꼴이 되는 것이다.

칼럼 회의에서의 홀드 업

회의란 분업을 하고 있는 사람들이 그 분업 시스템에 관한 의사결정을 하는 자리다. 따라서 회의에서도 당연히 홀드 업 문제는 발생한다. 예를 들어, 사소한 실수로 말꼬리가 잡혀 확약하게 되고, 결과적으로 자신에게 여분의 업무가 맡겨지면 곤란하므로, 모두에게 도움이 되는 의견이라고 해도 발언하지 않는 행동도 그 한 예라고 할 수 있다.

다른 사람이 무엇을 하고 싶은지 결정해 주기를 원할 때, 문자 그대로 무엇을 하고 싶으냐고 묻기 쉽지만, 이는 홀드 업 문제를 유발할 가능성이 있으므로 좋은 방법이 아니다. 왜냐하면, 이 말을 듣는 쪽이 구체적으로 답변하면 그 답변이 확약으로 인식되기 쉽기 때문이다. "어디에 가고 싶냐?"든가, "무엇을 먹고 싶냐?"고 물어도 "아무 데나" 또는 "아무거나"라는 대답이 돌아오는 이면에는 이런 사정도 있다.

이런 경우, "A와 B와 C 중 어느 것이 좋은가?"라는 식으로 질문하는 편이 훨씬 생산적인 결과를 가져온다. 왜냐하면, 이것으로 발언자도 어느 정도의 확약을 하게 되므로 의사결정에서 확약의 책임을 분산시켜 홀드 업 문제를 완화할 수 있기 때문이다.

12

臥薪嘗膽
와 신 상 담

신호 보내기

고통을 견디다

‘와신상담臥薪嘗膽’이란 미래의 성공이나 복수를 위해서 오랜 기간 고통을 참고 견딘다는 의미다. 대학에 합격하기 위해 와신상담하며 공부한다는 등으로 쓰인다.

‘와신臥薪’이란 울퉁불퉁하고 딱딱한 장작 위에서 자는 것을 가리키며, ‘상담嘗膽’이란 짐승의 쓰디쓴 쓸개를 핥는 것을 가리킨다. 등의 아픔을 견디며 딱딱한 장작 위에서 잠을 잔 사람은 오吳나라 왕 부차夫差였고, 혀가 얼얼해지는 고통을 참으며 쓰디쓴 쓸개를 핥은 사람은 월越나라 왕 구천勾踐이었다. 이 두 사람 모두 일부러 견디기 힘든 일을 함으로써 복수심을 잃지 않도록 한 것이다.

부차와 구천의 복수 이야기는 『사기史記 · 월왕구천세가越王勾踐世家』
에 등장한다. 이 이야기가 '와신상담'의 형태로 등장한 것은 원元 시대
에 만들어진, 태고부터 송宋대까지의 중국 역사를 간략하게 서술한
『십팔사략十八史略』이다. 또한, 『사기史記 · 오자서열전伍子胥列傳』에서도
와신상담에 이르게 된 경위가 기록되어 있는데, 이 책을 통해 살펴보
는 편이 더 흥미로우므로 오자서伍子胥의 이야기부터 시작하겠다.

와신상담의 유래

오자서伍子胥는 중국 춘추春秋시대 초楚나라의 명문가에서 태어났다.
초나라의 고관이었던 그의 아버지와 형은 억지가 통하는 어지러운 시
대에 평왕平王에게 충심으로 간언諫言하였으나 받아들여지지 않고, 도
리어 죽음을 당하고 말았다. 목숨만 겨우 건져 간신히 도망친 오자서
는 오吳나라로 망명, 오나라 왕 합려闔閭 밑에 있으면서 초나라와 평왕
에게 반드시 복수하겠다고 맹세하였다.

탁월한 정치가였던 오자서뿐만 아니라 『손오병법孫吳兵法』으로 후세
에 이름을 남긴 군략가軍略家 손무孫武를 얻은 오나라의 국력은 점차 강
해졌다. 마침내 오나라는 초나라로 쳐들어가 수도를 함락시켰다. 그런
데 오자서의 원수인 평왕은 그때 이미 죽은 사람이었다. 복수를 할 수
없게 된 오자서는 부하를 시켜 평왕의 무덤을 파헤쳐 시체를 끌어내고
는, 귀기가 서린 무서운 표정으로 울면서 평왕 시체에 몇 번이나 채찍
질을 가하였다. 죽은 사람을 헐뜯는 행위를 '시체에 매질하다.' 또는
'송장에 매질하다.'라고 하는데, 이것이 그 유래이다.

그 무렵, 이웃 나라 월越이 초나라 원정을 틈 타 오나라를 공격했기

에, 오나라는 초나라를 멸망시키지 못한 채 어쩔 수 없이 철수할 수밖에 없었다. 게다가 월나라와의 전투 중에 합려 왕이 전사하는 등 오나라는 생각지도 못한 고전을 겪어야 했다. 결국 오나라는 월나라에 화해를 청하고 불리한 조건으로 휴전했다.

합려의 아들 부차는 왕으로 즉위한 후, 딱딱한 장작 위에서 자면서 패배의 원통함을 잊지 않으려고 애썼다. 그후, 부차는 군비를 정비하고 반대로 월나라를 공격했는데, 복수심에 불타오른 오나라는 형세를 만회하였고, 초나라 왕 구천은 회계산會稽山으로 쫓겨 갔다. 구천은 신분을 박탈당하고 온갖 수모를 당했지만, 목숨만은 건질 수 있었다. 그리고 이를 '회계지치會稽之恥'로 여기고, 치욕을 씻기 위해 쓰디쓴 쓸개를 핥으며 하루하루를 보내고 있었다.

오자서는 화근을 없애기 위해 월왕 구천을 죽이고 월나라를 멸망시켜야 한다고 간언했으나 받아들여지지 않았고, 거꾸로 오나라 왕 부차는 오자서가 꼴도 보기 싫어져 자결할 것을 명하였다. 이에 오자서는 머지않아 반드시 오나라는 월나라에게 멸망당할 것이라고 예언하고 스스로 목숨을 끊었다.

정말로 그로부터 약 10년 후 월나라가 쳐들어왔고, 오나라는 멸망이라는 슬픈 운명을 맞게 되었다. 자신의 어리석음을 부끄럽게 여긴 오나라 왕 부차는, 오자서를 볼 낯이 없다며 부하에게 자신이 죽으면 얼굴에 천을 씌우도록 지시를 내리고 자결하였다.

신호 보내기 전략

와신상담은 자신이 미래에 재기할 것을 확약하는 방법이었다고 해

석할 수 있다. 그러나 백아가 거문고의 현을 끊은 것과는 그 의도가 다르다. 왜냐하면, 현을 끊는 것과는 달리 아무리 와신상담을 한다 해도, 와신상담 자체가 미래에 반드시 복수한다는 보장이 되지는 않기 때문이다.

그러므로 와신상담의 고사에서는 남에게 자신의 결의를 전달하기 위한 메시지, 또는 신호라는 측면에 주목하자. 딱딱한 장작 위에서 잠을 잔 부차나, 쓸개를 핥은 구천은 이런 자신의 모습을 그들을 따르는 부하가 본다는 사실이 중요했을 터이다. 왜냐하면, 복수라고 해도 국가 간의 전쟁이므로, 개인의 증오심이 아무리 강하다고 해도 그 증오심만으로 목적을 달성할 수는 없기 때문이다.

전략적으로 상대에게 신호(시그널)를 보내고 그에 따라 자신의 입장을 보다 바람직한 것으로 만들려는 전략적 행동을 경제학에서는 **신호보내기**|signaling라고 한다. 신호를 보내는 이유는 자신이 어떤 행동에 확약할 의사가 있음을 상대에게 전하고 싶기 때문이다. 즉, 신호 보내기란 간접적으로 확약을 하려는 전략적 행동인 것이다.

구두 약속은 신호 보내기 행동의 기본적인 예이다. 상대에게 무언가를 약속하고 싶어도 약속을 전하는 말은 자신이 약속하는 행동 그 자체는 아니다. 따라서 일상적 회화는 전략적 신호 보내기의 응수應酬라고 말할 수 있다. 언어라는 신호를 통해 자신이 약속한 대로의 행동을 하겠다는 점을 확약하고 싶은 것이다.

신뢰 받으려면

당연한 일이지만, 신호에 의해 이쪽의 의도를 전달하기 위해서는 발신하는 신호의 내용을 상대에게 믿게 만드는 것이 대전제이다. 말에 신뢰감이 없다면, 말로 한 약속도 당연히 신뢰 받을 수 없다. 신뢰 받지 못하는 확약에 의미가 없는 것과 사정은 마찬가지이다. 그렇다면 신호에 신뢰감을 싣기 위해서는 어떻게 하면 좋을까?

신뢰를 받기 위한 기본 요건은 그 신호를 발신하는 데 비용이 든다는 점이다. 왜냐하면, 비용도 들이지 않고 손쉽게 발신할 수 있는 신호는 공짜이므로, 상대가 기분 내키는 대로 내뱉는다고 해석할 가능성이 있기 때문이다. 뒤집어 말하면, 시간과 품이 드는 메시지야말로 상대의 마음에 가 닿는 것이다.

와신臥薪과 상담嘗膽의 진짜 목적은 자신을 따르는 부하들의 마음을 움직이는 것이었음에 틀림없다. 원한을 푸념처럼 계속 말하는 것은 쉽지만, 그처럼 비용이 들지 않는 신호로는 그 누구의 마음도 움직일 수가 없다. 즉, 와신상담이란 일부러 고통이라는 비용을 들임으로써, 자신의 결의를 주위 사람들에게 보다 효과적으로 전달하기 위한 방법이었던 것이다.

이처럼 생각하는 바를 행동으로 나타내는 것은 생활을 원활하게 보내기 위해서 중요하며, 이는 특별히 복수에만 한정되는 것은 아니다. 또한, 일부러 와신상담처럼 괴로운 행동을 할 필요도 없고, 얼마 안 되는 비용으로도 충분히 효과 있는 장면이 일상생활 속에서도 빈번히 등장한다.

예를 들어, 말뿐 아니라 적은 돈으로 세심하게 신경 쓴 선물을 덧붙여 자신의 마음을 전하려 하는 것이다. 이런 전략은 자주 볼 수 있는데, 이는 누구나 알지 못하는 사이에 신호 보내기 전략의 기본을 실천하고 있다는 증거다.

복장이나 장신구에 왜 비용과 수고를 들이느냐를 신호의 관점에서 생각해보자. 물론, 돈과 수고가 드는 일 자체에서 만족감을 얻을 수 있는 경우도 있을 것이다. 그러나 어딘가에는 자신을 꾸밈으로써 다른 사람에게 인정받고 싶다는 마음이 틀림없이 있을 것이다. 인정받기 위한 신호라고 생각한다면, 신호를 신뢰 받을 수 있는 것으로 만들기 위해서 돈과 수고를 들이는 일은 오히려 합리적인 행동이라고 말해도 좋다.

그런데 여기서 말하는 비용은 꼭 금전적 비용만을 의미하지는 않는다. 귀찮게 손이 한 번 더 가는 것도 어엿한 비용이다. 말과 함께 곁들이는 선물 역시 돈만 들이면 그것으로 좋다는 것은 아니라는 점이다. 시간을 투자해 직접 만든 선물과, 수고를 들여 직접 손으로 쓴 사례 편지가 상대방에게 감동을 주는 것도 금전적이지 않은 것이 비용으로 평가되는 예이다.

이를 바꿔 말하면, 효과적인 신호 보내기를 위해서는 상대가 무엇을 비용으로 느끼는지를 이해해 둘 필요가 있다. 안이하게 값비싼 선물로 내닫기 전에 상대의 비용 감각을 헤아려 보는 것은 나쁘지 않은 생각이다.

직장에 있는 시간의 95% 이상을 자신의 연구실 안에서 홀로 보내는 특이한 직업에 종사하는 사람을 제외하고, 건전한 사회인이라면 옷차림새에 신경을 써야 한다. 왜냐하면 옷차림새에는 자신의 사고방식과 일에 대한 자세가 드러나기 때문이다. 더 정확하게 말하면, 많은 사람들이 옷차림새에서 그 사람의 사고방식과 일에 대한 자세가 나타난다고 느끼고 있기 때문이다. 따라서 이 경우 중요한 것은 자신을 바라보는 사람이 그 옷차림새를 마음에 들어 해 줄지 아닐지이며, 자신의 취향이나 자신에게 잘 어울리는지의 여부는 그 다음이다.

상대의 이야기를 듣는 경우에는 메모를 하고, 때때로 상대의 말을 복창해 보는 것이 효과적이다. 아무리 자신이 이미 알고 있는 사실, 금방 기억할 수 있는 내용, 또는 대화가 끝났을 때 즉시 잊어버려야 할 시시한 이야기라고 하더라도 메모를 해야만 한다. 왜냐하면 메모를 한다는 행위를 통해 상대의 말을 주의 깊게 경청하고 있다는 사실을 효과적으로 신호 보낼 수 있다는 점이 중요하기 때문이다.

실제로, 메모를 하면서 듣고 있는 사람이 있다면 말하는 사람은 정신 집중을 하게 된다. 반대로 수업 때 학생이 교사를 째려보기만 하고 노트 필기를 하지 않으면, 아무래도 교사는 신바람이 나지 않는다. 그러므로 교사가 보다 좋은 수업을 할 수 있도록 하려면, 학생은 메모를 하고 질문을 해야 한다. 이때, 상대를 의식하고 있다는 메시지를 보낸다는 점이 중요하므로, 질문 내용에는 그다지 신경 쓸 필요가 없고 노트에는 개 그림을 그린다 해도 상관없다.

사실, 나는 몇 년 전부터 다른 사람들의 연구 발표를 들을 때 반드시 메모를 한다. 이 습관은 앞에서 말한 효과를 노리고 시작한 것이 아니고, 그저 기억력이 나빠졌고, 머리 회전이 둔해졌기에 메모를 하지 않으면 기억할 수 없는 일이 많아졌기 때문이다. 개 그림을 그리는 일은 거의 없다.

최후의 한 개

일본에서는 야채생산출하안정법(1966년 공포)에 의해 국민의 식생활에서 특히 중요한 채소 4가지(양배추, 무, 양파, 배추)에 중요 야채 수급조정 추진사업을 실시하게 되었다. 추진사업에서는 가격이 급락했을 경우에 농가에 보조금(말하자면 '풍작가난보험')을 지급한다.

또한, 산지에서 공동으로 채소를 폐기하는 일 역시 이 추진사업에서 벌이는 일 중 하나다. 요컨대, 가격 붕괴를 막기 위해서 다 자란 작물을 출하하지 않고, 밭에서 폐기해 흙으로 돌려보내는 작업을 공동으로 하는 것이다. 힘들게 키운 양배추를 트랙터로 짓밟아 뭉개는 광경은 TV로 시청해도 매우 충격적이다. 농업에 종사하지 않는 도시 사람들에게도 이 산지 폐기사업은 눈에 익을 것이다.

손수 돌보아 키운 농산물을 자기 손으로 폐기하는 일은 농부에게는 틀림없이 와신상담과 맞먹을 정도의 고통일 것이다. 그러나 유통량이 줄면 가격이 상승한다는 것은 경제원칙 중 하나이므로 이 경우의 와신상담에는 농가의 입장에서 큰 의미가 있다. 한편, 싸고 질 좋은 작물을 원하는 소비자에게는, 식탁까지 오기 전에 수확된 작물들이 너무 많이 폐기되는 모습은 그다지 기분 좋은 광경은 아니다. 소비자의 심정을 감안한다면, 이 같은 폐기 작업은 될 수 있는 한 비밀리에 실시되는 편이 좋은 것 같다.

그러나 사실, 이런 경우 작물이 줄고 있다는 사실을 사람들의 머릿속에 강하게 각인시키는 데 큰 경제적 효과가 있다. 그 속뜻을 이해하기 위해 문제를 단순화시켜 생각해보자.

지금 농가에는 양배추 100개가 있고, 소비자 100명이 각각 양배추 한 개씩이 필요하다고 가정해보자. 각각의 소비자는 양배추 한 개에 최대 2,000원까지는 지불해도 좋다고 생각하고 있다고 치자. 또한, 팔다 남은 양배추는 그 즉시 상품 가치가 떨어지므로 10원의 가치도 없다고 가정하자.

농가가 단순히 소비자 한 사람 한 사람하고 개별적으로 교섭한다면 어떻게 될까? 분명 소비자는 2,000원까지 지불할 의사가 있음에도 불구하고 2,000원으로 파는 일은 매우 힘들다. 왜냐하면 교섭이 결렬되어 팔다 남은 양배추에는 10원의 가치도 없어지므로, 농가 쪽에서는 아무리 값이 싸더라도 결국은 팔지 않을 수 없기 때문이다. 따라서 소비자 쪽도 싸게 해주지 않으면 사지 않겠다고 강경하게 나와서 농가의 양보를 끌어내도록 노력할 것이다. 교섭 기술이 모두 비슷비슷하다면 결국 최대 구매가 2,000원과 최소 판매가 0원의 중간인, 1,000원 정도에서 낙찰될 것이다. 즉, 1,000원 정도가 양배추의 시장시세가 되는 것이다. 따라서 양배추 100개의 매상고는 10만 원 정도가 될 것이다.

그런데 이런 상황에서 농가가 양배추 한 개를 소비자 앞에서 뭉개버려서, 양배추의 총 개수가 99개라는 사실을 주지시켰다고 가정해보자. 그러면, 갑자기 농가의 입장이 유리해진다. 왜냐하면 양배추를 갖지 못하는 사람이 반드시 한 명은 생기므로, 그 한 사람이 되고 싶지 않은 소비자는 타협할 수밖에 없기 때문이다. 극단적인 이야기로 양배추 98개가 다 팔리고 한 개가 남아서 이를 남은 2명의 소비자가 서로 사겠다고 다투는 상황이 된다면, 아마 양배추 가격은 거의 2,000원까지 올라갈 것이다. 그렇다면, 남은 양배추가 2개였을 때도 사지 못하고 우물쭈물하고 있는 사이에 누군가가 하나를 사버리면 양배추 가격은 2,000원까지 올라갈 것이 확실해진다. 따라서 남은 양배추가 2개였더라도 경쟁은 치열해져 가격은 2,000원 가까이까지 올라갈 것이다.

남은 양배추가 3개라 해도 남은 것이 2개가 되어 가격이 2,000원 가까이 올라가기 전에 사는 편이 좋으므로, 역시 가격은 2,000원 가까이까지 올라갈 것이다. 이런 논리를 계속한다면, 나머지가 99개였던 판매 초기에서도 역시 가격은 2,000원 가까이 될 것임을 알 수 있다. 양배추 한 개를 뭉개는 것은 괴로워도 나머지 99개는 2,000원 가까운 금액에 팔리므로, 양배추 매상고는 20만 원 가까이 되어 그전의 합계 10만 원을 크게 웃돌게 된다.

앞의 논의에서 중요한 것은 누군가는 사지 못한다는 사실이 소비자들 사이에 주지되고 있다는 점이다. 예를 들어, 침몰 직전의 배에 함께 타고 있던 손님 100명에 대해 구명의가 100개 이상 있다면 모두 침착하게 순서를 기다리겠지만, 99개밖에 없다는 사실이 드러나면, 그 자리에서 서로 빼앗으려고 난리가 날 것이다. 사람은 '설마 내가'라고 생각하는 동안에는 대책을 진지하게 세우지 않는 법이지만, 재앙이 자신을 덮칠 가능성이 현실화되면 곧바로 허둥대기 시작한다. 이런 논리는 어떤 경우에서나 마찬가지다.

한편, 양배추를 아무도 몰래 폐기한 경우에는 앞에서 말한 경쟁효과는 훨씬 떨어진다. 분명 최후의 2명이 되면 어느 쪽은 양배추를 못 갖게 될 것이 분명해지므로 치열하게 경쟁하겠지만, 처음에는 양배추가 부족할 것이라고는 생각하지 않으므로 구입 가격을 올려 경쟁하는 일은 없기 때문이다.

▶▶▶

어차피 와신상담을 해서 살을 도려내는 심정이라면, 이런 모습을 확실하게 보여주는 편이 좋다. 오자서가 굳이 무덤을 파헤쳐 시체에 매질을 한 것도 이런 논리가 있었기 때문이다.

칼럼 인사의 의미

인사란 자신이 상대방에게 마음을 쓰고 있음을 보이는 신호다. "안녕하세요?"라든가 "좋은 아침입니다."라는 인사말 자체에는 아무런 의미가 없지만, 이는 문제가 되지 않는다.

미국에 유학했을 당시, 기숙사에서 누구를 만나든 "How are you?"라고 묻기에 나는 조금 당황하였다. 이 말을 있는 그대로 해석하면, "기분이 어떠세요?"라는 뜻이 되기 때문이다. 일본에 있었을 때는 다른 사람의 기분 따위는 거의 생각해본 적이 없었던 나로서는, 미국인들은 참으로 남을 배려해주는 사람들이구나 하고 감탄하였다. 상대방에 대한 모처럼의 마음 씀씀이에는 성의껏 응대하고 싶었지만, 영어가 서툴렀던 나는 어쩔 수 없이 교과서에 적힌 그대로 "I'm fine, thank you."라고 대답하곤 하였다. 나는 이 점이 늘 매우 불만스러웠다.

그러다 영어도 좀 능숙해졌기에 어느 정도 연습을 해서 어느 날, "뭐, 대충 좋기는 하지만, 아주 좋다는 것은 아닙니다. 뭔가 좀 부족하다고나 할까요?"라고 대답해 보았다. 그랬더니 내 기분을 물었던 당사자는 깜짝 놀라며, 누구도 네 기분을 자세히 묻고 있는 것이 아니라며, 이 말은 그냥 인사말이므로 네가 지금 당장 죽을 것 같은 상황만 아니라면 Fine이라고 대답하면 된다, 고 가르쳐 주었다. 지극히 당연한 말이다.

13

杞憂

기　우

위험에 대비하다

쓸데없는 근심

'기우杞憂'란 쓸데없는 걱정을 한다, 부질없는 근심을 한다는 의미다.

2002년 졸저 『전략적 사고의 기술 - 게임이론을 실천한다』를 출판했을 때, 예상 외로 호평을 받아 화제의 책 저자로 잡지 인터뷰를 했었다. 장소는 도쿄 마루노우치 팔레스호텔이었는데, 나는 그때 난생 처음 이 유명한 호텔에 발을 들여놓았다. 내가 쓴 책이 유명 잡지의 주목을 받는다는 사실이 매우 기뻤고, 인터뷰는 매우 즐거웠다.

공들여 쓴 책이므로 많은 사람들이 읽어주면 좋겠다고 바라는 것은 사람이라면 누구나 가지는 생각일 것이다. 잡지에 기사가 나가자 책 판매부수가 눈에 띄게 늘었다고 하니, 앞으로도 이런 기회는 당연히 놓쳐서는 안 될 것이다.

그러나 나는 문득 생각하였다. 이런 영광스러운 자리라면 사진 촬영에도 대비해 차림새를 가다듬는 편이 좋을지도 모른다. 게다가 인터뷰하는 데가 여성잡지라면, 독자들은 내 말과 함께 옷차림새에도 주목할지 모르니 정장과 넥타이를 새로 구비해 두어야 하지 않을까? 잡지뿐 아니라 TV에서 취재를 나온다면, 얼굴이 클로즈업될 것을 대비해 미리 이발관에라도 다녀오는 편이 좋을 듯하고, 꼴사나운 모습을 보이지 않도록 미리 몸만들기를 해두지 않으면 안 된다.

아무래도 여러 가지로 엄청난 일이 된 듯 싶었다. 그때부터 나는 인터뷰 의뢰에 도대체 어떻게 응해야 좋을지 너무 걱정이 돼 밤낮을 고민했다. 이런 경우를 두고 기우라고 한다. 인터뷰는 그 잡지가 마지막이었다.

'기우'의 '기杞'는 나라 이름으로, 작은 나라지만 오랜 전통을 갖고 있었다고 한다. '기우'의 출전은 『열씨列氏 · 천서편天瑞篇』이다.

기우의 유래

기杞나라에 만약 하늘이 무너지고 땅이 꺼진다면 몸 둘 곳이 없어지는 게 아닌가 하고 걱정한 나머지, 불면과 식욕 감퇴에 시달리는 남자가 있었다. 하긴 그 남자뿐 아니라 기나라에는 사소한 일로 걱정하고 고민하는 사람들이 많았던 모양으로, 사소한 일로 고민하는 이 남자를 걱정하는 사람까지 있었다. 그 사람은 이 남자의 근심을 없애 주려고 친절하게 설명했다.

본래 하늘은 대기가 겹쳐진 것이므로 무너질 리가 없다. 땅은 거대

한 흙덩어리여서 그 흙은 주변에 가득 차서 넘치므로 무너지는 일 따
위 있을 수 없다.

남자는 이 설명에 납득하고 하늘과 땅이 무너진다는 걱정을 더 이상
할 필요가 없음을 기뻐하였다. 설명한 사람 쪽도 더 이상 이 남자의 걱
정을 할 필요가 없어져 안심하고 크게 기뻐하였다.

그런데 이 이야기를 들은 장로자長盧子라는 학자는 다음과 같이 반론
했다.

분명 겹쳐진 대기나 거대한 땅덩어리가 붕괴할 가능성은 적을 것이
다. 그러나 대기와 땅은 형태가 있는 것이다. 형태가 있는 것이 영원히
스러지지 않는다는 것은 있을 수 없는 일이다. 그러므로 하늘과 땅이
라도 결코 붕괴되지 않는다고는 단정할 수 없지 않은가?

이 말에 대해 열씨列氏는 이렇게 말했다.

애초부터 하늘과 땅이 무너질 가능성이 있을지 없을지는 사람으로
서는 도저히 알 수 없는 일이다. 알 수 없는 일을 가지고 이렇다 저렇
다 논의하는 것 자체가 쓸데없는 짓 아닌가?

작은 가능성이 낳는 경제효과

기나라에 사는 사소한 일에 걱정하고 고민하는 사람들의 이야기가
'기우'의 어원이지만, 유래를 적어 보니, 후반에 등장하는 장로자와 열
씨의 의견 쪽에 보다 무게중심이 있는 듯이 느껴진다. 우리들의 주변
에는 아주 작은 가능성이 거대한 경제활동의 원천이 되는 경우가 의외
로 많기 때문이다.

보험을 예로 들어보자. 일본 경찰청의 교통사고 통계에 따르면,

2004년에 교통사고가 원인이 되어 24시간 이내에 사망한 사람은 7,358명이다. 2004년 일본 인구는 1억 2,000만 명을 조금 넘는 정도이므로 사망자 7,358명은 총인구의 0.0061% 정도이고, 비율로 따지면 약 1만 6,000명에 한 명꼴이다. 매년 사망사고에 연루되는 확률이 0.0061%라고 과감하게 가정한다면, 80년간 사망사고를 당하지 않고 살아남을 확률은 99.5% 정도가 된다. 실제로는 0.5%를 훨씬 웃도는 비율의 사람들이 여든 살이 되기 전에 사망하므로, 이 숫자가 의미하는 것은 사람은 대개 교통사고 이외의 이유로 사망하며, 사고로 죽을 확률은 의외로 작다는 것이다.*

그렇다면, 아주 운 나쁜 사람은 그렇게 많지 않으므로 1만 6,000명에 한 명 비율이라는 것은 어림잡아 말하면, 1만 6,000명이 모이면 그 중 한 사람이 교통사고로 사망한다는 계산이 된다. 한편, 1만 6,000명에게서 한 사람당 연간 7만 원을 모으면, 합계는 11억 2,000만 원이 넘는다. 사고로 사망한 사람에게 10억 원의 보험금을 지불해도 돈이 남는데, 남는 이 돈이 보험회사의 수입이 되는 것이다.

이런 예만이 아니라 작은 확률을 합치면 보험금을 짜낼 수 있고, 게다가 돈을 벌 수 있는 구조가 각종 보험이 존재하는 이유다. 보험에 드는 사람의 입장에서 보면, 보험이란 자신이 재난을 만날 것이라는 데

---

* 확실히 하기 위해 계산 방법을 제시하면, 100%에서 0.0061%를 뺀 것이 1년간 사고를 당하지 않을 확률이므로, 이를 80제곱 하면 된다. 그렇다고 해도 토대가 되고 있는 숫자는 24시간 이상 경과하고 나서 사망한 사람과, 교통사고가 원인으로 그후 사망한 사람 수를 포함하지 않고, 도로 안전성과 의료기술의 변화에 따른 효과도 포함하지 않는다. 따라서 오차가 매우 크기 때문에 이 계산 결과를 그대로 신뢰할 수는 없다. 또한, 계산 자체도 사람의 행동패턴이나 살고 있는 장소, 건강상태 등을 고려하지 않고 다른 사망 원인을 완전히 무시하고 있다.

거는 도박이라 할 수 있는데, 이 도박은 노름판 주인인 보험회사가 취하는 몫만 있을 뿐 보험에 든 사람은 불리하다. 그렇지만 보험에 자발적으로 가입하지 않는 사람은 드물다. 즉, 우리들은 불리해도 보험에 들고 있는 것이다.

그렇다면 사람은 어째서 명백히 불리한 행동을 취하는 것일까? 예를 들어, 보험의 경우에는 보험에 든다는 것 자체에서 오는 안심도 무시할 수 없다. 즉, 자신과 가족이 보호받고 있다는 느낌이 필요해 보험에 가입하는 사람도 있을 것이다. 그러나 경제학자는 이런 설명으로 만족하지 않는다. 이는 경제학자들이 안심이라는 효과를 인정하지 않는다는 말이 아니다. 안심이라는 애매한 개념을 설명의 종착점으로 삼게 되면, 그 이상의 깊은 분석이 불가능해지기 때문이다. 또한, 경제학자는 불확실한 미래나 확률이 대상이 되는 일은 전부 공통의 기준으로 이해할 수 있을 것이라고 생각하므로, 안심의 효과라는 설명만으로 보험을 이해하는 데 무언가 부족함을 느낀다. 말하자면, 경제학자는 안심의 원천은 그보다 일반적인 이론에 의해 이야기될 것이라고 믿고 있는 것이다.

기대효용이론

리스크나 장래의 불확실한 일에 어떻게 대처할 수 있는가, 또는 리스크나 불확실성에 대처하는 데 어떤 경제 제도가 도움이 될지를 연구하는 것이 경제학의 중요한 테마 중 하나다.

리스크와 불확실한 경제 분석을 하는 데 표준적인 사고방식은 **기대효용이론**이다. 이 용어를 말 그대로 읽으면 기대와 소망에는 얼마간의 효용이 있다는 이론이 되겠지만, 사실 그렇지 않다. 기대효용이론이란 리스크가 있기 때문에 얼마만큼 효용이 있는지 알 수 없을 때에는 그것들의 효용을 수치로 평가한 효용의 기대치평균치를 판단기준으로 삼아야 한다는 이론이다.*

기대효용이론에 따르면, 실제로 자신에게 불리한데도 굳이 보험에 가입하는 것은 다음과 같이 설명될 수 있다.

보험료를 지불하는 것처럼 지니고 있던 돈이 조금 줄었을 때 효용의 감소는 매우 적다. 한편, 사고를 당해 일할 수 없게 될 때처럼 소득이 크게 줄었을 경우에는, 효용은 금액 이상으로 크게 감소한다고 생각한다. 그렇다면, 사고를 당할 확률이 매우 적어도 만의 하나 사고를 당했을 경우의 효용 감소가 매우 크다면, 효용의 감소와 확률을 곱한 것은 아주 큰 숫자가 된다. 그런 이유로 리스크에 몸을 맡겼을 때 얻을 수 있는 효용의 기대치는 작아진다. 따라서 그런 사람은 보험료를 지불하기 위해 효용이 다소 줄어들더라도, 사고를 당해 가족이 길거리로 나앉는 위험에 노출되어 있을 때의 효용의 기대치보다는 커지기 때문에 자진해서 보험에 가입하는 것이다.

간단한 수치의 예를 살펴보자. 예를 들어, 사고를 당할 확률이 1%라고 하고 그때의 손실을 1억 원이라고 가정하자. 즉, 아무것도 하지 않는다면, 평균적으로 100만 원의 손해가 있다. 이를 뒤집어 말하면, 사고를 당했을 때 손실을 보전해주는 보험이 있을 경우, 보험료가 100만

---

* 영어 원어는 Expected Utility Theory로, Expected Utility란 바로 효용의 기대치라는 뜻이므로 이 말의 뜻이 무슨 의미인지 알 수 있다. 경제학을 공부하고 있으면 어느새 이 용어에 위화감이 없어지게 되지만, 이 기대효용이라는 번역은 한없이 오역에 가깝다.

원을 넘으면 불리하다는 것이다.

기대효용이론에서는 손실을 효용으로 재평가해서 생각한다. 효용의 평가방법에 대한 절대적인 법칙은 없는데, 여기에서 만일 작은 손실에 대한 효용은 실제 손실금액과 크게 다르지 않지만, 1억 원의 손실과 같은 큰 사건에 대응하는 효용의 손실은 그 금액을 초과한다고 생각해보자. 예를 들어, 1억 원의 손실은 효용으로는 2억 원분이라고 가정해보자. 그러면 효용 손실의 기대치는 2억 원의 1%로 200만 원분이므로 보험료 200만 원까지는 보험에 가입한 편이 유리하게 된다. 이런 이유로 불리하더라도 보험에 가입하기를 선호하는 것이다.

세인트 피터스버그의 역설

세인트 피터스버그의 역설(St. Petersburg Paradox, 성 페테르부르크의 역설)이라고 부르는 개념이 있다. 이는 보통 다음과 같이 설명된다.

휘어지지 않은 반듯한 동전을 던져 앞면이 나올지 뒷면이 나올지에 거는 도박을 생각해보자. 이기면 판돈은 2배가 되고, 지면 건 돈을 잃는다. 즉, 1,000원을 걸면 50%의 확률로 2,000원이 되거나 50%의 확률로 0원이 되므로, 1,000원이라는 판돈에 대응하는 도박의 평균값은 역시 1,000원이다. 복권이나 보험과 달리, 이 도박은 내기를 거는 측과 내기에 응하는 노름판 주인에게도 공평한 게임이다.

그런데 판돈에 어떤 수를 쓰게 되면 조금 묘한 일이 일어난다. 언제든 동전의 앞면이 나오는 쪽에 돈을 걸고, 앞면이 나오면 내기를 그만둔다. 운 나쁘게 뒷면이 나오면 판돈을 배로 올리고 다시 앞면에 걸어 앞면이 나올 때까지 내기를 계속하는 2배 내기 작전을 시도해보자. 첫 번째 내기에서 이기면 1,000원 이익. 진다고 해도 다음 내기에서는 판돈 2,000원을 거니까, 그 내기에서 이기면 2,000원을 받을 수 있으므로 첫 번째 내기에서 져서 잃은 1,000원을 빼도 1,000원 이득을 본다. 계속 내기에 진다고 해도 세 번째 내기에서는 4,000원 내기이므로, 그 내기에서 이기면 첫 번째와 두 번째 내기에 져서 잃은 합계 3,000원보다 역시 1,000원의 이득을 본다. 이렇게 계산한다면, 이 작전을 써서 언젠가 앞면이 나오기만 한다면 반드시 1,000원의 이득을 볼 수 있다는 점을 알 수 있다. 문제는 미래에 단 한 번도 앞면이 나오지 않을 가능성이지만, 동전에 앞면이 있는 한 앞면이 절대로 나오지 않는다는 것은 있을 수 없는 일이다. 따라서 2배 내기 작전을 쓰면, 반드시 돈을 딸 수 있다. 그럼에도 불구하고 왜 사람들은 카지노에서 이 같은 작전을 쓰지 않는 걸까?

이 역설은 기대효용이론의 입장에서 설명할 수 있다고 경제학 교과서를 비롯한 여러 책들에서 해설되고 있다. 효용 기대치에서 본다면, 리스크를 무릅쓰고 가지고 있던 돈을 불리려고 한 경우의 기대효용보다도, 리스크를 범하지 않고 가지고 있는 돈을 확보한 경우의 효용 쪽이 커진다. 즉, 사람은 리스크를 회피하고 싶어 하기 때문에 2배 내기 작전을 쓰지 않는다는 말이다.

그러나 사실 이 해설은 2배 내기의 논점을 크게 벗어나고 있다. 분명 역사적으로는 스위스의 물리학자 다니엘 베르누이Daniel Bernoulli가 이 사례를 이용해 기대효용이론의 토대를 닦았지만, 이는 250년이나 더 된 이야기이다. 세인트 피터스버그의 역설은 본래 기대효용이론과 결부되어 말할 수 있는 내용이 아니다.

그렇다면 앞에 나온 해설 중 어디가 문제인 걸까? 애초부터 2배 내기 작전의 본질적인 효용은 작전을 쓰는 사람의 리스크에 대한 태도와는 아무런 관계가 없다. 교과서에서 말하듯이, 리스크에 대해 회피적이고 가지고 있던 돈이 불었을 때의 효용이 크게 증가하지 않는 사람이라면, 꼭 2배가 아니라도 효용이 충분히 늘어나는 지점까지 판돈을 올리면 된다. 또한, 동전에 휘어진 부분이 없다는 점도 본질과 전혀 관련이 없는 내용이다. 예를 들어, 이길 확률이 매회 1%라고 해도, 요컨대 그때까지 져서 잃은 금액을 회수하고도 남는 돈이 생기도록 판돈을 거기에 맞춰 증액해 계속 승부를 벌여 가면 되는 것이다.*

이기기 전까지는 그만두지 않으므로 이 '이길 때까지 판돈을 올리며 승부하는' 작전이 실패할 경우는, 앞으로 영원히 이길 수 없을 때뿐이다. 한편, 매회 적지만 이길 가능성이 있는 내기가 몇 번이고 되풀이된다면, 계속 진다는 것은 있을 수 없다. 이런 생각은 바로 과거 장로자가 기우의 이야기 속에서 사용한 논리라는 점에 주목하고 싶다. 2배 내기의 본질은 바로 여기에 있는 것이다.

만일 '이길 때까지 판돈을 올리며 승부하는' 작전을 실행할 수 있다면, 반드시 언젠가는 이긴다. 그런데도 이 작전이 실행되지 않는 이유는 언젠가는 이기겠지만, 그때가 언제가 될지 모른다는 점에 있다. 그 때문에 이 작전은 현실적으로 실행 불가능한 것이다.

예를 들어, 동전의 뒷면이 10번 연속으로 나올 확률은 1,024번에 한

---

* 경제학적 지식이 있는 독자는 할인율과 현재 가치를 떠올릴지도 모른다. 만일 100년 후에 1,000원을 번다고 해도, 그 현재 가치는 거의 제로이므로 이익을 보았다고는 말할 수 없다. 그러나 이런 경우에도 할인되는 이상으로 판돈을 늘려간다면, 현재 가치를 얼마든지 높일 수 있다.

번이므로, 이는 복권에서 1등으로 당첨될 확률보다도 훨씬 높다. 복권 1등 당첨을 기준으로 삼는다면, 10번 연속으로 지는 정도의 일은 아주 빈번하게 일어나는 것이다. 더군다나 1,000원에서 시작한다 해도 뒷면이 10번 연속해서 나오는 불운한 상황에서는, 이 작전을 실행하는 데 필요한 판돈은 100만 원을 넘는다. 즉, 자금을 충분히 준비하지 않으면 작전대로 내기를 계속할 수 없게 된다. 실제로 카지노에 도박을 하러 가면 판돈의 상한선이 명확하게 설정되어 있어서, 아무리 충분한 자금이 있다고 해도 생각대로 되지 않는다.

또한, 자신이 바란다고 해도 내기를 계속할 수 없게 되는 경우도 있다. 애초부터 도박장 주인 쪽이 충분히 이긴 시점에서 내기 중지를 선언해 마지막까지 내기에 응해주지 않을지도 모르며, 그밖에 다양한 외적 요인으로 인해 어느 시점에서 내기가 종결될지도 모른다. 이런 가능성이 있다면 장로자의 논리 자체가 통용되지 않게 된다.

그렇다면, 생각지도 못한 일 때문에 내기를 계속할 수 없게 될 가능성까지 고려해 2배 내기를 개선한 작전을 생각하려면 어떻게 하면 좋냐고 한다면, 열씨冽氏가 말한 대로 그 같은 일까지 걱정해 내기를 하는 것 자체가 매우 어리석은 일이 될까? 내기는 즐기기 위해서 하는 것이 제일 좋으며, 그 이상의 것을 생각해서는 안 되는 법이다.

▶▶▶

리스크를 평가하기 위해서는 효용뿐 아니라 확률도 확실하게 파악해야 한다. 그런데 큰돈을 땄을 때의 기쁨이나, 엄청난 손해를 입었을 때의 아픔을 예측하는 사람이라도 이런 상황들이 일어날 확률을 생각하는 데는 소홀해지기 쉬운 듯하다. 기우는 작은 확률을 과대평가하는 데서 생기는 것이다.

14

朝三暮四

조 삼 모 사

플레밍 효과

속여서 구워삶기

'조삼모사朝三暮四'란 남을 속여 보기 좋게 구워삶는 것을 가리킨다. 또는 큰 차이가 없는 일에 연연하거나 눈앞의 이익에 그만 눈이 멀어 큰 것을 놓치는 것을 의미한다.

개혁이란 말은 거창하지만, 결국은 이름이나 분류 방법이 바뀌는 것만으로 끝나는 경우도 많다. 이런 개혁을 평가할 때 '이번 개혁안은 구제도의 이름만 바뀐 조삼모사 식 개혁이다.'와 같이 표현한다.

조삼모사는 『열씨列氏 · 황제편黃帝篇』과 『장자莊子 · 제물론편齊物論篇』에 나오는 한자성어다.

조삼모사의 유래

중국 송宋나라에 저공狙公이라는 사람이 살고 있었다. 저공이란 원숭이를 키우는 사람이라는 뜻으로, 실제로 그는 수백 마리의 원숭이를 키우고 있었다. 저공은 원숭이들을 사랑하여 원숭이들이 좋아하는 도토리를 가능한 많이 주었다. 원숭이들도 그런 저공의 마음을 이해하고 마음으로 그를 따랐다.

그런데 어느 날 저공은 별안간 형편이 어려워져 원숭이들에게 그전처럼 도토리를 줄 수 없게 되었다. 저공의 입장에서 원숭이들이 자신을 따르지 않게 되는 일은 무엇보다도 가슴 아픈 일이었다. 한편, 도토리의 양을 줄이지 않을 수 없게 된 것도 어찌해 볼 수 없는 현실이었다. 고심한 끝에 저공은 이렇게 말했다.

"너희들, 앞으로는 도토리의 수를 아침에는 3개, 저녁에는 4개로 주려고 하는데 어떠니?"

그랬더니 원숭이들은 마구 화를 내며 당장이라도 저공에게 덤벼들 것처럼 행동했다. 그래서 저공은 원숭이들을 달래는 듯이 말했다.

"알았다, 알았어. 역시 아침에 도토리 3개는 너무 적구나. 그렇다면 아침은 4개로 하고, 저녁에는 3개로 하자. 그럼 괜찮겠지?"

원숭이들은 저공의 마음 씀씀이에 감동해 넙죽 엎드려 기뻐하였다.

*

이 이야기를 토대로 열씨는 저공의 재치와 원숭이의 우둔함을 강조하고, 세상에는 영리한 사람과 어리석은 사람이 있어 영리한 사람은 어리석은 사람을 말로 보기 좋게 구워삶을 수 있다고 말했다. 한편, 장자莊子는 이 이야기에서 도토리의 총 개수와 표현하는 말의 관계를 강조했다. 장자는 실질적인 내용과 이를 표현하는 말의 내용이 일치해야 마땅한데도, 세상에는 눈앞에 보이는 말의 차이만으로 일희일비한다며, 정확하게 실질을 꿰뚫어 볼 줄 알아야 한다고 설파한 것이다.

플레밍 효과

열씨와 장자의 지적대로 같은 의미라도 표현을 어떻게 하느냐에 따라 받아들이는 방식은 크게 달라진다. 달콤한 말에 속아 넘어가는 어리석은 사람이라는 말을 듣는 것은 뜻밖이지만, 나도 모르는 사이에 그릇된 판단을 내리는 사례는 의외로 많아서 실제 경제 환경에서 종종 문제가 된다. 원숭이의 이야기라고 해서 무시할 수 있기는커녕, 이는 중요한 경제학적 문제인 것이다.

의사결정을 해야 하는 대상이 본질적으로 같다고 해도 정보의 기술 방법(프레임)에 따라 의사결정을 하는 사람이 느끼는 방식과, 그 결과인 선택 결과가 달라지는 현상을 가리켜 **플레밍 효과**라고 한다.

"A 방법을 시도한 사람들 중 30%의 사람에게 어느 정도 다이어트 효과가 확인되었습니다."와 "B 방법을 시도한 사람들 중 60% 정도의 사람들에게는 다이어트 효과가 전혀 확인되지 않았습니다."라는 문장을 비교해보자. 독자들 중 많은 사람들이 B 방법보다 A 방법에 보다 다이어트 효과가 있다고 느낄 것이다. 그러나 냉정하게 따져보면, B 방법을 시도해 효과가 없었던 60%의 사람들을 제외한 나머지 40%에는 어느 정도 다이어트 효과가 있었다는 말이 된다. 후자를 "B 방법을 시도한 사람들 중 40% 정도의 사람들에게는 어느 정도 다이어트 효과가 확인되었습니다."라고 바꿔 말한다면, 이번에는 B 방법을 A 방법보다 더 효과가 있다고 판단하는 사람이 거의 대부분일 것이다. 즉, 같은 내용이지만 기술방법을 바꾸는 것만으로 사람의 선택행동에 영향을 미친다는 것이다.

앞의 예로 말하면, 사람들은 '효과가 있다.'라는 긍정적인 표현에 마음을 빼앗기는 경향이 있기 때문에 이 같은 현상이 일어난다. '효과가 확인되지 않았다.'라는 부정적인 기술을 보자마자 더 이상 자기 문제가 아니게 되어 사고가 딱 멈춰버리는 것이다. 따라서 다소의 효과를 주장하는 광고에서는 긍정적인 면을 기준으로 한 표현 방법을 사용하는 것이다.

플레밍 효과는 자료를 객관적으로 처리할 수 없다는 점에서도 발생한다. "A가 가능한 사람은 일본인 중 만 명 정도이다."와 "B가 가능한 사람은 일본인 중 불과 0.01% 정도밖에 안 된다."라는 말을 들으면 A가 가능한 사람 쪽이 훨씬 많은 듯 느껴지지만, 2005년 일본 총인구 1억 2,000만 명에서 0.01%는 1만 2,000명이다.

이 경우에는 일본 총인구라는 정보가 주어지지 않았기 때문에 B를 평가하기 위해서는 문장 속에는 없는 일본의 총인구라는 정보를 덧붙여야 한다. 그런 이유로 보다 직접적인 정보량이 많은 A쪽에 사람들의 주의가 쏠린다는 것으로, 다이어트 효과의 예보다는 조금 수준 높은 플레밍 효과라고 말할 수 있을 것이다. 단, 보다 객관적인 자료가 있는 편이 사람에게 보다 강하게 어필되느냐 하면, 꼭 그렇지만은 않다. '국민의 과반수가 지지하고 있다.'와 '국민의 55%가 지지하고 있다.'에서는 어느 쪽 문장이 보다 지지자가 많게 느껴지는가?

영리한 사람이 어리석은 사람을 구워삶고 있는지 아닌지에 대해서는 논의의 여지가 있겠지만, 이런 종류의 효과를 적절하게 조합한 선전광고를 수없이 많이 볼 수 있다. 사람의 의사결정에 플레밍 효과가 작용한다는 사실을 고려하고, 자신에게 유리한 기술방법을 선택하는 것은 경제적으로 중요한 작전이라 할 수 있다.

예를 들어, "당사에서 당신의 보험료는 하루 불과 270원꼴입니다." 등과 같은 종류의 광고를 본 적이 있을 것이다. 하루당 금액이 270원이라도 365일분으로 하면 10만 원 정도가 된다. 그러나 '일 년에 10만 원'보다 '하루 270원꼴' 쪽이 훨씬 저렴한 것처럼 들린다.

또한, 논리적으로 금방 알 수 있는 정보라고 해도 일부러 설명을 첨가함으로써 이를 받아들이는 느낌을 다르게 할 수 있다. "미백팩 10만 원(30회분) : 피부의 윤기가 달라집니다."와 "미백팩 10만 원(30회분) : 1회당 불과 3,000원으로 피부의 윤기가 달라집니다."에서는 아마 후자의 상품을 선택하고 싶어 하는 사람이 많을 것이다. 그 이유는 10만 원을 30으로 나눌 수 없는 사람이 많기 때문은 아닐 터이다.

소비자이론에서 보는 원숭이들의 행동

조삼모사의 일화는 **소비자이론**의 입장에서도 해석할 수 있다.

소비자이론에서 소비자는 예산을 현명하게 구분하여 사용하는 존재라고 본다. 어떻게 구분하느냐는 그 사람의 기호와 취향에 따라 결정되겠지만, 이를 소비자의 선호選好를 최적화한다는 식의 딱딱한 용어로 표현한다. 예를 들어, 도토리 7개를 예산의 총액이라고 생각하면, 원숭이가 이 도토리 7개를 아침〔朝〕과 저녁〔暮〕에 나누어 먹는다는 것

도 어엿한 소비자의 최적화 문제이다. 실제로 어떻게 나누어야 하는가
는 원숭이의 기호에 따르는 것으로, 원숭이의 기호를 잘 모르는 우리
들로서는 알 수 없다.

그러나 이론적으로 알 수 있는 사실도 있다. 만약에 원숭이가 아침
에 4개, 저녁에 3개라는 조합을 고른다고 가정해보자. 그러면, 원숭이
들에게 캐물을 필요도 없이 원숭이들은 아침에 3개, 저녁에 4개라는
조합보다, 아침에 4개, 저녁에 3개라는 조합을 더 선호한다는 사실을
알 수 있다. 즉, 원숭이의 취향을 관측할 수 없다고 해도, 원숭이가 무
엇을 선택하는가를 통해 거꾸로 취향과 기호를 추측할 수 있는 것이
다. 선택행동에 취향, 선호가 드러나는 사고방식을 **현시선호**顯示選好라고

한다.

또한, 다음과 같은 사실도 알 수 있다. 지금 원숭이들에게 도토리 7개 중 2개는 저녁에만 먹도록 강제했다고 가정하자. 이는 도토리 7개를 주는 대신에 자유롭게 이용할 수 있는 도토리 5개와 저녁시간에만 유효한 도토리 2개를 바꿀 수 있는 교환권을 주는 것과 마찬가지다. 이때, 원숭이들은 어떻게 할까?

답은 원숭이들의 먹는 방법은 바뀌지 않는다는 것이다. 원래 아침에 4개, 저녁에 3개를 가장 선호하므로 밤에 먹는 도토리 3개는 교환권으로 받든 자유롭게 선택하든 바뀌지 않는다. 따라서 원숭이는 자유롭게 사용할 수 있는 5개 중 4개를 아침에 먹고, 나머지 1개와 교환권으로 받은 2개를 합쳐 3개의 도토리를 저녁에 먹는다. 원숭이들의 행동이 바뀌는 것은 저녁에 먹는 도토리의 수가 4개 이상으로 강제되었을 때에 한한다.

의외의 곳에 존재하는 조삼모사

군비증강을 꾀하고 있는 국가를 원조할 때, 지원 자금이 평화적 목적으로만 이용되도록 제한해야 한다고 논의하는 경우가 있다. 평화적 목적에 이용된다면 상관없다고 생각하는 사람은 조삼모사의 교훈을 모르는 사람이다. 앞에서 말한 교환권의 예와 마찬가지로, 평화적 목적으로만 사용하도록 제약된 자금이 있다면, 그 나라가 이미 보유하고 있는, 자유롭게 쓸 수 있는 자금 중에서 평화적 목적으로 이용되는 금액이 줄어들 뿐이다.

1999년 1월 1일 현재, 15세 이하의 자녀를 둔 세대의 세대주와 그밖에 일정 조건을 충족하는 사람들에게 지역진흥권이라는 상품권이 무상으로 배포되었다. 배포된 상품권의 총액은 7조 원 정도였다. 자녀 양육에 대한 지원 외에 지역진흥이 주요 목적이었던 지역진흥권에는 거주지역에서의 물품 구입에만 사용해야 한다는 제약이 붙어 있었다. 그러나 자녀 양육 지원은 어쨌든 간에 지역진흥권이 지역진흥에 도움이 될 것이라는 생각은 조삼모사의 원칙에 어긋난다. 지역에서 사용하라고 말해도 여분의 돈을 다른 곳에 사용할 뿐이다.

요컨대, 지역진흥권은 납세자가 자녀 양육 가정에 보조금을 지불했다는 것이다. 또한, 지역진흥권은 각 지자체가 머리를 짜내 만들 필요가 있었고, 배포하는 일 자체도 상당한 비용이 들었기에 그 작업과 관련된 사람에게는 고마운 공공사업이었다. 어쨌든 선시어외先始於隗로 어떤 보조금 정책에도 공공사업에도 경제적 효과는 있다. 따라서 당연히 지역진흥권에도 경제적 효과는 있었기에 그 점은 대대적으로 선전되었다. 문제는 그 반면에 잃어버린 것과의 비교인데, 이 점은 어느새 흐지부지되고 말았다. 도토리가 줄었다는 사실을 깨닫지 못하고 조삼모사를 희희낙락하며 기뻐한 원숭이들과 크게 다르지 않았던 것이다.

▶▶▶

교묘한 말에 현혹되어 속아 넘어가는 경우가 의외로 많다. 달콤한 이야기에는 다 이유가 있는 법. 보고 들은 정보에서 이끌어낼 수 있는 객관적 사실이 무엇인지를 명확하게 파악하려는 습관이 중요하다.

15

完璧

완 벽

자료의 경제학적 해석

완전하여 흠 있는 부분이 없는 것

'완벽完璧'의 원뜻은 값비싸고 소중한 것〔璧〕을 상하지 않게 가지고 돌아온다(완전하게 보존하다)는 것이다. 현대에 와서는 '흠이 없는 완전한 구슬〔璧〕'이라는 식으로 읽어 완전하여 흠 있는 부분이 없다, 라는 의미로 사용된다.

완벽의 벽〔璧〕은 일반적으로 도넛 모양의 납작한 보석을 가리키지만, 이 고사에서의 '벽'은 특히 '화씨和氏의 벽'이라 부르는 특별한 천하제일의 보석을 가리킨다. '완벽'이라는 말 역시 천하제일의 보석을 가리키는 한자성어다.

'완벽'의 출전은 『사기史記 · 염파廉頗 · 인상여열전藺相如列傳』, '화씨의 벽'의 출전은 『한비자韓非子 · 화씨편和氏篇』이다.

완벽의 유래

중국 춘추 시대의 일이다. 초楚나라에 사는 화씨和氏라는 남자가 산 속에서 발견한 보석 원석을 왕에게 바쳤지만, 그냥 돌멩이라는 감정을 받았다. 화씨는 거짓말을 했다는 누명을 쓰고 왼쪽 다리가 잘리는 형벌을 받았다. 고작 돌멩이 때문에 이처럼 가혹한 형벌을 받다니 정말 딱한 이야기이지만, 당시 중국에서는 팔다리를 자르거나 코를 비틀어 따는 형벌이 빈번하게 행해졌다.

왕이 죽고 다음 왕이 즉위한 뒤, 도저히 원석의 감정에 수긍할 수 없었던 그는 굴하지 않고 다시 같은 원석을 새로운 왕에게 바쳤지만, 또다시 돌멩이라는 감정을 받고 오른쪽 다리마저 잘리는 형벌을 받았다. 두 다리를 잃고 좌절해 산속에 들어간 화씨는 피눈물을 흘리며 애통해하였다고 한다.

그후, 다시 대가 바뀌어 즉위한 문왕文王은 다리가 잘리는 형벌을 받고 피눈물을 흘리며 애통해하는 자가 있다는 소문을 들었다. 그래서 그를 불러다 벌을 받아 다리를 잘린 사람은 많은데, 어째서 너만 계속 울고 있느냐며 이유를 물었다. 화씨는 다리를 잘린 것이 억울해서 우는 것이 아니라 정직한 자신이 거짓말쟁이로 불리는 것이 슬퍼서 울고 있다고 대답했다. 그래서 문왕이 시험 삼아 원석을 갈아 보게 했더니, 훌륭한 보석이 만들어졌다. 문왕은 화씨의 공적을 기려 이 보석을 '화씨의 벽璧'이라고 이름 붙였다. 이 '화씨의 벽'은 그후 초나라 왕의 손을 떠나 조趙나라의 왕인 혜문왕惠文王의 수중에 들어갔다.

당시 막강한 세력을 자랑하는 강국은 진秦나라였다. 진나라의 소왕昭王은 '화씨의 벽'이 갖고 싶어 자국령에 있는 15개의 성과 화씨의 벽을 맞바꾸자고 조나라에 청하였다. 혜문왕은 가신家臣의 식객 신분이었던 인상여藺相如에게 '화씨의 벽'을 맡기고, 진나라에 교환사자로 보냈다.

진나라에 도착한 인상여가 소왕에게 '화씨의 벽'을 바치자, 소왕은 기뻐하며 '화씨의 벽'을 바라보기만 할 뿐 염려했던 대로 15개의 성을 넘겨줄 기미를 보이지 않았다. 이에 인상여는 '화씨의 벽'을 빼앗고 머리털이 솟구치도록 격렬하게 화를 내며, 약속을 지키지 않으면 '화씨의 벽'과 자신의 머리를 기둥에 부딪쳐 박살내겠다고 선언하고 숙소로 돌아갔다. 『사기史記』는 이 인상여의 모습을 '노발충천怒髮衝天'이라고 표현했는데, 이는 몹시 성이 난 모습을 표현하는 한자성어가 되었다.

인상여는 아무리 교섭을 해도 소왕이 약속을 지키지 않을 것이라고 판단하고 몰래 조나라로 화씨의 벽을 돌려보냈다. 진나라에 남은 인상여는 죽음을 각오하고 있었을 것이다. 그러나 '화씨의 벽'이 조나라로 돌려보내졌다는 사실을 안 소왕은 거꾸로 인상여를 현명한 사람이라고 감탄하고 그를 무사히 돌려보냈다. 이렇게 해서 '화씨의 벽'은 완전하게 보존되었던 것이다.

'화씨의 벽'을 경제학으로 해석하기

'화씨의 벽' 탄생 이야기를 현대 경제학적 사고로 해석하면, 흥미로운 점이 몇 가지 있다.

원석을 헌상 받은 왕의 의사결정을 논의의 출발점으로 삼아 투자와 수익의 관점에서 생각해보자. 보석인지의 여부가 확실치 않은 원석을 가공한다는 것은, 성공해서 보석을 얻기 위한 투자라고 생각할 수 있기 때문이다. 수익 면을 생각한다면, 만일 가공해 봤더니 아무 쓸모없는 돌멩이였다고 해도 그것 자체는 문제가 되지 않는다. 투자가 항상 성공할 수만은 없는 것이다. 중요한 것은 성공과 실패를 평균해서 얻을 수 있는 기대수익이다. 이 경우로 말하면, 가공한 결과 그냥 돌멩이임이 밝혀진 경우와, 가공한 결과 훌륭한 보석을 얻는 경우의 확률을 생각하고 평균적으로 얼마만큼의 기쁨을 얻을 수 있는지를 미리 파악해두지 않으면 안 된다.

그렇다면, 투자비용 면에서는 어떨까? 이 경우는 원석을 가공하는 비용이 되겠는데, 이 비용에는 원석을 가공하기 위한 노동과 기자재가 포함될 것이다. 유감스럽지만, 당시 비용이 얼마나 들었는지는 알 수 없다. 그러나 만일 비용이 저렴했다면 감정 따위는 하지 않고, 바쳐진 원석은 일단 전부 가공하도록 시켰을 터이다. 먼저 감정부터 한 후에 가공할 돌을 정한다는 행동이 경제적으로 합리적인 행동이 되려면, 감정의 정확도가 아주 높든가 아니면 바쳐진 원석의 수가 많으나 보석을 얻을 수 있는 확률은 아주 낮다는 사정이 있었음이 틀림없다.

고사에 나온 것처럼, 감정이 두 번에 걸쳐 잘못되었다는 점에서, 과학적인 감정방법이 없었던 시대에 원석에 대한 감정은 어렵고 부정확했다고 해석해보자. 아름다운 보석을 추구하는 고대 중국 왕의 욕망이 현대인의 명품 신앙보다 훨씬 강하다는 점을 감안한다면, 돌멩이가 보석일 확률이 작더라도 원석을 가공하게 했을 것이라고 예상할 수 있다. 그럼에도 불구하고 감정을 통해 가공할 보석의 개수를 줄였다는 사실은 가공 비용이 비쌌을 것임이 틀림없다.

가공 비용이 비싼 원인으로는 원석을 연마하기 위한 기자재가 고가였을 가능성도 있겠지만, 한 나라의 왕이 돈으로 해결할 수 있는 일을 하지 않으려고 꺼렸다고는 생각하기 힘들다. 또한, 왕이라는 입장을 이용해 마음만 먹는다면 기술자 따위는 임금 없이도 강제로 일하게 만들 수 있었을 것이다. 따라서 바쳐진 원석의 양과 비교해 양질의 기술자가 적었기 때문에, 일정 시간 내에 가공할 수 있는 원석의 수가 제한되어 있었다고 해석하는 것이 타당할 것이다. 즉, 대량으로 원석을 가공하는 일은 효율성이 좋지 않으므로, 감정을 통해 적절한 수준까지 원석의 양을 줄이지 않을 수 없었다는 말이다.

이렇게 보면, 원석을 가져와 감정한 결과 돌멩이로 판정된 사람들이 많았음이 틀림없다. 또는 가공해도 보람이 없어 질타를 받았던 감정사도 있었음이 틀림없다. 이 사람들 모두가 다리를 싹둑 잘렸다고 한다면, 이는 몹시 피비린내 나는 이야기이다. 어쨌거나 문왕의 질문 속에 있던, 다리를 잘린 사람들이 많았다는 사실과는 일치한다.

경제학으로 데이터를 읽는다

지금까지는 투자의 비용수익이라는 관점에서 해석을 했는데, 여기에 감정사의 전략적 의사결정을 고려한 시점을 추가한다면 이야기는 더욱 흥미진진해진다.

보석을 감정하는 감정사는 두 가지 타입의 잘못을 저지를 가능성이 있다. 첫 번째는 본래 고가의 보석임에도 불구하고 이를 알아보지 못하고 돌멩이로 판정하는 잘못이다. 원석을 보석으로 간주하는 것을 주

된 가설이라고 한다면, 이는 통계학에서 말하는 '제1종 과오'에 해당한다. 그리고 두 번째는 돌멩이를 잘못해 보석이라고 판단하는 잘못으로, 이는 '제2종 과오'에 해당한다.

제1종 과오를 없애려고 생각한다면, 어떤 원석도 보석이라고 판정하면 된다. 또한, 어떤 원석도 돌멩이라고 판정하면 제2종 과오는 사라지지만, 어느 경우나 전혀 도움이 안 되는 감정법이다. 보석을 얻고자 하는 왕의 입장에서 보면, 어느 쪽의 과오도 불쾌하기 짝이 없다. 하지만 감정이 불완전한 이상, 두 과오를 동시에 없애는 일은 불가능하다. 따라서 이 두 가지 과오의 균형이 문제가 된다.

보석이라면 사족을 못 쓰는 왕의 입장에서는 보석을 돌멩이로 판단하는 제1종 과오의 죄가 무거우므로, 두 과오 중 제1종 과오를 줄이는 데 주안점을 두고 감정을 시키고 싶다고 생각할 것이다. 그런데 감정사의 입장에서는 제2종 과오를 범해 자칫 돌멩이를 가공시켰다가는 다리를 싹둑 잘릴지도 모른다. 반면, 제1종 과오를 범해 보석을 미련 없이 버린다고 해도 원석은 가공되지 않았으므로, 결국 잘못은 표면적으로는 드러나지 않을 가능성이 크다. 따라서 다리가 절단되는 쪽은 원석을 가지고 온 사람으로, 감정사는 안전하다. 그러므로 감정사에게는 고용주인 왕의 의도와 정반대로 의심스러운 것은 모조리 돌멩이로 판정해 제2종 과오를 될 수 있는 한 줄이려고 할 인센티브가 있는 것이다.

보이지 않는 손실

오늘날에는 실패해도 그 때문에 다리가 잘리는 일은 거의 없어졌다. 그러나 사물의 자질을 확실히 모르는 상황에서 실패가 드러나는 것은 피하고 싶다는 전략적 행동 때문에, 가치 있는 것을 발견하기 어려워진 현상은 오늘날에도 당연히 화씨가 살던 시대와 마찬가지로 일어난다.

인사 채용이 그 한 예가 될 것이다. 필요하다고 생각해 채용한 사람이 실제로는 아무런 도움이 안 되는 경우에는, 명백한 인사담당자의 실책이 되어 그의 장래에 악영향을 미친다. 사원을 좀처럼 해고할 수 없는 종신고용제에서 이런 실책은 커다란 문제가 될 것이다.

한편, 사실은 능력을 발휘할 수 있었을 터인 인물을 채용하지 않은 경우에는 그 인물이 활약할 수 있었는지 없었는지는 아무리 시간이 지난다 해도 알 수가 없다. 만약 다른 기업에서 탁월한 능력을 발휘했다고 하더라도, 직장 환경을 직접 비교하기는 어려우므로 인사 담당자의 실책이 있었는지 없었는지는 쉽게 알 수가 없다. 종신고용제 아래에서는 능력이 의심스러운 자는 채용하지 않는다는 인센티브가 강한 것이다.

그렇다고 해도, 실패가 드러나는 것을 막겠다는 동일한 논리가 오히려 능력이 의심스러운 자를 많이 채용하는 결과를 도출하는 경우도 있을 수 있다. 경기에 출전할 수 있는 선수의 수가 제한되어 있는 프로스포츠에서는 필요 이상으로 선수를 뽑아두면, 이들 선수를 시합에 내보내지 않음으로써 채용 때의 실책이 드러나는 것을 막을 수 있다. 한편으로 뽑지 않은 선수가 라이벌 팀에서 활약하면 잘못이 명백해지므로 팀에게 필요하든 아니든, 더욱더 유력한 선수를 고용하는 행동을 낳게 될 것이다. 하긴 프로야구와 같은 경우에는 스카우트해 온 라이벌 팀의 4번 타자가 뛰어난 활약을 보이지 않더라도 라이벌 팀의 공격력을 떨어뜨린다는 직접적인 효과가 있으므로, 이 경우에 감정사의 의사결정의 왜곡은 문제가 안 될지도 모른다.

인사 채용의 예에서도, 이것이 대기업 내에서의 사내 성과실적을 평가하는 문제가 되면 이야기는 훨씬 복잡해진다. 인사 담당자 몇 명이 개별적으로 자기 부서에 할당된 사원의 실적을 평가한다고 가정해보자. 아무리 해도 성과가 오르지 않는 인물이라도 다른 부서에서는 능력을 발휘할지도 모르므로, 본래는 성과가 오르지 않는 인물의 경우는 알맞은 배치전환을 시도해보는 편이 경제 합리성에 합치된다. 야구로 말하면, 아무래도 내야가 맞지 않는 선수는 팀에서 방출하기 전에 외야를 지키도록 해 적성을 알아보는 편이 좋다는 것이다.

그런데 다른 부서로 배치전환을 한 결과, 그 사람의 성과가 오르게 되었을 경우에는 원래 맡겨졌던 일이 본인에게는 맞지 않았는지, 아니면 원래 성과를 충분히 내고 있었는데도 불구하고 인사 담당자가 그 인물의 성과를 제대로 평가하지 않았는지 알 수가 없다. 야구처럼 객관적 성과를 확실히 알 수 있는 직종이라면, 후자의 문제는 발생하기 어렵겠지만, 일반 기업 내에서의 실적 평가라면 실수할 가능성은 충분히 있다고 보아야 할 것이다.

그렇다고 해서 배치전환 후에 성과가 올랐을 경우, 이전 부서에서 평가를 담당했던 인사 담당자에게 불이익을 주는 시스템을 만든다면 어떻게 될까? 그렇게 되면, 인사 담당자한테는 자신이 부적격이라고 판단했던 인물이 그후 될 수 있는 한 성과를 내지 못하도록 해두고픈 인센티브가 생긴다. 즉, 성과를 한층 내기 힘든 한직으로 배치전환을 하거나 또는 자기 부서 내에서 사장시키는 것이, 있을 수 있는 잘못을 드러나지 않게 하는 바람직한 전략이 되는 것이다.

경제적·전략적 이해가 관련될 때에는 매사를 평가하는 작업에도 전략적 효과가 발생한다. 자를 대고 길이를 잴 때 우발적으로 발생하는 오차와는 달리, 사람이 내리는 판단에 동반하는 과오와 오차에는 자의恣意에서 생기는 편향이 있다. 이런 사정을 이해하지 못하면, 결국은 편향된 방법으로 매사를 평가하게 된다.

부실채권 문제는 왜 장기화되었나

비슷한 논리를 이용해 거품경제 붕괴 후에 일본 경제가 장기 침체된 원인으로 꼽고 있는 부실채권 문제에 대해 생각해보자.

문제에 대한 근본 원인은 많은 채권들이 회수 불능이 되어 부실채권

화 된 데 있다. 그러나 보다 큰 문제는 아마도 변제 불능에 빠진 기업 구제에 너무 매달린 나머지, 결국 문제 해결을 뒤로 미룬 데에 있다고 말할 수 있을 것이다.

해결이 뒤로 미루어진 이유 중 하나는 이미 돌이킬 수 없는 매몰비용에 미련을 버리지 못했다는 데 있다. 여기서는 능력 평가에 전략적인 왜곡이 일어나는 문제를 고려하여 또 하나의 시점을 제공하고자 한다.

1980년대 미국에서는 저축대부조합s&l들이 연쇄적으로 파산 사태를 일으켜, 이 저축대부조합들에 대한 대출금이 부실화되었다. 당시 부시(아버지) 대통령은 거액의 정부 공적자금을 투입해 이를 단숨에 청산, 해결하는 정책을 단행했다. 결과적으로, 그후 클린턴 정권 때 미국 경제는 급속히 회복되었다.

당연한 일이지만, 1990년대 초 거품경제 붕괴 직후의 일본에서도 미국을 본떠 단숨에 부실채권을 해결할 것을 목표로 삼아야 한다는 의견도 있었다. 그러나 한편으로 기업 청산은 실업과 같은 크나큰 고통을 수반한다는 점도 사실이었다. 따라서 '미국적'인 비정한 경제 합리성은, 장기적인 관계를 중시하는 일본 사회에서는 효과가 없다는 반론도 있었던 것이다. 분명 일시적인 자금난에 빠진 기업은 시간이 지나면 회복될 수도 있다. 만일 그렇게 된다면, 가차 없는 자금 회수 등으로 관계자를 길거리에 나앉게 하는 일도 없을 것이다. 결과적으로는 일본은 근본적 청산을 회피하고 말았다.

분명 수익성이 회복될 기미가 보이는 기업을 청산하는 일은 오히려 경제 합리성에 반한다. 구제해야 할 기업은 구제하고, 청산해야 할 기업은 청산하는 것이 경제 합리성에 들어맞는 것이다. 따라서 각각의 기업 환경에 맞춰 어떤 경우가 맞는지를 생각해야 하므로 한마디로 성공이냐 실패냐를 논하는 것은 어려운 일이다. 과연 일본의 선택이 잘못이었는지 아닌지는 아주 심오한 문제로 함부로 속단할 수는 없다.

이 문제에서는 보석의 예에 비추어 두 가지 과오를 정리해 보자. 제1종 과오는 본래 존속하는 편이 좋았을 기업을 잘못해서 청산해버린 잘못이다. 제2종 과오는 반대로 존속시키지 말았어야 할 기업을 지원한 잘못이다. 채권을 회수하겠다고 결단을 내린 사람은 어느 쪽의 잘못을 회피하고 싶다고 생각할까?

강제적으로 자금을 회수당한 측은 당연히 이런 행위를 좋게 받아들이지 않으므로, 제1종 과오를 범하면 경제학적 잘못뿐 아니라 청산된 사람의 원한까지 사는 꼴이 된다. 그렇다면, 제2종 과오를 범하면 어떻게 될까? 기업 청산을 해서 대출금을 강제적으로 회수한 경우에 회수된 자금은 당연히 다른 용도로 쓰인다. 대개의 경우, 이 자금은 새로운 활동을 위해 대출될 것이다. 따라서 제2종 과오를 범한 경우는 자금이 자신에게 돌아올 수 있었지만, 자금을 받을 수 없었던 사람이 피해자가 된다는 말이다. 하지만 그 사람은 자신이 피해를 입었다는 사실조차 깨닫지 못할 것이다.

이렇게 생각하면 회생 여부가 의심스러운 것은 무조건 구제한다는 전략이 당시 관계자의 이해에 합치되고 있다는 사실을 알 수 있다. 따라서 부실채권 처리과정에서 청산되어야 할 기업이 구제된 사례가 많았을 것이라고 이론적으로는 생각할 수 있는 것이다.

그러나 은행 자체가 허약 체질이어서 기업 구제가 생각대로 잘 안될 때 제2종 과오를 범하면, 제대로 구제를 하지 못해 그 기업이 도산해버릴 가능성이 커진다. 그렇게 되면, 이번에는 반대의 인센티브가 작용해 회생 여부가 의심스러운 기업은 무조건 청산한다는 전략 쪽이 바람직하게 된다. 왜냐하면, 제2종 과오를 범해서 기업이 도산해버려 자신의 책임을 엄하게 추궁 당하느니 제1종 과오를 범해 당사자의 원한을 사는 편이 더 낫기 때문이다.

　실제로 부실채권 문제가 한층 심각해진 1990년대 후반에는 반대로 금융기관에서 '선뜻 대출해 주지 않고 신중을 기하는 경우'나 '융자금을 줄이거나 융자를 중단함으로써 자금을 회수하는 경우'에 의한 기업 도산의 증가가 문제시되었다. 이 점에 관해서도 물론 그런 행동들이 합리적인 판단의 결과였을 가능성도 있기에 속단할 수는 없는 문제지만, 1990년대 초두에 비하면 담당자의 인센티브에 커다란 변화가 있었다는 점만은 분명하다고 말할 수 있으리라.

▶▶▶

사람의 행동에는 이유가 있다. 그러므로 경제 데이터의 배후에는 의도가 있으며, 실험실에서 만들어진 것 같은 완벽한 데이터는 얻을 수 없다. 그렇기 때문에 이론을 활용해 이유를 분석해야만 하는 것이다.

칼럼 교섭의 테크닉

　약속을 어긴 소왕의 행위에 대해 인상여가 머리카락이 하늘을 찌를 정도로 성을 낸 것은 음미해 봐야 할 지혜이다. '화씨의 벽'은 인상여가 가진 비장의 카드였으므로 이를 박살냈다가는 아무것도 안 된다. 냉정하게 득실을 생각한다면, 인상여는 교섭 도중에 '화씨의 벽'을 박살낼 수는 없었을 것이다. 그러나 그런 사실을 소왕에게 들켰다가는

지게 된다. 그렇다면 소왕이 알아채지 못하게 하려면 어떻게 해야 할까?

한가지 방법은 자신은 냉정하게 득실을 따질 수 있는 상태가 아니다, 득실을 넘어서 무슨 짓이든 저지를 수 있다고 상대방에게 믿게 하는 것이다. 그렇다면 신경질적으로 몹시 성을 내는 행동은 참으로 효과적인 전략이 아닌가? 인상여의 배짱과 교섭의 지혜를 기려 완벽完璧이라는 두 문자를, 역시 천하제일의 보석을 완전하게 보존하고 돌아갔다고 해석하고 싶다. 완전하여 흠 있는 부분이 없다는 해석은 너무 재미없고 시시하다.

교섭에서 일부러 이해할 수 없는 행동을 하는 이유는 교섭을 유리하게 진행시키기 위한 전략적 효과가 있기 때문이다. 응석을 부리거나 떼를 쓰고, 자신의 요구가 통하지 않을 것 같으면 욱해서 화를 내거나 눈물을 주루룩 흘리는 따위의 전략은 아이에게만 국한된 것이 아니라 어른에게도 아주 효과적인 무기가 된다. 그렇다고 해도 이를 지나치게 사용한다면 아주 불합리한 사람으로 인식되거나 교섭을 망치는 수도 있으니 주의해야 한다.

나는 2002~2003년에 사정이 있어 집을 두 번 이사했다. 연구실 이사까지 합치면 약 일 년 사이에 도합 네 번을 이사한 셈이 된다. 단기간에 여러 번 이사를 경험한 덕에 이사와 관련해서 웬만한 일은 잘 알게 되었는데, 여기서 배운 한 가지는 이사도 교섭의 일종이라는 사실이다.

이삿짐 견적을 내러 온 업자가 말하는 가격에 순순히 계약해서는 절대 안 된다. 만약에 그 금액이 자신이 생각한 예산범위 내라고 하더라도 그렇게 비싸서야 나 혼자 이삿짐을 들고 옮기는 편이 낫겠다, 다른 업자에게 견적을 내보라고 하겠다는 등 신경질적으로 강경하게 대응해야 한다.

　이 이야기를 어느 저명한 게임이론 전문가에게 했더니, 그는 아주 감탄했다. 그리고 그는 그저 감탄하는 데 그치지 않고, 시간이 흘러 자신이 이사 가야 할 때 즉시 내가 사용한 방법을 실천해 봤다고 한다. 그 이야기를 듣고 역시 이 사람은 대단한 사람이구나, 유명한 데에는 다 이유가 있구나 하며 이번에는 내 쪽에서 감탄하고 말았다. 게다가 자세한 이야기를 들으니 그가 너무 심하게 받아치는 바람에 업자 한 사람이 화가 나서 그냥 돌아갔다고 한다. 이 정도는 해야 일류 학자라고 말할 수 있다고 나는 거듭 감탄했다.

16

刎頸之交
문 경 지 교

제삼자 효과

매우 친밀한 교제

'문경지교刎頸之交'의 '문경刎頸'은 목을 벤다는 의미로, '서로를 위해서라면 목이 베여도 괜찮을' 정도로 아주 친밀한 사이를 말하며, 그 정도로 친한 친구는 '문경지우刎頸之友'라고 한다. '문경지교'는 어감이 좋아서 그런지 즐겨 쓰는 사람들이 많다.

도로법 제정을 비롯해 전후 일본의 부흥발전에 크게 공헌한 다나카 가쿠에이田中角榮 의원은 1972년 일본 총리가 된다. 그러나 그 무렵부터 다나카 총리의 정치는 돈에 의해 이권을 분배하는 금권정치라는 비난이 거세져 1974년 총리직에서 물러나게 된다. 그후 다나카 전 총리는 미국의 항공기 제조회사 록히드Lockheed로부터 항공기 판매에 편의를 제공하겠다는 조건으로 50억여 원의 뇌물을 받은 혐의로 1976년에 체포된다. 이와 관련하여 다나카 전 총리뿐만 아니라 일본 정재계 요인 여럿이 체포되었는데, 이 사건이 바로 록히드 사건이다.

록히드 사건과 관련된 사람들의 증인 신문이 국회에서 열렸는데, 그중 한 사람인 오사노 겐지小佐野賢治 국제흥업 사장은 질문에 대해 "기억 안 납니다."를 연발해 당시 이 말은 유행어가 되었다. 그러나 다나카 의원과의 관계에 대한 질문을 받자 "문경지우입니다."라고 표현했다고 한다. 뇌물수수 혐의가 걸려 있을 때 그 뇌물을 받은 당사자로 의심받고 있는 상대를 두고 '문경지우'라고 표현하는 것은 전략적으로 좋지 않은 듯 하지만, 두 사람의 친분이 그 정도로 두터웠다는 말일 것이다. '문경지교'의 출전은 『사기史記 염파廉頗·인상여열전藺相如列傳』이다.

문경지교의 유래

조趙나라의 인상여는 당시 강국이었던 진秦나라의 왕과 정면대결해 한 치의 물러섬도 없이 '화씨의 벽'을 무사히 보전하고 귀국한 후에도 재치 있는 말솜씨로 몇 번이나 조나라를 궁지에서 구하였고, 조나라의 혜문왕을 위해 크게 공헌하였다. 그런 이유로 인상여는 가장 높은 벼슬인 상경上卿의 자리까지 올랐다.

그 당시, 같은 상경 자리에 있었던 염파廉頗 장군은 수많은 전투를 치룬 조나라 제일의 장군이었다. 명문가 출신으로, 온몸을 다 바쳐 조나라를 지켜왔다고 자부하는 염파 장군의 눈에는 비천한 신분으로 말솜씨 하나만 가지고 상경의 자리까지 오른 인상여가 도무지 마음에

들지 않았다. 그래서 머지않아 자신의 힘으로 인상여가 말만 번지레
한 겁쟁이임을 증명해 모두 앞에서 창피를 주겠다고 공언하기에 이르
렀다.

그 소문을 들은 인상여는 염파와 동석하는 공식적인 자리를 피하게
되었고, 염파와 맞닥뜨리는 일조차 눈에 띄게 피하게 되었다. 어느 날,
인상여가 마차를 타고 길을 가고 있었는데, 앞에서 염파 장군의 모습
이 보이자 급히 옆길로 몸을 숨기도록 부하에게 지시하였다. 인상여를
모시는 부하는 염파 장군의 소문을 익히 들어 알고 있었기에, 자신의
상사가 보이는 기개 없는 모습에 분개하며 이래서는 더 이상 모실 수
없다고 인상여에게 작별을 고했다.

그런 그에게 인상여는 진나라의 소왕과 염파 장군 중 어느 쪽이 더
무섭냐고 물었다. 부하는 당연히 진나라 왕이라고 대답했다. 그러자
인상여는 이렇게 반박했다. 그 무서운 진나라 왕과도 목숨을 걸고 싸
웠던 내가 무엇 때문에 염파 장군을 두려워하겠는가. 내가 참으로 두
려워하는 일은 조나라 국정에서 가장 중요한 두 사람의 다툼으로 조나
라가 동요하고, 그런 틈을 타서 진나라가 쳐들어오는 일이다. 조나라
의 평화를 위해서라면 어떤 식으로 염파 장군과의 분쟁을 피하든 무슨
상관이 있겠는가.

이 이야기를 전해들은 염파는 인상여의 사려 깊음에 감동하고, 나라
를 생각해야 할 위치에 있으면서도 사욕에만 눈이 멀었던 자기 자신을
크게 부끄러워했다. 그래서 웃옷을 벗어 가시 회초리를 짊어지고 인상
여를 찾아가 지금까지의 굴욕을 사죄하는 의미로 자신을 속이 후련해
질 때까지 채찍으로 때려 달라고 부탁했다. 이를 '육단부형肉袒負荊'이

라고 하며, 이는 진심으로 사죄한다는 뜻으로 사용되는 한자성어다. 여기서 육단(肉袒)이란 옷을 벗어 상반신을 드러낸다는 의미이다.

인상여 역시 그의 시원시원한 태도에 감동하여 염파에게 옷을 입혀 주었고, 두 사람은 실컷 환담을 나누었다. 이때 두 사람은 서로를 위해 서라면 목을 내놓아도 아깝지 않다고 친교를 맹세했던 것이다.

제삼자 효과

이 고사는 인상여가 적국 진나라를 염두에 두고 염파와의 관계를 생각했다는 점이 흥미롭다. 즉, 제삼자로 강대하고 탐욕스러운 진나라의 존재가 있었기에 인상여와 염파 장군의 '문경지교'가 생겨났다는 점에서 주목할 만하다.

전략적 상황에서는 이해관계에 있는 자신과 상대방의 입장을 모두 고려하는 것이 기본이지만, 제삼자가 관여하면 당사자들 간의 이해관계에 커다란 변화가 생기는 경우가 있다. 이는 제삼자가 등장함으로써 지금까지 이해관계에 있다고 여겨졌던 상대라도 협조하는 편이 서로에게 이로울 경우가 있기 때문이다.

평소 사이가 좋지 않았던 견원지간이라도 제삼자에 해당하는 공동의 라이벌이 출현하면, 의외로 사이가 좋아지기 쉬운 법이다. 직장에서 언제나 으르렁대던 두 사람이 젊고 멋진 동성의 신입사원이 들어오자 협조하여 사이가 좋아지는 일은 제삼자 효과가 작용하기 때문이다.

'체면을 중시한다.'는 표현이 있다. 이는 세상 사람들에 대한 체면 때문에 행동을 신중히 하는 것이지만, 바꿔 말하면 제삼자가 되는 '세상'이 있기 때문에 제삼자가 없을 때와는 다른 협조적인 행동을 취한다는 것이다. 이 같은 제삼자 효과는 다양한 곳에서 작용하고 있다.

오사카의 닛폰바시 일대의 '덴덴타운'으로 말할 것 같으면, 도쿄 아키하바라만큼 크지는 않지만 중소 가전제품 판매점들이 빽빽이 늘어서 있는 전자상가 밀집지역으로, 오사카에서는 오랫동안 가전제품 하면 닛폰바시를 떠올렸다. 닛폰바시의 가전제품 판매점들은 서로 라이벌 관계였지만, 2001년 오사카 북쪽 지역에 가전 유통업체인 요도바시 카메라 초대형점이 문을 열고부터는 사정이 바뀌었다. 지하철역 앞이라는 입지, 화려한 인테리어와 상품 구비력, 포인트 카드 제도를 무기로 내세운 요도바시 카메라의 소비자 흡인력은 매우 높았다. 이에 대항하기 위해 덴덴타운 전체가 협조해 고객을 유치하자는 전략을 세우게 된 것이다.

이와 비슷한 예로 더욱 흥미진진한 것은 나고야역 앞의 사례다. 이곳에서도 2003년에 비쿠 카메라가 대형 가전 양판점 체인으로써는 최초로 도카이 지구에 문을 열었다. 오사카 닛폰바시의 전철을 밟지 않기 위해 나고야의 오스 전자상가에서는 비쿠 카메라가 출점한다는 소문이 도는 시점부터 서로 협조해 비쿠 카메라의 진출에 대비한 고객 유치 전략을 세우기 시작했다. 제삼자는 그 출현이 예상되는 것만으로도 영향력을 미치는 것이다.

그러나 제삼자 효과가 언제나 협조관계를 낳는다고 단정 지을 수는 없다. 반대로 제삼자의 출현으로 그때까지 곧잘 협조하던 두 사람의 이해관계가 틀어지는 경우도 물론 있다. 그전까지 직장에서 사이가 좋았던 두 사람이라도 젊고 멋진 이성의 신입사원이 들어옴으로써 라이벌 관계가 되기도 한다. 또한 서로 사랑하는 두 사람의 관계도 제삼자가 등장해 삼각관계가 형성되면 그들의 관계에는 금이 가게 된다.

제삼자를 전략적으로 활용한다

제삼자가 가져오는 협조 효과를 염두에 두면, 전략적으로 제삼자의 존재를 의식하도록 만들어 같은 편의 협조를 유도하는 일도 가능하다는 사실을 알 수 있다. 이런 입장에서 본다면 인상여의 행동도 흥미롭다. 염파 장군과 친교를 돈독히 하고 싶어도 염파 장군과는 좀처럼 뜻이 맞지 않는다. 그럴 때 염파 장군에게 제삼자인 진나라의 존재를 인식시켜준 것이 좋은 사이가 되기 위한 포석이 되었던 것이다.

이미 앞에서 소개한 어부지리의 고사에서는 강대국 진이 조나라와 연나라의 공동의 적이라는 사실을 조나라에 인식시키는 것이 소대蘇代의 전략이었다. 이 경우에도 진이라는 제삼자 효과를 전략적으로 활용한 것이다.

스케이프고트scapegoat라는 말이 있다. 여기서 고트goat는 양을 가리키며, 스케이프고트란 사람들의 죄를 제물인 양에게 전가한 풍습에서 생겨난 말인데, 불만이나 증오의 대상을 다른 곳으로 돌리기 위해 만들어진 대상을 가리킨다. 서로의 불평불만을 참을 수 없을 때 스케이프고트로 공동의 적을 만들어두면 그것이 불만의 배출구가 되므로 의견을 하나로 모으기 쉬워진다는 것이다. 이것도 일부러 제삼자를 만드는 전략 중 하나다. 국내 정치에 대한 불만을 완화하기 위해서 외국을 스케이프고트로 삼는 전략은 예전부터 많은 국가에서 시도되어 왔다.

어째서 매번 같은 사람이나 사건이 주간지에서 화젯거리가 되는 걸까? 그 이유는 중요한 사항은 누구나 관심을 기울이므로 자연히 특정 사람이나 사건이 화제가 되기 쉽다는 점에 있다. 그것뿐만이 아니다. 여기에는 자기들과 먼 곳에 공통의 화제를 만들어두는 편이 자기들 사이에서 중요한 문제 해결을 뒤로 미루고 협조관계를 구축하기 쉬워진다는 제삼자 효과가 작용하고 있음을 잊어서는 안 된다. 주간지만이 아니라 우리 주변에도 좋든 싫든 자주 화제에 오르내리는 사람이 있지 않은가? 사람들이 가십을 좋아하는 것도 논리적 증거가 있는 것이다.

▶▶▶

제삼자란 관계없는 사람이 아니다. 어떤 두 사람이 문경지우가 될지 견원지간이 될지는 의외로 어떤 제삼자가 있느냐에 따라 결정되는 것이 아닐까?

17

桃李不言 下自成蹊
도 리 불 언 하 자 성 혜

록인

매력적인 사람 주변에는 자연히 사람들이 모여든다

'도리불언 하자성혜桃李不言 下自成蹊'라는 말은 덕이 있는 사람, 뛰어난 사람, 매력적인 사람 주변에는 그 사람이 말이 없어도 자연히 사람이 모여든다는 의미다.

'도리불언 하자성혜'의 출전은 『사기史記 · 이장군열전李將軍列傳 · 찬贊』이며, 이는 사마천司馬遷이 한漢나라 장수 이광李廣을 평했던 문장이다.

도리불언 하자성혜의 유래

장수 이광은 이민족인 흉노와의 전투에서 오랫동안 중추적인 역할을 맡아왔고, 많은 부하들로부터 칭송을 받았던 명장이었다고 한다. 오랜 세월에 걸쳐 흉노를 진압해왔던 이광이었으나, 무제武帝시대 중반 무렵부터는 노령을 이유로 더 이상 중용되지 못하였다. 기원전 119년 이광은 위청衛青과 곽거병霍去病이 이끄는 대규모 흉노 토벌군에도 처음에는 들어가지 못하였으나, 황제에게 청하여 그럭저럭 토벌군에 참가할 수 있었다. 이광은 전투 중에 흉노 단우單于(왕의 호칭)의 군사와 직접 대결할 기회를 여러 번 청하였으나, 위청은 이를 절대 허락하지 않았다. 이런 위청의 행동이 무인武人에 대한 모욕이라고 여긴 이광은 스스로 목숨을 끊고 말았다.

사마천은 '이광은 신중하고 과묵한 사람이었으나, 인덕이 있었기에 많은 부하들이 그를 따랐다. 이는 속담에 복숭아와 자두 나무는 말이 없어도 그 밑에는 꽃과 과실에 이끌려 사람들이 모여들고, 여러 사람들이 오고가는 동안 발자취가 생겨 자연히 샛길[蹊]이 만들어진다고 말하듯이, 이광이 그만큼 인덕이 있었다는 증거'라고 평가하였다.

전환비용과 록인

구태여 자신을 드러내지 않는 과묵한 이에게 사람들이 모여드는 현상은 조금도 어색하지 않다.

물의 도시, 이탈리아의 베네치아에는 넓은 도로가 없고, 이정표를 위해 광고를 설치하는 일도 불가능하므로 바로 옆에 있어도 가고자 하는 점포를 찾지 못하는 경우가 종종 생긴다. 그런 베네치아에서는 유명 브랜드 상점이라고 해도 좁은 골목에 점포를 차리고 있는 경우가 드물지 않다. 또한, 베네치아에서는 자동차가 다닐 도로가 없으므로 택시 운전수에게 상점 찾기를 일임하는 일도 불가능하다. 그러므로 이들 가게에 가려면 눈치가 있어야 하는데, 길에 떨어진 과자에 어느덧 개미떼가 몰려들 듯이 이들 상점에는 언제나 쇼핑에 열을 올리는 일본 관광객들로 득실거린다.

도리불언 하자성혜의 고사처럼 우연히 오고가는 발자취들로 인해 만들어진 샛길이 그후에도 자연히 유지되는 까닭이 무엇인지 그 이유를 분석해보자.

경제학적으로 흥미진진한 점은 이유야 어찌 됐든 일단 한가지 방법이 확립되면 사람들은 그 방법만을 활용하고, 다른 방법은 시도하지 않게 되는 현상이다.

확립된 방법에서 벗어나는 것이 어려운 이유는 그것 이외의 방법을 취하면 여분의 비용이 들기 때문이다. 방법을 바꿈으로써 생기게 되는 여분의 비용을 전환비용Switching Cost이라고 한다. 그리고 전환비용이 있음으로써 다른 방법으로 바꾸지 않고 특정 방법을 계속 활용하는 상태를 가리켜 **록인**Lock-in되었다고 한다. 록인이란 옴짝달싹 못하게 사로잡혔다는 의미다.

예를 들어, 오래 사용해 손에 익은 전자제품이 낡아 바꾸려 할 때, 사람들은 같은 사양의 제품을 구입하는 경우가 많다. 그 이유는 새로운 기능을 처음부터 익혀야 하는 것이 겁나기 때문인데, 이를 경제학적 용어로 바꿔 말하면 학습을 해야만 하는 것이 전환비용이 되므로 사람은 같은 기종에 록인된다는 것이다.

도시에는 셀 수 없을 정도로 많은 음식점들이 좁은 지역에 밀집되어 있지만, 많은 사람들은 늘 다니던 음식점에 가려는 경향이 있다. 새롭

게 시도한 음식점이 마음에 들지 않을 경우, 귀중한 돈과 시간이 낭비되므로, 새로운 음식점을 개척하는 행위에는 전환비용이 들기 때문이다. 뒤집어 말하면, 음식점을 선택하는 데는 자연히 록인 효과가 작용한다는 것이다. 이런 경우의 전환비용은 현재 다니고 있는 음식점이 자신의 마음에 들었을 경우 그만큼 더 커지게 된다. 새로운 음식점을 찾아갔을 경우, 늘 가던 단골집에 갔더라면 좋았을 걸 하고 후회할 가능성이 더 크기 때문이다. 그렇기 때문에 각 음식점들은 모두 단골손님을 소중하게 여기는데, 이 또한 이치에 맞는 행동이다.

록인과 효율성

록인은 다양한 원인에 의해 발생한다. 그러나 사람들이 어떤 행동에 록인되어 있다고 해서 그 행동이 반드시 좋은 것이라고는 단정할 수 없다.

일본의 고도古都인 교토 중심부에는 교토 교엔(御苑, 일본 천황 소유의 정원-옮긴이)이 있는데, 교엔 안에는 일본 천황이 사는 궁궐인 고쇼〔御所〕가 있다. 메이지明治 천황이 도쿄로 거처를 옮기기 전까지 이곳은 천황의 거처였다. 그렇다고 하더라도 794년에 헤이안쿄〔平安京〕 시대가 시작된 당시 천황이 거처하는 '다이리〔內裏〕'는 지금의 센본거리 1조 부근에 있었고, 현재의 고쇼로부터 약 1킬로미터 서쪽에 위치해 있었다. 그런데 곧잘 화재가 발생해 그때마다 귀족의 저택을 '사토다이리(里內裏, 별궁)'로 삼아 임시로 머물 수 있다는 원칙이 세워졌다. 현재의 고쇼도 사토다이리 중 하나였지만, 1331년(겐코우 원년)에 고곤光嚴 천황이 이곳에서 즉위한 이래 다이리는 재건되지 않고 이곳을 고쇼로 정했던 것이다.

도요토미 히데요시豊臣秀吉와 도쿠가와 이에야스德川家康 시대가 되자, 궁궐 주변에는 황족과 귀족들의 저택이 세워졌고, 그에 따라 일반인의 생활 장소도 궁궐 주변으로 몰려 궁궐을 중심으로 시가가 재형성되었다. 여기에서도 도리桃李의 원칙이 작용한 것이다. 지금의 교토 교엔은 황족이나 귀족들이 살고 있었던 지역을 공원으로 조성한 곳이다.

24시간 개방하는 교토 교엔은 관광명소인 동시에 시민들의 통행로가 되고 있다. 교토 고쇼 주변에는 폭이 30미터 정도 되는 넓은 길이 나 있다. 아침저녁 출퇴근 시간대에는 자전거를 타고 이 길을 거쳐 교엔 안을 분주하게 가로질러 가는 사람들의 모습을 많이 볼 수 있다. 교엔 주변에 있는 도로에 보도가 있기는 하지만 매우 좁으며, 특히 출퇴근 시간대처럼 보행자가 많이 다닐 때에는 자전거로 통과하기가 힘들다. 반면, 교엔 내부는 유유자적하게 자전거를 타고 다닐 수 있다.

교엔 내부의 길에는 자갈이 깔려 있다. 그런데 이 길을 주의 깊게 살펴보면, 길 중앙에 폭 30센티미터 정도의 홈처럼 파인 부분이 한 줄기 이어져 있다. 잠시 멈춰 서서 관찰해 보면, 자전거들이 모두 홈처럼 파인 부분 위를 지나간다는 사실을 알 수 있을 것이다. 이 부분은 자전거가 자갈을 튕겨 없애서 만든 '바퀴자국'인 것이다.

30미터나 되는 넓은 길임에도 불구하고, 불과 30센티미터의 공간을 선호해 자전거를 달리는 데에는 다 이유가 있다. 자갈 크기는 지름 2, 3센티미터 정도이지만, 자전거를 타고 자갈 위를 달리면 매우 불안정해 금방 지치게 된다. 하지만 바퀴자국이 난 곳이라면, 달릴 때 안정감 있고 놀랄 만큼 자전거 페달 밟기가 수월해진다. 그래서 누구나 이 바퀴자국 위를 즐겨 다니게 되었고, 점점 자갈이 튕겨 없어져 확연한 홈이 파이게 된 것이다.

하지만 이 길을 가로지를 때에는 조심해야 한다. 이 길은 자전거 통행로이므로 무심코 가로질렀다가는 질주해 오는 자전거에 치이게 된다. 따라서 이 선을 넘을 때에는 반드시 주위를 살펴 자전거가 오지 않는지를 확인해야 하며, 이것이 교엔의 관례다. 이 선 위에 멈춰 서서 벚나무를 감상하거나, 선을 따라 지도를 펼치고 걷는 것은 말도 안 되는 행동이다.

그런데 신기한 것은 길게 이어진 이 바퀴자국은 크게 S자형을 그리고 있어 이를 통과하는 자전거는 직선으로 난 최단거리로 갈 수 없다는 점이다. 하지만 역시 자전거로 자갈 위를 달리는 일은 힘이 들기에 사람들은 이 바퀴자국에서 벗어나려고 하지 않는다. 마치 미리 짜기라도 한 것처럼 모두 똑같이 S자를 그리며 교엔 안을 질서 정연하게 통행과하는 모습을 보고 있노라면 왠지 미소가 떠오른다.

본래 통행로라고 하면, 직선으로 달릴 수 있는 길이 좋다는 사실은 두말할 필요가 없는 일이다. 그러나 일단 S자형으로 구불구불하게 된 길은 그 형태를 유지한다. 일단 길이 만들어지면 그 이외의 경로를 지나가는 데에는 여분의 노력이 필요하기 때문이다. 사람이라면 이 여분의 노력을 피하는 것이 합리적인 선택이다. 사람은 길에 나타난 행동에 록인되는 것이다. 길 모양이 S자형이 된 것은 우연이었을지도 모르고, 과학적 이유가 있었을지도 모르지만, 통행로로써는 효율적이라고 말할 수 없다.

또한, 처음에는 복숭아나무로 이르는 길에 의미가 있었지만, 오랜 세월이 흐르면서 그 이유는 사라지고, 록인의 효과만 남을 가능성도 있다. 원래 있었던 복숭아나무가 말라죽어도 복숭아나무가 한창이었을 때 그 주변에 거리가 생겼다면, 경로를 변경하는 적극적인 이유는 약해지고, 원래의 길에 익숙해진 주민들은 경로를 변경하는 데 반대할지도 모른다.

인덕 있는 장군이라는 평판이 널리 퍼져 이를 믿는 사람들이 많다면, 그에 반하는 행동을 해도 사람들은 그 사실을 믿으려고 하지 않을 것이다. 결과적으로 약간의 탈선은 관대하게 눈감아줄 수 있는 것이다.

제정 당시에는 의의가 있었던 제도나 법률이라도, 세월이 흘러 시대착오적인 것이 되어 버리는 경우가 종종 있다. 그런데 시대착오적인 법률·제도를 개혁하는 데에는 어마어마한 노력이 필요하다. 록인 효과가 있기 때문에 오랫동안 법률이나 제도 아래에서 양성된 길, 즉 기득권의 구조를 변혁하는 것은 어렵기 때문이다.

칼럼 히나 마쓰리에서도 볼 수 있는 록인

중국에서는 오른쪽을 고귀한 방향이라고 보았기 때문에 나란히 일렬로 선 사람들이 있다면, 그들을 마주봤을 때 오른쪽에 관직이 높은 사람이 선다. 나란히 서 있는 사람의 입장에서 본다면 왼쪽에 있는 사람의 위치가 높다. 일본에서도 이 영향을 받아 자신의 왼쪽이 오른쪽보다 격이 높다고 여겼다. 예를 들어, 좌의정은 우의정보다 더 높다.

삼월 삼짇날을 축하하는 히나 마쓰리(여자 어린이들의 무병장수와 행복을 빌기 위해 해마다 3월 3일에 치르는 일본의 전통 축제—옮긴이)에서는 남녀 히나인형을 마주봤을 때 남자 히나인형을 왼편에 놓는 방식이 표준이 된 듯하지만, 이런 진열방식이라면 여자 히나인형 쪽이 신분이 더 높다는 의미가 된다. 이는 그런대로 별 상관이 없고, 현대적 사고로 생각했을 때는 그다지 이상할 것이 없지만, 헤이안 시대 중반에 처음 생겨난 히나 마쓰리가 여성 상위라는 현대적 사고를 도입했으리라고는 생각하기 어렵다.

이렇게 된 이유는 메이지 시대에 서양의 관습이라면 뭐든지 배우려는 사회적 분위기가 형성되어, 황후를 마주봤을 때 천황이 그 왼편에 서게 되었기 때문이다. 일반인들 사이에 사진이 나돌게 된 다이쇼大正

시대, 천황이 황후의 오른편에 서 있는 모습을 본 일반인은 그에 따라 남자 히나인형을 정면으로 봤을 때 왼편에 두게 되었고, 그 습관에 록인되어버렸다. 고대부터 내려오던 습관을 단숨에 바꿀 만큼 천황의 역할은 지대했던 것이다.

이처럼 현재의 남녀 히나인형을 진열하는 방식은 옛날 신분의 순서와는 정반대가 되고 있는데, 교토에서는 지금도 마주봤을 때 남자 히나인형을 오른쪽에 놓아둔다. 유래를 생각한다면 이쪽이 정통이라고 말할 수 있을 것이다.*

---

* 『일본인의 관습 박학사전―일상생활의 규율을 철저 연구』 도시마 겐오 편저, 다니자와 에이이치 감수, 다이와출판(大和出版), 2000년

18

奇貨可居
기　화　가　거

우연히 발견한 좋은 물건을 활용하는 지혜

기회를 놓치지 마라

‘기화가거奇貨可居’란 우연히 발견한 좋은 물건이나 진기한 물건奇貨은 사서 간직하는可居 것이 좋다는 의미이다. 이 뜻이 바뀌어 좋은 기회를 놓쳐서는 안 된다, 찾아온 기회를 이용하고 활용해야 한다는 의미로 쓰인다. 또한, ‘독립법인화를 기화로 대학 개혁을 추진한다.’와 같은 표현처럼 활용해야 할 좋은 기회라는 의미로 ‘기화奇貨’만 홀로 쓰는 경우도 많다.

‘기화가거’의 출전은 『사기史記 · 여불위열전呂不韋列傳』이다.

기화가거의 유래

중국 전국 시대 진秦나라의 공자公子인 자초子楚는 태자 안국군安國君의 아들이었다. 안국군에게는 아들이 스무 명 이상 있었는데, 나이로 보았을 때 자초는 그 중간쯤이었다. 아들만 스무 명이니 아마 부인도 여러 명 있었을 것이다. 그중에서 자초의 어머니는 안국군에게 총애를 받지 못했고, 그런 이유로 자초도 안국군에게 귀염을 받지 못하였던 듯하다. 그러던 어느 날 자초는 조趙나라에 인질로 가게 되었다. 태자의 가족이라 해도 20명이나 되는 아들이 있으면 하나 정도는 어떻게 되든 상관없었던 걸까? 인질이 있음에도 불구하고 진나라는 종종 조나라를 위협했기에, 자초는 조나라에서도 냉대를 받아 매일 돈에 쪼들려 고생하고 있었다.

여불위呂不韋는 그 시대에 활약한 거상巨商으로, 여러 나라를 왕래하며 무역을 해 어마어마한 부를 쌓았다. 조나라를 방문한 어느 날, 여불위는 자초를 만났고, 그의 인품을 아주 마음에 들어 했다. 여불위는 세상의 쓴맛 단맛을 다 본 데다 붙임성이 좋은 자초를 잘 키우면 큰 인물이 될 것이라고 보았다. '이것은 우연히 발견한 귀중한 물건이다. 지금 손을 써서 내 수중에 둔다면 장래에 틀림없이 큰 도움이 될 것이다.' 즉, '기화가거'라고 생각한 것이다.

여불위는 재빨리 자초와 밀담을 나누고, 계략을 짜 실행에 옮겼다. 자초에게 큰돈을 주고 그 돈으로 손님을 후하게 대접하는 한편, 모국에 계신 부모님에게 선물을 보내도록 했다. 점차 평판이 높아진 자초는 그 후 본국인 진나라로 돌아가 마침내 왕위에 오르게 된다. 이렇게 되기까지 큰돈을 쏟아 부어 자초의 측면 지원을 계속했던 여불위는

그 공적으로 승상(총리)에 임명되었고, 권력과 돈을 마음껏 누리게 된
다. 잘 간직해 둔 기화는 훌륭하게 성장해 그 은혜를 충분히 갚았던
것이다.

성공 신화 이면에 기화奇貨가 있다

'기화가거'의 고사를 마이크로소프트사의 성공 신화와 관련시켜 보
면 매우 흥미롭다. 마이크로소프트사는 폴 알렌Paul Allen과 빌 게이츠Bill
Gates가 소프트웨어 시장의 성장을 예상하고 1975년에 창업한 회사다.
마이크로소프트사가 비약적인 발전을 하게 된 계기는, 당시 컴퓨터 하
드웨어 시장에서 압도적인 세력을 과시하고 있던 IBM이 1981년에 발
표한 업계 최초의 PC에 탑재하는 OS(운영체제, Operating System)로 마
이크로소프트사의 MS-DOS를 채택하기로 했다는 점에 있었다. 그후
MS-DOS는 널리 보급되어 1995년에 윈도우95가 등장할 때까지 PC용
OS의 표준 중 하나가 되었다.

한 시대를 구축하는 눈부신 번영을 누렸던 MS-DOS지만, 사실 그
원형을 만든 곳은 마이크로소프트사가 아니었다. MS-DOS는 1980년
에 팀 패터슨Tim Patterson이라는 사람이 단기간에 손쉽게 제작해 마이크
로소프트사에 가져간 QDOS라는 프로그램을 기초로 하고 있다. 이 프
로그램을 보고 알렌과 게이츠는 기화가거라고 생각했을 것이 틀림없
다. 그들은 QDOS에 대한 다양한 권리들을 모조리 사들여 마이크로소
프트사의 것으로 삼았던 것이다. 그 총액은 10만 달러를 넘지 않았다
고 하니까, 지금 와서 생각해보면 놀랄 만큼 적은 액수였다고 말해도
좋으리라.

수중의 자산을 활용하는 전략

여불위의 성공 신화를 현대적으로 해석하면, 벤처 사업에 대한 투자와 성공으로 간주할 수 있을 것이다. 아직 싹이 나지 않았지만, 미래에 발전할 것이라고 믿고 거금을 투자한 사업이 결실을 맺었기 때문이다. 그러나 아무리 유망한 사업 아이템을 발견했다고 하더라도 단순히 자금을 투자하는 것만으로 벤처 사업은 발전하지 않는다.

마이크로소프트사를 보아도 QDOS를 매수한 것만으로는 그후의 눈부신 성장을 장담할 수 없다. IBM을 설득해 MS-DOS를 IBM PC에 채택하도록 하고, MS-DOS를 IBM 이외의 저렴한 제품에도 적극적으로 판매했던 점이 주효했던 것이다. 저렴한 컴퓨터를 매개로 많은 이용자들을 자기편으로 끌어들이는 고객 확보 전략 없이 오늘날의 마이크로소프트사는 있을 수 없었다. 게다가 그후 윈도우나 주변 소프트웨어를 통합적으로 개발해 다방면에서 마이크로소프트사의 제품을 적극적으로 확산시켜 나가는 경영 전략이 있었기에 연매출 40조 원이라는 거대 기업이 출현할 수 있었던 것이다.

무릇 우리는 수중에 의외의 진기한 물건을 갖고 있다. 이 책은 중요한 책이니 차분히 읽어봐야겠다고 생각해 사 두긴 했지만, 결국 '머리말'만 읽고 청소할 때나 이사할 때를 빼고는 책장에서 벗어나는 일이 없는 책은 없는가? 수납장을 들여다보면, 몸만들기에 좋다는 소문을 듣고 통신판매로 사긴 했지만 금방 싫증이 나서 박스에 넣어둔 운동기구가 나오는 가정도 많을 것이다. 졸업해 학위나 자격을 취득했다는 사실에만 만족하고 결국 그 이상의 일을 하지 않는 것도, 가지고는 있지만 제대로 활용하지 않는 기화의 예일지도 모른다.

격언대로 기회를 가지고 있어도 이를 활용하기 위한 전략이 없다면, 모처럼 얻은 기회도 성장하지 못한 채 도리어 짐만 될 뿐이다. 참으로 어려운 일은 기회를 손에 넣는 것이 아니라 이를 활용하는 전략이 아닐까? 실제로 여불위도 자초에게 거금을 주고 이를 사용하게 했을 뿐만 아니라 자초가 진나라로 다시 돌아갈 수 있도록, 그리고 (안국군의 총애를 한 몸에 받았으나 자식이 없었던) 화양부인華陽夫人에게 선물을 바쳐 안국군으로 하여금 자초를 양자로 삼도록 조르게 하는 교묘한 전략을 실행했다. 여불위의 예리한 점은 오히려 이런 점들이었을지 모른다.

방치되어 있는 기회

대학 의학부에 소속되어 있는 의사가 의료기관에 명의만 빌려주고, 실제로는 근무하지 않은 채 돈만 챙기는 '명의 대여'라는 위법행위가 있다. 연구를 하고 싶지만 자금 문제에 시달리는 의사나 대학원생과 의료법 규정에 따라 임상 숫자를 늘리거나 진료 보수를 올리기 위해 소속 의사의 수를 늘려야만 하는 의료기관 측의 이해가 일치하므로 명의 대여는 꽤나 광범위하게 이루어지고 있다. 한편, 일본 후생노동성은 1997년부터 보험의의 이름과 근무처 등의 정보를 컴퓨터에 등록하고 있으므로 명의를 빌려주어 근무처와 소속 등에 어긋남이 생기면 그 즉시 전부 발각될 것이다.

그러나 유감스럽게도 각 지방의 사회보험사무국은 후생노동성에 보관되어 있는 이들 정보 중 각 관할지에 해당되는 자료만을 보관하고 있을 뿐 데이터베이스화가 되어 있지 않은 듯하다.* 전국적인 데이터베이스로써 기능하지 못하므로 관할을 넘나드는 명의 대여 사건을 적발하는 데는 아무런 도움이 안 된다. 즉, 정보는 틀림없는 '기화'이지만, 보관하고 있는 것만으로는 아무것도 창출되지 않는다.

도쿄만을 끼고 가와사키와 기사라즈를 연결하는 다리 '아쿠아라인'은 우편저금을 원천으로 한 14조 원의 자금을 투입해 건설되었고, 1997년에 완성되어 개통되었다. 그런데 당초부터 통행량은 예상을 크게 밑돌아 2000년에는 통행료를 크게 낮췄다. 또한 2002년부터는 전자자동요금징수시스템ETC을 장착한 자동차에 할인요금 시험 적용을 실시하고 있지만, 교통량은 전혀 증가할 기미가 보이지 않는다.** 한편, 도쿄 도심의 고속도로망은 도쿄 주변을 오고 가려면 가장 혼잡한 도쿄 도심을 경유해야만 하는 불편함이 있었다. 아쿠아라인을 건설해 가나가와와 지바에 단거리 우회로를 만들자는 아이디어 자체는 나쁘지 않지만, 애석하게도 거액의 투자 금액을 아쿠아라인의 자동차 통행료 수입만으로 충당할 수 있을 것이라는 생각에 무리가 있었던 것이다.

아쿠아라인을 건설해야만 했는지의 여부에 대해서는 다양한 의견들이 있으며, 과거의 책임 문제를 추궁하지 않으면 안 되겠지만, 이 문제는 이미 지나간 일이다. 지금 생각해야 하는 것은 일단 갖게 된 기화를 어떻게 활용할지에 대한 전략일 터이다.

아쿠아라인으로 자동차 통행을 우회시킴으로써 도심 도로의 혼잡 완화뿐 아니라 소음이나 각종 환경 문제에 대한 편익이 있다는 점에

---

* 〈요미우리 온라인 홋카이도〉(http : //hokkaido.yomiuri.co.jp/특집) '의심(醫心)을 묻다'에 따른 내용이다. 2004년 시점의 이야기이다.

** 아쿠아라인 8,000원 실현화 백만 명 서명 활동추진협의회 http : //www. aqua800. com/thissite.html

주목한다면, 아쿠아라인의 통행료 수입으로 비용을 조달해 수입과 지출을 맞추려는 발상은 옳다고 볼 수 없다. 요컨대 눈앞의 도로 혼잡과 소음이 완화된다면 돈을 내도 좋다고 생각하는 사람들이 많으므로, 도심을 거치지 않고 아쿠아라인으로 우회하는 자동차나 트럭은 그에 대한 보답으로 그 돈을 받아도 좋다는 논리다. 도로 활용이란 적절한 교통량을 유지하는 것이다. 이를 위해서는 교통량이 적절하게 늘어날 때까지 단계적으로 요금을 낮춰야 하며, 때에 따라서는 통행하는 차에 돈을 주어서라도 아쿠아라인을 통과하도록 하는 정도의 유연한 발상이 필요하다.

▶▶▶

기화가거가 필요하지만, 기화를 활용할 궁리를 하지 않는다면 아무 소용이 없다. 기화를 가지게 된 경위에 연연하면, 그 같은 기화도 무용지물이 되고 말 것이다.

칼럼 MS-DOS의 추억

이제는 MS-DOS를 모르는 이가 많을지도 모르겠다. 내가 처음 PC를 사용한 시기는 미국 유학을 갔던 1987년으로, 지금 생각해보면 아주 단순한 데이터 처리도 대형 컴퓨터를 사용하고 있었던 시대였다. 그러므로 하버드 대학의 컴퓨터실에 즐비하게 늘어서 있는 PC에 많은 학생들이 달라붙어 무엇인가 조작하는 모습을 보고 나는 경탄해 마지 않았다. 지금은 대학 컴퓨터실에 PC 100대가 설치된다 해도 전혀 화젯거리가 되지 못하니 시대란 변하는 법이다.

당시 PC를 소유하고 있는 학생들도 있기는 했지만, 학교 컴퓨터를 이용하는 학생 쪽이 분명 더 많았다고 생각된다. 학생은 쓰다 만 리포

트가 입력된 PC용 플로피디스크를 가지고 다녔는데, IBM형 컴퓨터의 플로피디스크는 직경 15센티미터 정도의 얇은 원반형이 주류였으며, 용량은 256킬로바이트(주의 : 메가바이트가 아님)가 표준 사이즈였다. 지금 나는 마이크로소프트사의 워드로 이 원고를 집필하고 있는데, 원고 파일이 600킬로바이트 정도 되니 당시의 디스크로는 어림도 없었을 것이다.

그때 학생들 사이에서는 애플사의 맥킨토시가 우세였기에 나도 처음에는 맥킨토시를 주로 사용하였다. 하지만 MS-DOS가 내장된 IBM 컴퓨터도 있어서 나도 조금 써 보았는데, 맥킨토시는 하려고 하는 작업과 엇비슷해 보이는 그림을 마우스로 클릭하는 동안에 그럭저럭 조작할 수 있는 반면에, MS-DOS는 키보드로 정확하게 요구사항을 입력하지 않으면 작동되지 않았다. 괘씸하게도 스펠링이 틀렸을 경우에는 일절 봐주지 않으므로 미국에 온 지 얼마 안 되는 외국인에게는 좀처럼 손에 익지 않았던 것이다. 명령을 몇 번이나 입력해 키를 계속 눌러도 전혀 작동하지 않기에 고장 났다고 여기고 큰소리로 도움을 요청했더니, 도와주러 온 사람이 확인해 준 원인은 스펠링을 잘못 입력했기 때문이었다. 이렇게 큰 창피를 당한 경험은 당시 유학하던 사람들은 누구에게나 있는 일일 거라며 내 멋대로 생각하고 있는데, 실제로는 어땠을까?

1989년 무렵, 나는 MS-DOS로 작동되는 한국제 중고 PC를 600달러에 구입하고, MS-DOS 사용자로 전향했다. 맥킨토시가 손에 익었음에도 불구하고 MS-DOS로 전향한 이유는 간단하다. 컴퓨터실은 붐벼서 논문을 써야 할 때 사용할 수 없는 경우가 많았으므로 나만의 전용 PC

가 필요했고, 맥킨토시는 비싸서 도저히 살 수 없었기 때문이었다. 내 주변의 MS-DOS 사용자들도 같은 이유로 전향한 이가 많았던 것 같다. 이렇게 해서 우리들은 마이크로소프트사 제품으로 점차 록인되었던 것이다.

나도 이제는 마이크로소프트사의 제품을 사용하는 시간이 독서하는 시간보다 훨씬 많아졌다. 출근하면 우선 컴퓨터 스위치를 켜서 윈도우가 시작되는 소리와 함께 일을 시작하고, 종료되는 소리를 신호로 퇴근하는 나날을 보내고 있다. 이래서는 정말로 중독이랄 수 있기에 주 1회는 마이크로소프트를 안 쓰는 날을 만드는 것이 내 목표지만, 출근하지 않는 주말에도 이렇게 글을 쓰고 있으니 이를 실천하기란 술 안 마시는 날을 정하는 것보다 더 어렵다.

19

傍若無人
방 약 무 인

외부효과

제멋대로 행동하는 것

'방약무인傍若無人'을 어순대로 풀이하면 '마치 곁에 사람이 없는 것처럼 여긴다'가 된다. 즉, 방약무인이란 마치 주위에 사람이 없는 것처럼 제멋대로 행동하는 것을 가리킨다.

예를 들어, 지하철 좌석에서 당장이라도 드러누울 것 같은 자세로 앉아 음식물을 지저분하게 흘리면서 먹는 행동이나, 몇 번의 제지에도 불구하고 오사카 번화가에 있는 미나미노 에비스 다리에서 시꺼멓고 탁한 도톤보리 강으로 뛰어드는 행동을 가리켜 '방약무인'이라고 말한다. '방약무인'의 출전은 『사기史記 · 자객열전刺客列傳』이다.

방약무인의 유래

중국 전국 시대 연燕나라에 형가荊軻라는 사람이 살고 있었다. 그는 연나라 태생은 아니었고, 여러 나라를 떠돌아다니며 검술론에 대해 논쟁하거나 도박을 하던 방랑자였다.

연나라에 정착한 형가는 개 도살업자와 고점리高漸離라는 비파 명인을 알게 되었다. 방랑자와 개 도살업자, 그리고 음악가는 아주 묘한 조합이지만, 그들은 아주 친해져서 매일 함께 술을 마셨다. 그러다 흥이 나면 거리 한복판에서 고점리가 켜는 비파 소리에 맞춰 큰 소리로 노래를 부르다가 금세 감격에 겨워 목 놓아 울기도 했다. 공공장소에서 남의 시선 따위는 아랑곳하지 않고 제멋대로 행동하는 그 모습이 바로 '방약무인'이었던 것이다.

이런 일화가 한자성어가 될 정도라면, 수없이 많은 사람들이 고사성어의 소재가 되었을 것이다. 그런데 그중에서 유독 형가 무리들의 방약무인이 지금까지 전해오는 고사성어의 유래가 된 이유는, 형가가 그 후 시황제 암살 계획의 자객이 되었기 때문이다.

당시, 강국이었던 진나라는 이웃 나라들을 침략해 점점 연나라를 위협하고 있었다. 위기에 빠진 연나라 태자 단丹은 이나라를 구하고자, 진나라 왕인 정政을 암살할 계획을 세우고 자객을 뽑고 있었다.

형가는 술꾼들과 친분을 맺고 있었지만, 인품이 냉철하고 침착하며 독서를 즐기고 여러 나라를 떠돌아다니면서 가는 곳마다 지식인, 현인들과 친분을 쌓고 있었다. 이 같은 형가의 평판은 태자 단의 귀에도 들어가, 단은 형가를 자객으로 뽑아 진나라로 보냈다.

형가는 정을 방심하게 만들어 암살 결행을 바로 코앞에 둔 참이었으나, 결국 실패하고 말았다. 그리고 진나라는 마침내 연나라를 멸망시키고 천하를 통일하게 된다. 이때 암살 위험을 모면했던 진나라 왕 정이 바로 진시황제이다.

방약무인하게 행동하는 이유가 무얼까?

사람은 왜 방약무인하게 행동하는 걸까? 이 문제를 경제학적 입장에서 생각해 보고자 한다.

'주위'라는 것은 상대적인 사고방식이다. 어둠이 있어야 비로소 밝음이 이해되듯이 자신이 중심이 되어야 비로소 '주위'라는 개념이 나타난다. 유아에게는 '자신'이라는 의식이 없는 듯하므로 '주위'라는 의식도 없을 것이다. 그러므로 사람은 누구나 방약무인 상태에서 시작한다. 그리고 점차 자신과 주위를 구별하게 되고, 차차 '방약무인'의 의미를 이해하게 되는 것이다. '방약무인'의 의미를 이해하는 것은 독립해 사회생활을 영위하기 위한 필요조건이라고도 말할 수 있을 것이다. 그렇기는 해도 이는 어디까지나 일반론이며, 개중에는 언제까지나 방약무인하게 행동하는 대단한 사람도 있다.

사회성이 있는데도 불구하고 때때로 방약무인하게 행동하는 이유는, 그 행위가 방약무인에 해당하는지 아닌지를 이해하지 못하고 있기 때문이다. 그것뿐만이 아니다. 사회성이 충분히 갖춰져 있는 사람이라도 때에 따라서는 자신이 방약무인으로 행동하고 있음에도 불구하고 그 사실을 알아채지 못하는 경우가 있다.

내가 보기에 교토의 공공 도로 교통시스템의 질적 수준은 저 옛날 헤이안쿄 시대에 이미 정점을 맞은 듯하다. 교토에서는 자전거가 중요한 교통수단이 되고 있지만, 자전거 도로의 정비 상황이 헤이안쿄 시대와 크게 다르지 않은 듯하다. 그러므로 교토 시내의 주요 도로에 있는 보도는 이곳을 통행하는 수많은 자전거들 때문에 다니기가 힘들다. 자전거 벨을 마구 울리며 보행자를 밀치고 방약무인으로 지나가는 사람도 적지 않다. 더군다나 길을 비키는 데 비협조적인 보행자에게는 주위를 살피며 걷지 않는 사람은 정말 골칫덩이라는 둥 뭐라고 중얼거리면서 추월해 간다. 교토의 보도는 거의 전쟁터를 방불케 할 정도다.

그렇지만 이런 점을 두고 교토는 방약무인하게 행동하는 사람들로 넘쳐난다고 결론지을 수는 없다. 원래 그런 사람이 있다는 사실을 부정하지는 않지만, 대개의 경우는 사회생활의 규율을 어느 정도 익힌 사람이라도 때에 따라서는 자신과 주위를 구별하지 못하는 상태에 빠지기 때문이다.

분명 문제의 보도에는 사람과 자전거가 나란히 서 있는 그림의 '자전거 및 보행자 겸용도로' 표지판이 세워져 있다. 사실 도로교통법에서 정한 규율에 따르면, 자전거는 도로표지 등에 따라 통행 가능한 보도는 통행할 수 있다. 하지만 그 경우 도로에서 가까운 쪽으로 서행해야 하며, 보행자에게 방해가 될 경우에는 자전거 쪽에서는 일시정지를 해야 한다.*

존재하고 있지만 적용되지 않는 법률은 수없이 많은데, 이것 역시 그중의 하나다. 경찰관조차도 자전거를 타고 보도를 지나가는 경우, 보행자의 통행에 방해가 되지 않도록 일시정지하는 모습을 보이지 않는다.

전차나 버스 안에서 휴대전화기를 사용해 큰 목소리로 통화하면서 남의 시선을 전혀 의식하지 않는 사람은 비단 아이들만이 아니다. 혼잡한 거리를 담배를 피우며 활보해서, 주변 사람들이 온통 담배 연기에 휩싸이게 만드는 사람이 꼭 범죄를 반복해서 저지르는 흉악범 같은 얼굴을 하고 있지는 않다. 이런 사람들은 모두 보통 사람들이다. 그저 자신의 특정 행위가 얼마나 방약무인한지 모르고 있는 것뿐이다.

그렇다면, 사고력을 지닌 어엿한 어른이 왜 자신의 방약무인한 행동을 모르는 걸까? 이유는 간단하다. 그것은 남에게 민폐를 끼치는 행위

---

* 도로교통법 제63조 4항

가 낳는 불이익은 남이 당할 뿐 본인에게는 직접적인 피해가 없기 때문이다.

외부성이란

어떤 사회경제 활동이 그 활동을 하는 당사자 이외에 아무에게도 영향을 미치지 않는다는 것은 있을 수 없는 일이다. 예를 들어 당근 하나를 먹는 행위조차도, 다른 사람이 그 당근을 먹을 기회를 뺏는다는 형태로 남에게 악영향을 미친다. 그러므로 그 악영향에 대한 보상을 하는 것이 중요하다. 쉽게 말하면, 당근을 먹고 싶은 사람은 당근을 갖고 있는 사람에게 돈을 지불해 사라는 것이다. 이렇게 대가를 동반하는 보상을 함으로써 악영향을 받는 사람도 만족하므로 상호 만족의 경제 균형이 유지되는 것이다. 당근 한 개를 산다는 단순한 행위도 경제학적 눈으로 바라보면 무언가 아주 고상한 행위로 비춰지니 신기할 뿐이다.

당근을 먹어서 다른 사람에게 미치는 영향은 경제 전체에서 재화의 양을 변화시키는 정도지만, 환경오염처럼 다른 사람들에게 직접적으로 영향을 미치는 경제 활동도 있다. 경제학에서는 이런 직접적 영향을 **외부성**이라고 한다. 외부성은 당근의 경우처럼 재화의 거래를 동반하지 않으므로 그냥 두면 그 행위에 직접 대가가 지불되는 일은 없다. 그 결과, 어떤 행위가 초래하는 영향에 대해 보상이 불충분하거나 보상이 전혀 안 된다. 그럴 경우, 경제학에서는 그 행위에 외부효과가 있다, 또는 (조금 헷갈리기 쉬운 표현이지만) 외부성이 있다고 말한다.

반대로 외부성이 없는 행위란 그 행위에 상응하는 정당한 보상과 지불이 이루어지는 경우를 가리키며, 그 행위가 타인에게 영향을 미치지 않는다는 의미는 아니다.

앞에서 예로 든 자전거와 지하철, 담배는 남에게 악영향을 주는 행위를 한 본인은, 그 영향에 대해 아무것도 지불하지 않으므로 모두 **외부효과**가 있었던 것이다. 이것이 정말로 방약무인한 행동을 낳고 있는 원인이다. 즉, 방약무인한 행동은 외부성이 있기에 생겨난다.

폐 끼치는 행위에 제동을 걸려면

외부성 문제의 본질은 행위를 하는 본인이 남에게 미치는 영향에 대해서 적절한 대가를 지불하느냐 하지 않느냐 하는 점에 있다. 자신이 끼치는 민폐에 대가를 지불하지 않는 외부효과가 있다는 것은 바로 그 행위에 제동이 걸리지 않는다는 뜻이다. 따라서 외부성에 의한 방약무인한 행동을 저지하기 위해서는 그 행위를 하는 본인에게 자신이 끼친 영향을 인식시키고 정당한 대가를 지불하게 하면 된다.

그러나 문제를 인식한 사람이 꼭 자발적으로 대가를 지불하려 한다고는 볼 수 없다. 자전거를 예로 들면, 법적으로 자전거 쪽이 일시정지를 해야 한다는 사실이 널리 알려진다고 문제가 해결될까? 이는 매우 낙관적인 사고방식이다. 왜냐하면 그런 권리관계가 있다는 사실을 알고 곧바로 주변 사람들을 고려해 행동을 고치는 사람이라면, 애초부터 보행자를 생각하고 통행했을 터이기 때문이다. 방약무인한 행동에 대한 대책으로 '주변에 민폐가 되므로 주의해 주세요.'라고 그 사람의 도덕심에 호소해도 바람직한 성과는 그다지 기대할 수 없다. 그런 것을 대책이라고 부르는 사람 쪽이 오히려 죄일 것이다.

외부성 대책의 예

행동을 바꾸려면 인센티브를 주어야 한다. 방약무인한 행동은 뼈저리게 느껴서 알 수 있도록 벌칙으로 대처해야 한다. 따라서 경제학 교과서에서는 본인에게 뼈저리게 느껴 알 수 있도록 하기 위해 강제적으로 대가를 지불시키는 것이 외부성 문제에 대한 대책의 정석으로 보고 있다. 전문용어로는 이것을 '외부성의 내부화'라고 한다. 이 말은 조금 이상한 표현이지만, 요컨대 내부화란 몸으로써 알게 한다는 뜻이다. 정당한 대가를 지불하도록 하면 된다고 말하면 지극히 당연한 일을 과장되게 표현하는 것 같지만, 여러 현실적인 문제에서 그 당연한 것을 실행하는 일은 매우 힘들다. 앞서 예로 든 것 같은 방약무인한 행위가 좀처럼 사라지지 않는 것도 그런 어려움을 잘 말해주고 있다.

2005년 중의원 총선거에서 민주당은 고속도로 요금 무료화를 선거 공약으로 내놓았지만, 경제학적으로 봤을 때 고속도로는 과연 무료화가 되어야 할까? 분명 무료화가 되면 유통비용이 크게 감소되어 지역 경제 활성화가 기대된다. 즉, 물자를 운반하는 차량이 도로를 사용함에 따라 지역산업에 이익을 가져오므로 이 경우에는 정正의 외부성이 있다. 그 대가는 도로를 사용하는 차량에 직접 지불되지 않는다. 하지만 내부화의 논점에서 보면, 물자를 운반하는 차량은 그 효과를 주는 것에 대한 보수를 받아야 한다. 그러면 무료는커녕 도로를 사용한 사람에게는 도로 사용에 상응하는 답례로 돈을 지불해야 한다는 말이 된다.

그러나 한편으로 도로를 통행하면, 도로를 혼잡하게 만들어 다른 이용자에게 폐를 끼치는 외부효과나, 주변 환경에 악영향을 끼치는 외부효과가 있다는 사실을 잊어서는 안 된다. 이들 부負의 외부효과에 대해서 아무것도 지불하지 않게 되면 방약무인한 행동을 조장하게 된다. 따라서 도로 사용에 대해서는 요금을 부과해야만 한다.

그러므로 논리상으로는 악영향을 보전補塡하기 위한 지불과 활성화를 가져오는 좋은 영향에 대한 보수의 많고 적음을 감안하여 도로 사용료를 결정해야 한다. 그것이 우연히 절묘한 균형을 이루고 있다면 요금은 무료가 되어야겠지만, 그 같은 우연은 좀처럼 일어나지 않을 것이다. 현실적인 문제로써 이런 작업은 매우 곤란하다.

요즘 도시 지역의 기온 상승이나 최근 몇 년 동안 계속되는 이상기후 등, 우리가 체감할 수 있는 기상이변이 자주 발생해 지구 온난화 문제에 대한 관심이 높아지고 있다. 이산화탄소 등과 같은 온실효과 가스의 배출량을 줄이는 일이 문제 해결을 위해서 필요하다는 합의가 이루어지고 있다. 그러나 사람들은 온난화 현상이 현대적 생활 습관을 가진 아주 평범한 사람들의 행동이 가져온 결과라는 사실을 좀처럼 이해하지 못하고 있다. 더군다나 자신이 그 대가를 지불하지 않고 있다는 인식을 갖고 있는 사람은 드물 터이다.

온난화 현상은 외부성의 문제이므로 방약무인한 행동을 한 자를 처벌하는 것이 도리일 것이다. 1997년에 교토에서 개최된 기후변화협약 제3차 당사국 총회COP3에서 채택된, 이른바 교토의정서는 선진국의 온실효과 가스 감축을 의무화했다. 그러나 의무를 다하지 않는 나라에 벌칙을 부가하는 구체적인 방책은 아무것도 없다. 게다가 미국이 탈퇴했기 때문에 최대 온실효과 가스 배출국이 방약무인한 행동을 해도 벌할 수 없는 기이한 사태에 빠져 있다.

남에게 폐를 끼치지 않도록 주의하라고 설득해도 방약무인한 행동은 없어지지 않을 것이다. 어떻게 하면 남에게 끼치는 폐해를 본인의 폐해로 바꿀 수 있을까? 생각해야 봐야 할 문제는 거기에 있다.

칼럼 방약무인을 타박하는 방법도 가지가지

교토대학 세이부 강당 부근에는 바로 옆이 주택지인데도 야외에서 음악소리를 크게 울리는 행사가 열린다. 또한 강의시간 중에도 기타나 나팔소리가 들리고, 응원단원들이 격렬하게 큰북을 쳐 대거나 한다. 그러면 내 연구실까지도 너무 시끄러워서 나는 귀마개를 하고 그 위에 헤드폰까지 끼고 연구를 한다. 이런 행위들이 어째서 형법에서 말하는 상해죄에 해당되지 않는지 나로서는 알 수 없지만, 적어도 이 방약무인한 행위가 계속되는 이유는 아주 분명하게 알고 있다. 소음의 근원이 되는 사람들은 대학교수가 연구를 하든지 말든지 전혀 개의치 않으므로 이 소음은 외부성 문제이다. 따라서 문제를 해결하기 위해서는 외부성의 근원이 되고 있는 사람들에게 벌을 줌으로써 내부화를 꾀할 필요가 있지만, 교토대학은 그렇게 하고 있지 않기 때문이다.

사실, 이 일에 관해 교토대학 당국의 의견을 들어 본 결과, 애초부터 내가 소음을 참아야만 하고, 그럴 수 없다면 교토대학을 그만두고 다른 대학으로 가면 된다는 답변을 받았다. 믿기 힘든 일이지만 사실이다. 세상에는 다양한 가치관을 가진 사람들이 있구나, 하고 새삼 느꼈다.

　그렇다고 하더라도 냉정하게 생각해보면, 소음을 참을 수 없는 사람을 벌하고 배제하는 방법을 통해서도 소음 문제는 해결되므로 그런 의미에서 대책은 취해지고 있다고 말해도 좋다. 경제학 책 속에는 없는 방법이므로 나도 오랫동안 깨닫지 못했지만, 방약무인한 행위가 아닌, 외부성의 영향을 받는 사람 쪽을 배제하는 방법을 통해서도 분명 외부성 문제는 해결된다. 지구 온난화 문제도 세계 인구가 극단적으로 감소한다면 자연히 해결될 것이다.

20

國士無雙
국 사 무 쌍

능력과 노력

아주 뛰어난 인물

'국사무쌍國士無雙'이란 한 나라에 둘도 없는, 아주 뛰어난 인물을 가리킨다. "○○씨는 국사무쌍입니다. 절대로 그만두게 해서는 안 됩니다." 등의 표현으로 쓰인다.

'국사무쌍'의 출전은 『사기史記 · 회음후열전淮陰侯列傳』이며, 한漢나라의 승상을 지낸 소하蕭何가 회음 후 한신韓信을 평하면서 한 말이다.

국사무쌍의 유래

유방劉邦은 호색가이자 술꾼이었으며, 말단 관리였다. 그러나 지위가 낮은 것에 비해 이상하게도 인망이 두터웠다. 그가 진나라를 멸하기 위한 반란군에 가담하자, 그를 좇아 모이는 자들도 많아서 유방은 점차 두각을 나타내기 시작한다. 마침내 반란군이 승리하고 그중에서도 가장 큰 공적을 올린 유방이 한漢나라의 왕이 된다. 그후 뛰어난 무예와 용맹으로 잘 알려진 초楚나라의 항우 장군을 물리쳐 천하를 통일하고 한 제국의 초대 황제가 된 것이다.

소하는 유방과 같은 고향 사람으로, 유방이 진나라를 멸하기 위해 군사를 일으킬 때부터 행동을 같이했으며, 한나라를 세운 후에는 국정의 기둥으로서 공헌하였다. 따라서 그에 대한 유방의 신뢰는 두터웠으며, 한이 천하통일을 할 때 소하는 으뜸가는 공신으로 평가되었다.

한신은 회음 지방 사람으로, 체격은 좋았으나 별 도움이 안 될 것 같은 책만 읽을 뿐 땀 흘려 일하는 일이 없었고, 언제나 사람들의 신세만 지고 있던 사람이었다. 어느 날 젊은 무뢰한이 "검을 차고 있어도 너는 겁쟁이다. 검을 잡고 나와 싸울 테냐? 그럴 수 없다면 내 가랑이 밑을 기어가라."라며 시비를 걸자, 한신은 그 젊은이를 지긋이 바라보고 나서 가랑이 밑을 기었다. '한신의 과하지욕袴下之辱(가랑이 밑을 기어가는 치욕)'이란 큰 뜻을 위해 굴욕을 참고 견딘다는 의미이다.

한신의 큰 뜻이란 군 지휘관으로 대성하는 것이었다고 한다. 진나라 타도를 내걸고 초나라 군사들이 지나갈 때, 한신은 무기를 잡고 초군으로 종군하였다. 그런데 초군에서 한신이 공적을 올리는 일은 없었다. 하지만 항우가 초군의 지휘를 잡게 되었을 때, 한신은 궁중 경비의 하급관리로 임명되었다. 이때가 기회라는 듯이 한신은 여러 번 항우에게 책략을 진언했으나 전혀 받아들여지지 않았다.

그래서 한신은 초군을 단념하고 달아나 한군으로 들어갔다. 그렇지만 특별한 공훈을 갖고 투항한 것도 아니었으므로, 한에서도 하급 관리에 임명되었다. 다행히도 한신은 이곳에서 한의 승상이었던 소하와 자주 이야기를 나눌 수 있었다. 소하는 그의 재주에 감탄해 유방에게 중용하도록 천거했지만, 별다른 실적이 없는 한신을 유방은 받아들이려 하지 않았다.

한신은 항우와 마찬가지로 유방 역시 자신을 중용하지 않을 것이라고 여기게 되었다. 그래서 불만을 품은 수십 명의 장군들이 한군에서 도망칠 때 한신도 함께 도망을 갔다. 장군들이 도망갔다는 말을 듣고도 태연했던 소하였으나, 한신도 함께 도망갔다는 말을 듣고 서둘러 그 뒤를 직접 쫓아 1~2일이 지나 한신을 데리고 돌아왔다. 유방은 아무런 말도 없이 모습을 감춘 소하에게 화가 나 그 이유를 캐물었다. 그러자 소하는 다음과 같이 대답했다.

"분명 그저 그런 장군이 도망쳤다면 그를 대신할 자를 얻는 일은 어렵지 않습니다. 하지만 한신은 국사무쌍입니다. 왕께서 항우와 싸워 천하를 통일할 결의가 있으시다면, 한신 이외에 항우에게 이길 장군은 없다는 사실을 아셔야 합니다."

이 정도로 강력한 소하의 추천에 유방은 마음을 움직여 그때까지 무명이었던 한신을 장군을 통솔하는 대장으로 전격 발탁하였다. 이 같은 파격인사에 군 내부에서는 놀라지 않은 자가 없었지만, 소하의 판단은 정확했다. 그후 한군을 이끈 한신은 수많은 공적을 세워 한이 천하통일을 이루는 데 크게 공헌하였다.

경제학에서의 능력과 노력

노사관계를 고찰하는 표준적 경제이론에서는 선천적인 능력과, 자신의 재량으로 결정하는 노력이라는 두 가지 요소로 노동자를 고찰한다.

노동자를 자동차에 비유한다면, 능력은 엔진과 차체의 크기에 대응한다. 능력은 선천적 소양과 오랜 교육경험에서 배양되는 것이므로 단기간에 어떻게 할 수 없는 것이다. 또한, 차체의 크기는 외관을 보면 금방 알 수 있지만, 내부에 들어가 있는 엔진의 크기는 외관만 봐서는 알 수가 없다.

한편, 노력이란 얼마간의 비용을 들여 조달할 수 있는 수고를 가리킨다. 그러므로 노력은 엔진에 투입하는 휘발유라고 할 수 있다. 엔진과 차체는 어떻게 할 수 없다고 해도 휘발유는 돈을 지불하면 조달할 수 있는 것이다. 보다 일반적으로는 노력에 드는 비용에는 육체의 피로처럼 단순하게 금전으로 환산할 수 없는 것도 포함해 생각한다.

엔진이 크다 해도 투입하는 연료가 없으면 전혀 앞으로 나아가지 않는다. 또한 아무리 휘발유를 넣어도 중요한 엔진이 말을 듣지 않는다면 역시 전진하지 않는다. 엔진과 휘발유, 즉 능력과 노력 두 요소가 서로 맞물려야 비로소 일이 가능하다고 생각하는 것이다. 이렇게 생각한다면, 사람을 고용해서 사업을 한다는 것은 얼마나 적절한 능력의 인재를 모으는가 하는 부분과, 어떻게 해서 적당한 양의 노력을 하도록 만드는가 하는 두 가지 부분으로 나누어 생각할 수 있다.

우선 후자의 문제를 생각해보자. 노력은 공짜가 아니므로 이를 자발적으로 실천하기 위해서는 지혜를 짜낼 필요가 있다. 예를 들어 연료에 드는 비용을 부담해주면, 인색하게 굴지 않고 휘발유를 넣을 것이다. 그러나 이는 연료탱크 안을 들여다보며 얼마만큼 연료가 투입되었는지 직접 확인할 수 없으면 생각대로 잘 되지 않는다. 나쁘게 말하면, 비용이 부담된다는 사실을 역이용해 돈만 챙기고, 중요한 연료를 어딘가로 유용해 버릴지도 모른다.

즉, 얼마만큼 노력했는지를 알 수 없을 때 노력에 상응하는 답례만 지불하겠다는 소박한 규율을 만들어도 기대한 대로 기능하지 않는다. 왜냐하면, 사람이란 상대가 모른다는 점을 역이용해 대단한 성과를 내지 못해도 자신은 이렇게 노력했으므로 그것만이라도 보상해 달라고 말을 꺼내는 법이기 때문이다. 노력의 양을 알지 못할 때 발생하는 이런 종류의 문제를 **대리인 문제**agency problem 라고 부른다.

따라서 단순히 노력을 하는 비용을 부담해서는 일이 순조롭게 이루어지지 않는다. 그러므로 연료를 얼마만큼 투입했느냐가 아니라 겉으로 보아 확실하게 알 수 있는 기준으로, 예를 들어 얼마만큼 차가 달렸느냐로 보수를 지불하겠다는 것이 **성과주의**의 기본적인 사고방식이다.

이렇게 말하면, 성과주의란 사람을 천성적인 게으름뱅이에다 악의에 가득 찬 도둑처럼 간주하는 사고방식인 듯 오해할지도 모르지만, 그렇지 않다. 오히려 문제는 노력에 관한 이런 종류의 문제가 발생할 때 꼭 본인에게 악의가 있다고는 말할 수 없다는 점이다. 본인은 아주 성실하게 노력하고 빈틈없이 업무를 수행하고 있지만, 그것이 빗나가 결과나 업적으로 이어지지 않는 경우도 이 문제의 한 예이다.

컴퓨터 소프트웨어에는 매뉴얼과 도움말이 내장되어 있어 사용상 의문이 생기면 즉시 답변해 주도록 설치되어 있다. 다양하고 장황한 설명이 나열되어 있지만, 열심히 읽어도 내가 가진 의문점은 결국 해소되지 않는 경우가 종종 있다. 심한 경우에는 적혀 있는 설명 속의 용어가 무슨 뜻인지 몰라 한층 더 혼란스러워진다. 하지만 매뉴얼과 도움말을 만든 사람들은 이만저만이 아닌 수고를 들였을 것이 틀림없다.

옷 입는 센스가 없는 남성이 돈과 노력을 투자해 옷을 갖춰 입었다 해도 바람직한 결과를 얻지 못할 수 있다. 갖춰 입은 모습을 보면, 재킷에서 액세서리까지 분명 돈깨나 들였다는 사실은 알겠는데, 잡지 『GQ』의 표지를 장식할 것 같은 세련된 남자들과는 어딘지 다르다. 이런 사람에게 멋쟁이가 될 수 있도록, 이쪽에서 돈은 얼마든지 부담할 테니 좀 더 노력하라고 말한다면 대체 어떤 일이 일어날까? 그 복장에 한술 더 떠 오사카 도톤보리〔道頓堀〕에 서 있는 '구이다오레 인형'처럼 광대옷에 가깝게 될 것이다.

공무원에게 성과주의를 도입하자는 주장이 활발하게 제기되고 있다. 그 주장 자체는 사리에 맞지만, 도입해야 하는 이유는 공무원이 게으름뱅이나 도둑 집단이기 때문이 아니다. 오히려 정직하고 성실한 공무원들이 수없이 많고 그들은 밤낮으로 노력하고 있다. 문제는 그 노력의 방향이 비용절감이나 고객만족과 직결되지 않고 공회전한다는 점이다.

이 '성과'를 아주 극단적으로 해석할 경우, 성과주의에 대한 큰 오해가 생긴다. 눈앞의 이익으로 직결되는 것만을 성과라고 간주하고, 이익을 내지 못한 것은 성과가 아니라는 사소한 이익주의로 되돌리는 경우가 생기는 것이다. 성과주의의 본질은 눈에 보이지는 않지만 효과가 있는 노력을 얼마나 이끌어 내는가에 있다는 사실을 잊어서는 안 된다. 역설적이지만, 성과주의에서는 성과 그 자체가 문제가 아니다. 어떤 행동을 끌어내는가가 문제인 것이다.

능력과 적성

그런데 능력은 어떨까? 능력 역시 금방 직접적으로 발견하기는 어렵다.

한신을 만난 소하는 한신과 여러 번 대화를 나누는 동안 그가 제안하는 책략에서 다른 장군들의 머리로는 생각지도 못할 비범함을 발견했음이 틀림없다. 한신에게는 지휘 경험이 없었으므로 실제로 지휘총괄 능력이 얼마나 되는지는 직접적으로 측정할 수 없었지만, 그의 말과 행동을 통해 간접적으로 헤아릴 수 있었던 것이다.

경제학에서는 관측할 수 있는 말과 행동을 통해 감추어진 능력을 발견하는 것을 **스크리닝**screening(선발)이라고 한다.

본 적도 없는 학생의 능력을 알 수 없어도, 입학시험 성적을 보면 이를 추측할 수 있다. 성능 및 상태 점검기록부가 없는 낡은 중고차라도 시험 삼아 조금 운전해 보면, 앞으로 얼마나 달릴 수 있는 차인지 예측할 수 있다. 주식 투자를 하는 사람이 해당 기업의 능력을 전부 파악하고 있는 것은 아니다. 일반 투자가는 기업의 결산보고 등과 같은 아주 제한된 자료를 통해 그 기업이 투자하기에 충분한 능력을 갖추고 있는지 아닌지를 알아내려고 한다. 이 모두는 스크리닝의 예이다.

남들이 자신을 좋아하는 이유가 돈 때문이 아닌지 의심하는 부자가 일부러 파산한 척해서 사람들의 속마음을 알아보려고 하는 일은 드라마나 소설에서 재미있게 시도된다. 이 역시 스크리닝의 예라고 말해도

좋을 것이다.

어떤 사람을 대상으로 해서 특정 능력이 있는지 없는지를 알아보는 경우, 그 능력이 있다면 통과할 수 있는 장애물을 준비하는 것이 스크리닝의 상투적인 수법이다. 자격시험처럼 일정 기준을 넘으면 합격으로 판정해 자격증을 주는 것이 전형적인 예라고 할 수 있다. 또한 그 능력에 잘하고 못하고의 서열이 있다면 합격·불합격 판정뿐만 아니라 기준을 어디까지 넘었는지에 따라 상중하 등의 성적을 통해 상대적으로 판별하는 방법을 취할 수 있다.

그러나 인간의 능력은 다종다양하다. 어떤 특정한 능력이 없어도 그 사람에게는 다른 능력이 있을지 모른다. 게다가 앞의 '타산지석他山之

舌'에서 말했듯이, 적재적소의 원칙이 중요한 역할을 하고 있는 이상 다양한 능력을 발견하는 일에는 큰 의의가 있다. 하지만 안타깝게도, 지금까지 든 예처럼 1차원적 스크리닝 방법으로는 그 같은 다양성을 가려낼 수 없다.

다양한 능력과 취향을 선별하기 위해서는 차별화 방법이 효과적이다. 기능이나 성질에 차이가 있는 제품을 판매하는 것을 **제품차별화**라고 하는데, 이 역시 스크리닝의 예라고 할 수 있다. 예를 들어 휴대전화를 보면 기본 기능은 동일해도 색이나 디자인이 조금씩 다른 모델들이 수없이 판매되고 있다. 고객의 취향을 반영함으로써 판매 촉진을 꾀하고 있는 것이다. 자동차나 가전제품 등을 봐도, 이 같은 예들을 많이 찾아볼 수 있다.

그렇다고 해도 사람이 가진 다양한 잠재 능력을 판별할 수 있게 스크리닝을 성공시키는 일은 일반적으로 어려운 일이다. 면접시험은 표면적으로는 다양한 능력을 알아내기 위한 방법이지만, 기대대로 스크리닝이 이루어졌는지를 객관적으로 판단하기란 어렵다. 대학입시의 면접시험도 결국은 입학 후에 받은 시험 성적으로 면접시험의 성과를 판단할 수밖에 없지 않은가?

여기에 차별화 사고방식을 응용한다면, 한 가지 시험에서 다양한 판단을 시도하는 것보다는, 1차원적이지만 차별화된 시험 몇 가지를 준비하는 편이 결국은 효과적인 스크리닝 방법이 될 것이다. 한 가지 안건에서 대응을 잘하고 못한다는 점만으로 상사의 능력을 판단해서는 안 되며, 한 부서에서 일을 잘하고 못하고를 기준으로 삼으면 부하의 잠재 능력을 발견하지 못할 가능성이 있을 것이다. 결국 능력을 스크리닝하려면 수고와 시간이라는 비용이 든다는 것이다.

한편, 보다 거시적 시점에서 본다면, 자신의 취향과 능력에 맞는 직업을 선택함으로써 경제 전체에 자연스러운 스크리닝이 이루어지고 있다는 사실을 알 수 있다. 즉, 자유로운 경제활동 속에서 다종다양한 직업이 생겨나는 환경이 확보되어 있다면, 사람의 잠재 능력을 발견하고 적재적소에 선발 배치한다는 바람직한 스크리닝 기능이 사회 전반에서 자연히 발휘되는 법이다.

사회 전체에서의 능력 스크리닝은 적재적소를 실현하기 위해서 중요할 뿐 아니라, 개개의 현장에서 능력 스크리닝의 비용을 절약할 수 있다는 관점에서도 중요하다.

입시 기회를 다양화시키라는 구호 아래 일본의 각 대학들은 입시시험의 종류와 횟수를 늘려왔다. 그러나 입시 시험을 실시하려면 막대한 비용이 소요된다. 스크리닝의 효율성에서 본다면, 한 대학이 몇 번이나 입시 시험을 실시하지 않아도 많은 대학들이 독립적으로 차별화된 시험을 한 번만 실시한다면 그것으로 충분하다.

▶▶▶

유방의 입장에서 국사무쌍을 얻은 것은 행운이었다. 그리고 국사무쌍을 발견한 소하를 부하로 둔 것은 더 큰 행운이었다.

칼럼 국사무쌍의 추억

'국사무쌍'이라는 말을 듣고 마작을 떠올리는 사람은 아마도 마흔이 넘은 남성일 가능성이 크다. 마작의 국사무쌍이라는 역(役, 점수를 내기 위해 약속된 패의 조합 또는 상태—옮긴이)은 시산야오츄〔十三幺九〕라는 역의 별칭이다. 시산야오츄는 야오추패(牌)라고 부르는 13종류의 패를 한 개씩 전부 모으면 완성되므로 그 모양을 외우는 것은 쉽지만, 실제 게임 중에 이를 완성하기란 매우 힘들다. 따라서 마작의 역 중에서도 최고 점수를 받을 수 있는 역만役滿이라는 역 중 하나가 된다. 또한, 완성된 모양이 특이하므로 이 역으로 게임을 끝내면 기분이 매우 상쾌하다. 그런 이유로 둘도 없이 훌륭한 역이라는 의미로 '국사무쌍'이라는 별칭이 붙여진 것 같다.

적어도 내 세대나 나보다 하나 윗세대까지, 마작은 커뮤니케이션의 수단으로 일본 사회에서 아주 중요한 위치를 차지했다고 생각한다.

블록 쌓기를 하는 어린애처럼 마작패를 쌓았다고 생각하니 패를 흩트려 무심히 휘저어 뒤섞는 모습이 마작을 하지 않는 사람의 눈에는 매우 신기하게 비쳐졌을 것이 틀림없다. 그러나 상대의 행동이나 생각도 염두에 두면서 자신의 타패(打牌, 패 버리기)를 결정하는 작업은 그것 자체가 지적인 의견교환의 수단이라고 말할 수 있을 것이다. 그렇게까지 깊이 생각하지 않는다고 해도 게임 전후나 게임 도중에 나누는 잡담만으로도 즐거운 법이다. 논리를 따져 토의만 할 줄 알 뿐 자연과 우연에 거스르지 않고 몸을 맡기는 정신이 없다면, 마작이라는 게임을 자기 마음대로 휘어잡을 수 없고, 휘어잡는다 해도 재미를 느낄 수 없다. 따라서 마작을 즐기는 사람들은 노장老莊 사상을 체득하고 있는 것이 아닐까 하고 나는 늘 생각하지만, 연구가 부족한 탓인지 지금까지도 이를 자세하게 밝히는 경지까지는 이르지 못했다.

대학생들이 마작에 열을 올렸던 시대는 먼 과거가 되었고, 마작인구도 틀림없이 저출산 시대로 들어가고 있다. 대학가에 있었던, 학생을 상대로 하는 마작장도 대부분 사라지고 말았다. 요전 날 신주쿠 부근의 큰 마작장에서도 나보다 나이가 적은 연령층의 고객은 극소수에 불과하였다. 이렇게 말하는 나 역시 마작패를 쥐는 일이 없어졌지만, 대학시절에는 상당한 시간을 마작에 쏟아 붓곤 했었다.

도쿄 추오선中央線 구니타치〔國立〕역에서 남쪽으로 뻗은 다이가쿠〔大學〕거리의 왼편에 위치했던 마작장에는, 아마 일주일에 한 번은 얼굴을 내밀었던 것으로 기억된다. 낡은 단층 건물로, 입구를 들어서면 왼편에 당구대가 몇 개 놓여 있었다. 그리고 오른편이 마작장이었는데, 담뱃진에 찌들어 갈색으로 빛나는 마작 테이블이 전부해서 수십 개나 있었을까? 당구를 치기도 했지만 워낙 서툴러서 같이 마작을 할 사람들이 모일 때까지만 하는 심심풀이였다. 마작장의 주인 아주머니는 강의시간에도 빠지고 마작장에만 틀어박혀 있는 한심한 학생들에게 별다른 말을 하지 않았다.

그런데 어느 날 "어라, 역시 졸업도 못하고 유급한 모양이네. 항상 마작장에만 틀어박혀 있으니까 그렇지. 올해는 제대로 강의에 들어가 학위를 따야지."라는 말을 들었다. 안 보는 척하면서 학생 얼굴을 확실히 기억하고 걱정해주셨던 모양이다. 이처럼 학생들을 상대로 하는 마작장에는 뜨겁지도 차갑지도 않은 은근한 애정이 있었다.

4학년이었던 학생이 그 다음해 나타나면 유급했다고 여기는 것이 당연하므로 마작장 주인 아주머니의 판단은 매우 합리적이었지만, 사실 나는 막 대학원에 진학했었기 때문에 적잖이 대답할 말이 궁했었다. 마작에 들인 시간을 공부에 쏟아 부었다면 지금쯤 훨씬 훌륭한 교수가 되었을까?

愚公移山
우 공 이 산

왜 꾸준한 노력을 할 수 없는 걸까?

꾸준히 쌓아온 작은 노력으로 큰일을 이룰 수 있다

중화인민공화국 건국의 아버지인 마오쩌둥〔毛澤東〕은 1945년에 공산당 전국대표대회에서 '우공이산愚公移山'이라는 연설을 했다. '우공이산'이란 꾸준히 노력하면 어떤 어려운 일이라도 성공할 수 있다는 의미다. 마오쩌둥은 전 국민이 단결해 꾸준히 노력한다면 건국이라는 어려운 사업을 반드시 이룩할 수 있다고 설득했다. '우공이산' 하면 마오쩌둥을 떠올리는 사람들이 많다. 그만큼 사람들의 마음을 움직인 명연설이었기 때문이리라.

'우공이산'의 출전은 『열씨列氏 · 탕문편湯問篇』이다.

우공이산의 유래

옛날, 마을과 마을 사이를 가로막아 왕래하는 데 큰 불편을 주는 높은 산이 둘 있었다. 산은 너무 높아서 무거운 짐을 지고 넘기에 여간 힘들지 않았다. 그래서 마을 사람들은 산기슭을 멀리 돌아서 두 마을 사이를 왕래하고 있었다.

마을 사람 중 우공愚公이라는 사람은 산을 골라 평평하게 만들면, 마을 간의 왕래가 아주 편해지고, 사람들의 생활에도 큰 이익을 가져다 줄 것이라고 생각했다. 당시 그의 나이는 거의 아흔 살에 가까웠지만, 목표를 위해 홀로 묵묵히 산을 고르는 작업을 시작했다.

마을 사람들은 늙은 우공의 터무니없는 계획을 비웃었지만, 우공은 거꾸로 그들을 어리석게 여기고 이렇게 말했다.

"내가 산을 고르다가 죽어도 자식이 있으니, 그 자식은 손자를 낳고 그 손자가 또 자식을 낳는다. 이렇게 이 작업을 계속할 사람은 끝이 없다. 하지만 산은 지금보다 더 높아지지는 않을 터이니 언젠가는 평평해지지 않겠는가?"

이 말을 들은 마을 사람들은 그만 말문이 막히고 말았다.

만물을 지배하는 옥황상제는 우공의 정성에 감동하여 높은 산을 옮겨주도록 두 명의 신에게 명령을 내렸다고 한다.

왜 꾸준한 노력을 할 수 없는 걸까?

작은 노력을 거듭하면 먼 장래에 큰 성과가 있다는 사실을 머릿속으로는 이해했다고 하더라도 즉각적인 결과를 바라지 않고 꾸준히 노력하는 것은 쉬운 일이 아니다. 왜 꾸준한 노력이 힘든 걸까? 이를 경제

학의 관점에서 탐색해 보자.

우선 예를 통해 살펴보자. '학문에는 왕도가 없다.'라는 속담은 기하학을 공부하려고 했으나 막상 공부를 시작하자 너무 어려워 죽는 소리를 내던 이집트 왕의 고사에서 유래한다. 이집트 왕이 기하학을 공부하는 좀 더 손쉬운 방법은 없느냐고 묻자, 기하학의 아버지 유클리드Euclid는 "왕이라고 해도 꾸준히 하나하나 공부하는 수밖에 없습니다." 라고 의연한 태도로 대답했다. 유클리드의 대답은 이치에 맞는 정론正論이기에 반론할 것도 없지만, 이집트 왕의 기분 또한 이해 못하는 바는 아니다. 금방 결과가 나오지 않더라도 꾸준히 노력해야만 한다니 너무 괴로운 일이다.

이런 경우도 있다. 세 사람이 함께 열심히 연구를 하고 있었다. 밤이 되자 한 사람이 맥주라도 한잔 마시러 가지 않겠냐고 청했더니, 다른 한 사람이 "아니요, 전 맥주를 삼가고 있습니다."라고 대답한다. 이유를 묻자 건강검진을 받았더니 요산치(혈중 요산의 양)가 너무 높게 나왔다고 한다. 이에 호응하듯 또 한 사람 역시 "저도 요산과 고혈압 때문에 못 마십니다."라고 대답한다. 그러자 처음에 맥주를 마시러 가자고 말했던 사람이 "그렇습니까? 사실 저도 혈당치가 위험 수위라서 맥주를 그다지 즐기지는 않습니다."라고 대답하니, 이 세 사람은 마치 치열한 전투를 함께 겪은 오랜 전우를 만난 듯이 의기투합한다. 그리고 선술집으로 가서 어떻게 하면 술을 끊지 않고 요산치를 낮출 수 있을지를 각자 갖고 있는 온갖 지식을 총동원해 이야기한다. 시시하기 짝이 없는 이야기들이 많지만, 선술집 구석에서 마흔 살 먹은 남자 세 명이 머리를 맞대고 무언가 진지한 표정으로 이야기를 나누고 있을 때에는 대개 이런 종류의 이야기를 하고 있다고 봐도 무방하다.

머리로는 생활습관병이 무섭다는 사실을 알고 있어도 일상생활 속에서 이른바 생활습관병 대책을 실행하는 것은 어려운 일이다. 그 이유는 의사의 조언을 꾸준히 지켜도 그 성과가 금방 눈에 보이지 않는다는 점에 있다. 요산치든 혈당치든 일년에 한 번 측정하는 것만으로는 생활습관을 개선하고 있는 자신의 노력이 얼마나 도움이 되는지 알 수 없다. 그런 이유로 완전 금연과 채식주의 등 지속 불가능한 목표를 세웠다가 결국 포기해 버리거나, 생활습관을 무리하게 바꿈으로써 도리어 스트레스가 쌓여 결국은 인생의 즐거움을 필요 이상으로 제한해 버리는 경우가 많다.

이집트 왕이든 마흔 살 먹은 세 남자든 머릿속으로는 싫은 것도 참고 노력해야 한다는 사실을 알고 있었을 것이다. 그렇지만 역시 인간은 나약한 존재이므로 이를 실행하는 일이 어렵고, 따라서 고민은 끝이 없는 것이다.

성과가 보이느냐 아니냐가 요점

앞의 예들에서 무엇을 깨달을 수 있을까? 꾸준한 노력이 가능한 것은 일종의 재능이며, 대부분의 사람들의 의지는 나약해서 그런 일은 불가능하다고 결론 내리는 것은 너무 단정적이라 할 수 있다. 사실 큰 목표에 좌절해 버리는 사람이라도 매일 조금씩 결과가 나타나는 노력은 훨씬 쉽지 않을까?

나는 입원 검사에서 '경도 비만'이라는 판정을 받은 후 100그램 단위로 측정할 수 있는 디지털 체중계를 구입해 매일 체중을 재고 있다. 지금도 내 체중은 최종목표에 훨씬 못 미치지만, 과식으로 체중이 올라가면 즉시 알 수 있기에 운동량과 식사량에 꽤나 신경을 쓰게 되었다. 이집트 왕 역시 매일 조금씩이라고 해도 기하학을 알게 되었다는 느낌을 받았다면, 유클리드에게 우는 소리는 하지 않았을지도 모른다. 요산치와 혈당치를 가정에서 매일 손쉽게 측정할 수 있게 된다면, 생활습관병은 줄어들고 세 남자들도 좀 더 재미있는 이야기를 하지 않았을까?

즉, 꾸준한 노력 그 자체가 어려운 것은 아니다. 오히려 성과를 바로 확인할 수 없다는 데 문제의 본질이 있다. 따라서 꾸준한 노력을 하고 싶다면 노력과 성과의 관계를 고려해야 한다.

사례 한 가지를 들어 보겠다. '100칸 계산(0~9까지의 숫자 10개를 무작위로 가로 세로에 배치해 100개 칸을 만든 뒤 각각 교차하는 곳에 지정된 계산방법으로 답을 기입하는 계산 트레이닝 – 옮긴이)'이라고 부르는 계산 문제를, 시간을 재서 반복적으로 학습시키는 '가게야마[陰山] 방법'은 초등학교 저학년 학생들의 기초 실력을 키우는 데 효과적이라고 한다. 반복해서 계산하는 작업 자체는 이집트 왕이 아니라도 지겨울 테지만, 표준화된 방법으로 계산의 정답률이라는 결과를 보여줌으로써, 그때까지 좀처럼 보이지 않았던 노력과 결과의 관련성이 드러난다는 점에서 대단히 중요하다. 오늘날과 같은 컴퓨터 시대에 빠른 계산 속도를 경쟁한다고 해도 별 쓸모가 없을 듯 보이지만, 정답에 이르는 계산 시간을 측정해줌으로써 이 방면에서도 노력과 성과의 관계를 보여주는 일이 중요한 것이다.

계산 능력이 강화된다고 해도 이는 실력과는 별개라는 견해도 있을 수 있다. 실제로 지금도 나는 구구단에는 자신이 없어서, 계산 능력이 그 사람의 논리적 사고력과 직결된다는 사실을 억지로라도 믿고 싶지 않다. 그러나 한편으로 계산 능력 그 자체가 중요하지 않아도 다른 방면에서 실력이 신장된다는 설에는 찬성할 수 있다. 일단 노력과 성과의 관련성을 체감한다면, 계산 이외의 방면에서도 그와 같은 관련성을 찾아내기 쉬워진다고 예상할 수 있기 때문이다.

흔히 '집중력'이라고 부르는 일종의 재능은, 자신의 작은 노력에 대한 작은 성과라는 미세한 관련성을 확실하게 찾아낼 수 있는 기술을 익히고 있다는 사실을 뜻하는 것은 아닐까?

큰일을 이루기 위한 목표 설정 방법

남을 행동하게끔 만들려면 행동을 촉구하는 자극, 즉 인센티브가 필요하다. 노력하도록 만드는 일 역시 마찬가지다. 가망 없는 어려운 일을 목표로 앞으로 나아가라고만 해서는, 성공했을 때의 이익이 아무리 크다고 해도 머지않아 노력할 의욕이 시들어버리는 법이다. 반대로 금방 달성할 수 있는 목표는 하기 쉽고, 원대한 목표가 저 먼 곳에 있다고 해도 목표로 이어지는 바람직한 결과가 계속해서 나타난다면, 그것이 다음 노력을 촉구하는 인센티브가 되는 선순환을 불러온다.

이런 사정을 감안한다면, 자신이 노력한 행동의 성과가 아무리 작다고 해도 그 성과를 체감할 수 있는 형태로 나타나는 구조를 만드는 것이 인센티브를 효과적으로 부여하는 전략이라 할 수 있다.*

가게야마 방법에서는 일일이 '100칸 계산'을 하고 결과를 측정함으로써 성취감을 줄 수 있다는 점이 중요하다. 생활습관병의 예방에도 성취감을 주는 검사법·치료법이 효과적일 테지만, 내 눈에는 아무래도 의료기관이 이런 일에 무심한 듯 보인다.

사실 이처럼 달성목표를 세분화하여 작은 행동이 작은 성과를 낳는 구조를 만들고, 그 구조를 활용해 행동을 위한 의욕을 불러일으키는 전략은 경제의 다양한 방면에서 활용되고 있다.

지금은 전국으로 확산된 '1,000원 숍'이 성공한 이유 중 하나는, 상품을 작게 나누어 단가를 1,000원에 맞춤으로써 자신의 손으로 상품 하나하나를 쇼핑 바구니에 넣을 때의 만족을 강조한 점에 있을 것이다. 1,000원 숍에서 10가지 상품을 구입한 사람이 똑같은 물건을 한

---

* 졸저 『전략두뇌』(선마크, 2003)에서는 '성취감'에 대응하는 영어 aspiration을 따서 이 같은 전략을 '아스피레이션 전략'이라고 이름 붙였다. 멋진 이름이라고 생각했지만 전혀 유행하지 않았다.

꾸러미에 넣어 1만 원에 판매하고 있는 점포에 갔다면, 과연 그 꾸러미를 살까? 일부러 손님에게 세세한 선택을 하도록 하는 데 의미가 있다는 사실을 알 수 있을 것이다.

1996년 닌텐도 게임보이 '포켓몬스터'가 발매된 이래, '포케몬'(포켓몬스터의 약칭 – 옮긴이)의 폭발적인 인기는 일본은 물론이고 전 세계를 석권했다고 말해도 좋으리라. 각 나라의 사전에 포케몬이라는 용어가 등장할 날이 머지않았다고 생각한다. 그러나 나는 부끄럽게도 오랫동안 '포케몬'이 무엇인지 모르고 있었고, 이를 처음으로 텔레비전에서 본 것은 1999년 무렵으로, 그것도 이탈리아에서였다. 아침에 어린이 프로그램으로 하고 있는 것을 우연히 본 것이다.

포케몬들은 이탈리아에서 이탈리아어를 유창하게 말한다. 포케몬은 이탈리아에서도 큰 인기를 누렸고, 아이들은 포케몬 카드 수집에 열을 올리고 있었다. 포케몬들은 카드라고 해도 대충 세어 100종류 이상 되므로 이를 전부 모으려면 상당한 돈을 쏟아 붓지 않으면 안 된다. 게다가 한 장씩 손에 넣을 때마다 아이들은 성취감을 맛보므로, 이 성취감이 계속 수집하게끔 만드는 인센티브가 되어 일단 모으기 시작하면 멈출 수가 없다. 즉, 주인공을 만들 뿐 아니라 조금씩 성질이 다른 조역들을 많이 만들고, 더군다나 이들을 카드로 제작해 수집하게끔 하는 것이 거듭된 작은 노력으로 구매력을 더욱 환기하는 시스템이 되고 있는 것이다. 그런데 모든 포케몬 카드를 한꺼번에 묶어 판매해 버리면 이런 효과를 기대할 수 없다.

각종 컴퓨터 게임이 한 단계 한 단계를 성공적으로 해결해 나가는 구조를 취하고 있는 것도 이 테크닉을 응용한 것이다. 오로지 수십 시간을 투자해 도전을 계속하지 않으면 끝나지 않는 게임 형식으로는 상당한 마니아밖에는 게임을 하지 못할 것이다. 적당히 하면 적당히 단계가 올라가는 시스템이라면, 조금씩 앞으로 나아가는 것이 더 큰 성취감을 낳기 때문에 게임에 몹시 서툴러도 그만둘 수 없게 된다. 이런 효과에 따라 자동적으로 다양한 고객층에게 만족감을 줄 수 있게 되고, 그것이 매출을 올리는 데 기여하고 있다.

복권에는 고액의 1등 상금뿐 아니라 소액의 상금도 있다. 2005년 연말 점보복권의 1등 상금은 20억 원이었지만, 가장 적은 상금액은 6등의 3,000원이었다. 1등은 좀처럼 당첨되지 않지만, 6등은 10장에 1장 비율로 당첨되므로 자주 당첨된다고 말해도 좋을 것이다. 순수하게 확률과 기대치만을 생각한다면 상금의 등급을 여러 개 만드는 일은 별 의미가 없지만, 사람이란 당첨이 너무 안 되면 계속할 의욕을 잃어버리는 법이다.

이와 대조적인 것이 축구복권이다. 현재 축구복권에는 복권의 6등에 해당하는 것이 없기 때문에 아무리 축구복권을 한다 해도 당첨되는 일은 불가능하다. 실제로 축구복권은 2001년에 대대적인 광고와 더불어 도입되긴 했으나, 해마다 구매자 수가 감소해 운영경비를 충당하지 못하고 적자가 계속 누적되고 있다. 도박은 도박판 주인이 초과수익을 얻는다는 사실이 오랜 학문적 상식이며, 그런 이유로 도박을 법률로 금지하고 있지만, 일본의 축구복권은 여기에 학술적으로 귀중한 예외 사례를 제공했다고 말할 수 있으리라.

다양한 곳에서 '포인트제'가 도입되고 있다. 예를 들어 구매 금액에 따라 포인트가 누적되고 이 포인트가 많이 쌓이면 돈으로 바꾸거나 상품과 바꾸어 주는 시스템이다. 여기서도 구매 금액이 적더라도 포인트가 착실하게 조금씩 쌓여간다는 사실을 고객에게 계속 각인시켜 주는 것이 아주 중요하다. 구매할 때마다 받는 영수증 따위에 지금까지의 누적 포인트와 이번에 얻은 포인트가 자동으로 인쇄되는 시스템을 마련해 놓은 곳이 많은 것도 그 때문이다.

합리적인 목표 설정이 필수

물론 작은 노력과 그에 상응하는 작은 성과가 나타나는 것만으로는 충분하지 않다. 사람은 성과가 누적된 결과, 큰 목표를 달성할 수 있다는 사실을 납득한 후 움직이기 시작하는 법이다. 아무리 노력해도 달성하기 어려운 목표를 강제로 만들었다면, 그 목표는 오히려 학대라고 불러야 하는 것이고 시간이 지나면 의욕은 금방 꺾이게 된다. 매일 꾸준히 사용하지 않으면 효과가 없는 건강도구나 미용식품 광고에 놀라울 정도로 차이가 나는 '사용 전'과 '사용 후' 사진이 언제나 따라붙는 데에는 이런 이유가 있는 것이다.

항공사의 마일리지 프로그램에 가입한 사람들이 많을 것이다. 마일리지 프로그램은 탑승 거리에 따라 포인트가 쌓이고, 이 포인트로 무료항공권이나 그 밖의 특전과 교환할 수 있는 제도이다. 비행기 탑승뿐 아니라 신용카드와 제휴해 쇼핑을 하면 포인트가 쌓이는 시스템도 있다.

원래 마일리지 프로그램이란 출장 등으로 비행기를 이용하는 기회가 많은 우량 고객들을 자사 비행기로 유치하려는 목적으로 개발된 것이다. 무료 국제항공권을 받게 되면 아주 큰 특전이지만, 초기 마일리지 프로그램에서는 아주 빈번하게 비행기를 이용하는 사람이 아니면 좀처럼 마일리지 프로그램의 혜택을 받을 수 없었다.

그런데 각 항공사들이 마일리지 제도를 도입했기 때문에 여기에도 경쟁이 붙어 비행기를 타지 않아도 일상에서 쇼핑 등과 같은 다양한 방법들을 통해 포인트를 적립할 수 있도록 되었다. 결과적으로 비행기를 이용할 기회가 없는 사람이라도 큰 목표를 달성할 수 있는 것이 현실화된 것이다. 그 결과, 자주 비행기를 이용하지 않는 일반인들도 마일리지 프로그램에 참가하게 되었다.

마일리지 프로그램도 자신의 노력에 따라 착실하게 결과가 나오는 시스템이므로 이에 열을 올리는 사람들이 많다. 물건을 구입할 때는 반드시 제휴 신용카드를 사용하는 것은 물론이고, 개중에는 비수기에 저렴한 항공권으로 장거리 루트를 여행해 효율적으로 포인트를 적립하는 열혈인도 있다고 한다.

저렴한 장거리 루트에는 다 이유가 있다. 경유를 위해 장시간의 비행을 강요당하고 불편한 환승을 하지 않을 수 없으므로, 출발지에서 목적지까지 이동한다는 관점에서는 결코 바람직하다고는 볼 수 없다. 마일리지 포인트를 적립하는 데 열을 올리는 사람들에게는 같은 값에 비행거리가 늘어나는 것은 오히려 좋은 기회인 것이다. 포인트를 쌓기 위해서 장시간의 비행을 감행하는 행위를 '수행'이라고 부르기도 한다. 수행에 정진하는 사람들이 늘어나면 비싼 운임이라도 비행기를 이용하는 우량고객을 유치한다는 목적에서 점점 멀어지므로, 항공사 입장에서 수행자의 증가는 결코 좋은 현상이 아닐지도 모른다.

▶▶▶

꾸준히 하는 것은 힘이 된다. 그러나 꾸준히 하기 위해서는 눈에 보이는 작은 목표를 세우는 지혜가 필요하다. 꿈은 크게, 목표는 세분해서.

22

助長
조　장

왜 쓸데없는 짓을 할까?

그만두면 좋을 텐데

'조장助長'에는 힘을 빌려주어 만사를 성장·발전시킨다는 긍정적인 의미와 힘을 보탠 결과 나쁜 성질과 경향이 강화된다는 부정적인 의미가 있다. 현대 구어에서는 '조장'을 부정적인 의미로 사용하는 예가 훨씬 많다.

예를 들어 '인터넷은 범죄를 조장한다.'든가 '어설픈 연금 개혁은 불안을 조장한다.' 등과 같은 표현을 생각하면, 조장이라는 말은 범죄나 불안과 같은 나쁜 경향을 강화한다는 부정적인 의미로 사용되고 있다. 신문이나 뉴스를 살펴보면, '조장'이라는 말이 자주 쓰이기는 하지만 대부분의 경우 부정적인 의미로 쓰이고 있다고 말해도 좋으리라.

‘조장’의 출전은 『맹자孟子 · 공손축편(상)公孫丑篇(上)』이다. 원전에서는 결과를 내는 데 안달이 난 나머지 쓸데없는 짓을 해서 도리어 일을 그르친다는 의미로 사용되고 있다.

조장의 유래

사람의 본성은 선하며, 인덕으로써 정치를 행하는 것을 이상으로 삼는 성선설을 주창한 맹자는 어떤 일에도 움직이지 않는 안정된 부동심을 ‘호연지기浩然之氣’라 부르고, 사람은 호연지기를 기르고 습득하는 것을 목표로 삼아야 한다고 말했다. 그리고 제자 공손축公孫丑에게 호연지기를 익히려면 끊임없는 노력이 필요하지만, 노력의 효과가 금방 드러날 것을 기대해서는 안 된다고 설파했다.

또한 맹자는 효과가 금방 드러나지 않을뿐더러 호연지기를 빨리 습득하려고 안달이 난 나머지 쓸데없는 짓을 하면, 아무것도 안 하느니만 못한 결과를 초래한다는 사실을 다음과 같은 비유를 통해 설명했다.

*

어떤 사람이 밭에 작물 모종을 심었다. 그리고 하루빨리 수확할 수 있게 되기를 기대하며 매일 밭으로 나갔다. 그런데 매일 살펴보아도 모는 도무지 크게 자랄 기미가 보이지 않았다. 보면 볼수록 모의 늦은 성장이 너무 마음에 걸린 그는 가만히 있을 수가 없었다. 그래서 모의 성장을 돕기 위해 모종을 살짝 잡아당기기로 하였다. 즉, 모를 ‘조장’하기로 한 것이다.

그렇게 하기로 마음먹은 다음날 아침, 일찍부터 밭으로 나간 그는 하루 온종일 밭을 돌아다니며 모 하나하나를 잡아당겼다. 밭 전체에 심어져 있는 모를 허리를 구부려 일일이 잡아당기는 작업은 아주 고되고 힘겨웠지만, 그래도 수확에 대한 기대감에 차 이 중노동을 해냈다. 그는 작업을 끝내고 집으로 돌아가서는 하루 종일 모를 잡아당기는 작업을 했다고 만족스럽게 아들에게 이야기하였다. 이 말을 듣고 놀란 아들이 밭으로 나가 보니 모는 전부 시들어 죽어 있었다.

왜 쓸데없는 짓을 할까?

하지 않으면 안 되는 노력을 꾸준히 하는 것도 어려운데, 그만두면 좋을 일을 자신도 모르게 쓸데없는 노력을 계속하면서 하는 경우가 종종 있다. 사람이란 가만히 꾹 참고 있는 것보다 뭐든지 일을 벌이는 편을 선호하는 법이다.

이런 일이 일어나는 배경에는 경제학적 이유가 있다. '결과'가 나오기 힘든 일에는 좀처럼 손이 가지 않기에 자연히 노력하는 양이 준다는 것이 앞에서 말한 '우공이산'의 논리였다. 그런데 그 반대도 성립한다. 즉, 결과가 즉시 나올 것이라고 생각해 나도 모르게 쓸데없는 노력을 하는 것, 그것이 바로 '조장'이다.

그 전형적인 예가 허세를 부리는 행위다. 몇 가지 예를 살펴보자.

스포츠 클럽에 있는 수영장에서 헤엄을 치고 있는데, 옆에서 초등학생 정도로 보이는 여자 아이가 거침없이 헤엄쳐 간다. 내가 질쏘냐 하고 온몸의 근육을 총동원해 필사적으로 헤엄친다. 겨우 추월해 먼저 들어왔지만, 여자 아이는, 수영장 벽에 딱 달라붙어 거친 숨을 몰아쉬고 있는 어른을 힐끗 보면서 턴을 하고는 순식간에 멀어져 간다. 다시

한 번 추월할 기력도 없고, 그렇다고 천천히 헤엄쳐 조금 전과는 반대로 순식간에 차이가 벌어지면 도리어 창피해지므로, 이제 와서 자신의 페이스로 돌아갈 수도 없는 노릇이다. 결국 오늘은 이 정도로 헤엄쳤으면 됐다고, 마치 변명하듯 혼자말로 중얼거리고는 쓸데없는 짓을 했다고 반성하면서 수영장에서 나오는 수밖에 없다.

일본 가옥의 기와 지붕을 자세히 살펴보면, 지붕에서 가장 높은 부분에 기와가 몇 겹이나 쌓여 있는데, 이 부분을 '용마루 기와'라고 부른다.

일본어에는 '서로 용마루 기와의 높이를 겨루다.'라는 관용구가 있는데, 이는 많은 집들이 빽빽이 들어서 있다는 의미다. 크고 작은 집들이 밀집해 있는 모습을 마치 집들이 용마루 기와의 높이를 겨루는 듯하다고 표현한 것이다. 그런데 지역에 따라서는 실제로 용마루 기와를 남보다 높게 쌓아올리기 위해 경쟁을 벌였다고 한다. 용마루 기와가 높을수록 부자라는 표시이고, 반대로 이 부분에 기와가 없으면 가난하다는 뜻이 된다. 지붕의 성능 면에서 생각한다면, 처음에 쌓은 기왓장의 장수야 어찌됐든 간에 그 뒤 몇 장의 기와를 더 쌓아올린다고 해도 큰 변화는 없을 것이다. 오히려 지붕의 무게가 무거워지면 그만큼 기둥도 더 튼튼해야 하므로, 필요 이상으로 높게 쌓아올리는 일은 쓸데없는 짓이고 더구나 해롭기까지 하다.

이처럼 쓸데없는 노력을 하는 원인은 사람이 선천적으로 갖고 있는 경쟁심과 허영심에도 있을 것이다. 그러나 이들 예를 좀 더 자세히 들여다보면, 노력하는 행위의 결과가 눈에 보이게 금방 나타난다는 점에서 원인을 찾을 수 있다. 수영장에서 거친 숨을 몰아쉬는 사람도, 만일 초등학생 정도의 여자 아이가 멀리 떨어진 곳에서 헤엄치고 있었다면,

'추월당한다'는 결과에 신경 쓰는 일 없이 자신의 페이스대로 헤엄칠 수 있었을 것이다. 기와의 높이를 겨루는 일도 그 부분을 밖에서 보면 다른 집과 금방 비교되기 때문이다. 사람들은 눈에 보이지 않는 지붕 밑을 얼마나 깨끗이 닦았는가 하는 것으로는 경쟁하지 않는다.

이런 사정을 감안해서 쓸데없는 노력을 하는 이유를 경제학적으로 생각해 보면, 다음과 같다.

자신의 노력이 얼마간의 결과를 낳고 그 결과에 따라 자신이 만족할 수 있다고 한다면, 이는 노력에 대해 최종적으로 만족이라는 보수가 지불되는 시스템이 작동되고 있다는 말이다. 이를 뒤집어 말하면, 결과에 수반된 보수를 얻을 수 있기 때문에 결과를 내려고 노력한다는 말이 된다. 비록 허세 경쟁이라 하더라도 경쟁에서 이긴다, 또는 질 수 없다는 결과가 나온다면 자신이 만족할 수 있으므로 노력해서 허세를 부리는 것이다. 결과에 대해서 보수가 지불되도록 하여 사람의 노력을 촉구하는 것은 소위 성과보수의 개념이지만, 앞에서 말한 것처럼 일상생활의 사소한 예에서도 사람은 자연스레 성과보수 시스템에 의해 인센티브가 부여돼야 움직인다고 해석할 수 있다. 그러므로 필요 이상으로 강한 인센티브를 부여하면 본래 할 필요가 없는 일도 하게 된다. 이것이야말로 쓸데없는 짓이다.

사람은 결과를 쉽게 낼 일을 선택한다

결과를 내면 보수를 얻을 수 있다는 점을 전제로 했을 때, 사람들이 결과를 쉽게 낼 수 있는 행동을 선택할 것이라는 사실은 금방 알 수 있다. 그러므로 사람은 결과가 나올 때까지 시간이 걸리는 노력보다는 결과가 금방 겉으로 드러나는 행동을 선택하고 싶어 하는 법이다. 즉, 자연의 흐름에 맡기는 선택을 하지 않고 그를 조장해 손을 대는 일을 선택하는 까닭은, 성과보수 시스템에서는 눈에 보이는 결과를 빨리 내는 편이 유리하다는 점 때문이다. 따라서 쓸데없이 손을 대서 얻은 결과가 반드시 바람직하리라고 단정 지을 수는 없다. 이것이 조장의 경제학적 의의다.

인터넷의 보급과 저렴한 거래 수수료로 주식 매매를 중개하는 인터넷 증권회사의 경쟁으로 주식 투자는 한층 더 친숙해졌다고 말할 수 있다. 서점에서도 '초짜라도 금방 돈 버는 주식 투자'와 같은 제목의 책들을 많이 볼 수 있게 되었다. 그런데 하루 동안 주식 매매를 반복해 단기 시세차익을 노리는, 소위 '데이 트레이딩day trading'은 사람들의 흥미를 끌기 쉽지만, 경제 논리를 반영한 장기간의 투자계획은 사람들에게 받아들여지기 어려운 듯하다. 사람은 결과를 금방 알 수 있는 것에 강하게 끌린다.

이제 '재테크'라는 말은 사어死語가 되는 걸까? 거품경제 시기에는 재테크라는 명목 아래 각 기업들이 본업과 직접 관련이 없는 주식이나 자산매매에 손을 댔고 이것이 투기를 더욱 부추겼다. 각 기업의 재무 담당자는 재테크 붐에 뒤처지지 않으려고 필사적으로 자금을 조달해 부동산을 사들였는데, 이런 현상 역시 조장의 논리로 이해할 수 있다. 왜냐하면 재테크로 자금을 자주 운용하면 매매라는 결과가 남는다. 한편, 주위에 있는 재무 담당자들이 결과를 내고 있는 가운데 자신만 자제해 아무것도 하지 않으면, 마치 결과를 못 내는 무능한 재무 담당자처럼 비춰질 것이다. 바꿔 말하면, 재무 담당자가 결과를 내기 쉬운 행동을 선택한 것이 재테크 붐을 부추겼다는 말이다.

고이즈미 준이치로小泉純一郎 전 일본 총리는 구조개혁을 단행해 일본을 변화시키겠다는 '성역 없는 구조개혁'의 기치를 내걸고 국민들의 큰 지지를 받았다. 그런데 구조개혁의 기치를 내건 이는 고이즈미 전 총리가 처음은 아니었다. 하시모토 류타로橋本龍太郎는 고이즈미 구조개혁의 '저항세력'으로도 보도되었지만, 그는 총리 시절에 '6대 개혁'을 목표로 내세우고, 행정·재정 구조개혁을 핵심으로 한 전 분야에서 개혁을 단행한다는 기치를 내걸었다. 실제로 관료의 무거운 엉덩이를 들게 해 중앙부서 재편성의 청사진을 만든 이는 하시모토 전 총리였다고 말할 수 있다. 또한 총리 취임을 마친 당시 하시모토 총리는 당내에 확고한 지지기반을 가지지 못하고, 오히려 여론조사에 나타난 높은 지지율과 국민적 인기가 그의 지지기반이 되었다.

냉정하게 역사를 되돌아보면, 고이즈미 전 총리와 하시모토 전 총리의 구조개혁 외에도 다나카 가쿠에이田中角榮 전 총리의 '일본열도 개조론', 나카소네 야스히로中曾根康弘 전 총리의 '전후 정치 총결산' 등 역대 총리들은 일이 있을 때마다 무언가 대개혁을 단행할 것을 약속하였고, 시비야 어찌됐든 얼마간의 결과를 내려고 노력해왔다는 사실을 알 수 있을 것이다. 개혁 단행의 기치를 내걸지 않은 총리가 오히려 드물었던 것이다.

결과의 자립

총리·사장·부장·학장 등 명칭은 다르지만 정상에 선 이들의 목표는 항상 대개혁이다. 그 이유는 현장에 입각해 조금씩 개선해 가는 행위에서는 그 행위와 직결된 결과가 눈에 잘 안 띄기 때문이다. 그러니 그들이 눈부신 결과를 내는 대개혁을 선택하는 것은 논리적 필연이라고 말할 수 있을 것이다. 물론 그것이 바람직한지 어떤지는 별개의 문제다.

대학 구조개혁도 붐을 이루고 있다. '대학 개혁'을 키워드로 삼아 인터넷 검색을 해보면, 실로 많은 대학에서 개혁이 단행되고 있음을 알 수 있을 것이다. 대학개혁을 최대 목표로 내세우지 않는 학장·총장은 아마 드물 것이다. 새로운 형태의 대학원으로 법과대학원(로스쿨), 경영대학원(비즈니스 스쿨), 행정대학원이라는 3종 세트는 종합대학의 입장에서는 개혁의 상징으로서 필수 아이템이라고 할 수 있다. 현재 이들 3개 대학원이 설립되어 있지 않은 대학이라 해도 가까운 장래에 설립할 것을 목표로 삼고 있을 것이다.

어느 대학에서나 모두 판에 박은 듯 거기서 거기인 개혁 따위는 하지 않아도 좋을 텐데 하는 것은 초심자의 생각이다. 개혁에 뒤처짐으로써 '결과'를 낼 수 없는 대학이라고 판단되면, 관계 각 방면에서 개혁을 할 수 없는 구태의연한 대학으로 간주하여 보조금 삭감을 비롯해 조만간 여러 불이익들이 발생할 것으로 예상된다. 사회적으로 큰 벌이 기다리고 있는 것이다. 대학원 3종 세트만이 아니라 희한한 이름이 붙은 새로운 학과나 연구과의 창설이 각 대학에서 이루어지고 있는 것도 마찬가지로 해석할 수 있을 것이다.

결과를 내지 않으면 심한 불이익이 있다는 것은 대학 관계자의 단순한 믿음일지도 모른다. 그러나 여기서 중요한 것은 관계 각 방면이 실제로 불이익을 주려고 하느냐 마느냐가 아니라 당사자의 믿음이다.

2005년 4월 25일, 일본 아마가사키시 효고현 JR의 후쿠치야마(福知山) 선에서 쾌속열차가 고속으로 달리던 중 커브를 돌다가 탈선해 노선 옆에 있는 맨션과 충돌한 사고는 결국 107명의 사망자를 내고 일본 철도 역사상 길이 남을 대형 참사로 기록되었다. 사고 원인에 대해서는 초기에 다양한 설들이 보도되었지만, 최종적으로는 사고로 사망한 기관사가 과속으로 열차를 몰다가 커브 길에서 속도를 줄이지 못한 것이 가장 큰 원인으로 밝혀졌다. 사고를 내기 바로 전 역에서 플랫폼의 정지 위치를 지나쳐 정지한 탓에 다시 후진하여 정차하느라 시간이 많이 지연되었기에 징계 받을 것이 두려운 나머지 지연된 시간을 메우려는 기관사의 조급함이 대참사를 초래한 원인이 되었다는 것이다.

그런데 왜 기관사는 안달하며 무리를 하고 만 걸까? 기관사는 아마 징계가 자신의 기관사로서의 생명과 관계가 있다고 굳게 믿고 어떻게든 늦지 않게 정시 운행하는 결과를 내려고 안달했다고 볼 수 있는 것이다. 그의 믿음이 사실을 반영하고 있는지 여부는 알 수가 없다. 그러나 여기에서의 요점은 믿음이 행동에 크게 영향을 미친다는 사실이다.

▶▶▶

결과가 나오지 않으면 불안해지는 법이다. 그러므로 어떤 상황에서도 사람은 결과를 구하게 마련이다. 그것이 쓸데없는 짓이든 아니든.

23

敗軍之將 不語兵
패 군 지 장 불 어 병

결과론은 왜 안 될까?

패자의 의견은 의미가 없다

'패군지장 불어병敗軍之將 不語兵'이란 전투에 패한 지휘관은 병법을 논할 자격이 없다는 의미다. 이것이 변하여 실패한 사람은 그 이유에 대해 의견을 말할 자격이 없다는 의미로 쓰인다.

여기에서의 '병兵'은 '병법' 또는 '전투'를 가리키는 것으로 개개의 병사들을 의미하지는 않는다. 부하의 실패를 감싸줄 생각으로 "패군지장 불어병이라 했으니 제가 책임을 지겠습니다."와 같이 말하면 초점이 크게 빗나가 버리니 주의해야 한다.

'패군지장 불어병'의 출전은 『사기史記 · 회음후열전淮陰侯列傳』이다.

패군지장 불어병의 유래

한漢나라의 장군 한신韓信은 '배수진' 작전을 이용해 조趙나라의 대군을 물리쳤다. 패한 조나라의 장군 이좌거李左車는 한군에 잡혀 한신 앞으로 끌려왔다. 그런데 한신은 이좌거의 포승줄을 풀어주고 포로가 아니라 귀한 손님으로 극진히 예우하였다. 이는 이좌거가 한군을 선제공격해야 한다고 주장했다는 사실을 한신이 이미 알고 있었고, 만일 그의 말대로 선제공격을 받았다면 한군은 패했을 것이라고 생각했기 때문이다.

이좌거의 군사적 능력과 윗사람을 두려워하지 않고 자신의 의견을 피력하는 태도를 높이 산 한신은 이좌거에게 한군이 이웃 나라인 연燕과 제齊를 정복하려면 앞으로 어떻게 해야 좋을지 의견을 구했다.

그러나 이좌거는 다음과 같이 대답했다.

"예부터 패군지장 불어병이라 하고, 나라를 잃은 사람은 나라의 장래를 이야기할 자격이 없다고 합니다. 저는 포로의 신세가 되었으니 한 장군과 중요한 문제를 논의할 입장이 못됩니다."

결과론

'결과론'이라는 말이 있다. '그때 아까워하지 말고 주식을 다 팔았다면'이라든가 '속은 셈치고 권해준 대로 두 번째로 인기 있는 저 말에 걸었더라면' 하는 식의 논의이다. 일본어 사전 『고지엔廣辭苑』에서 결과론을 찾아보면, '원인이나 경과를 무시하고 오직 결과만을 가지고 하는 논의'라고 설명되어 있다.

'그때 투수를 교체했다면 위기를 모면할 수 있었을 것이 틀림없다.'

든가 '저 선수를 선발로 기용했더라면 첫 번째 득점은 틀림없이 막았을 것이다.' 등 이런 종류의 스포츠 해설을 생각한다면, 결과에 이른 원인이나 경과를 어느 정도 고려하고 있는 듯하다. 하지만 만일 과거로 거슬러 올라가 선수를 바꾸었다고 해도 주장하는 것과 같은 결과가 나온다는 보장은 어디에도 없다. 그러므로 이들 해설에는 나쁜 결과가 된 원인은, 틀림없이 경과가 좋지 않았을 것이라는 정도의 의미밖에 없다. 이들 해설도 결과론의 한 형식이라고 말해도 좋으리라.

회사 신년회는 아무래도 딱딱하지만, 그렇다고 이대로 집에 돌아가는 것도 허전하다. 청하는 대로 무리를 따라 2차를 가면 점차 신바람이 나기 시작한다. 즐겁게 잔을 부딪치는 사이에 취해버리고, 그렇게 되면 제어가 안 돼 결국 단골 술집을 전전하며 새벽까지 술을 마시게 된다. 당연히 다음날은 일도 뭐도 안 되므로 계속 후회하게 된다.

그런데 어떻게 된 까닭인지 이런 인물에 한해서는 좀처럼 넌더리를 내는 법이 없다. 고작 후회하는 내용이라고 해봤자 '그때 선배가 2차 가자고 안 했으면 안 갔을 텐데'라든가 '바에서 우연히 그 아가씨랑 안 만났으면 곧장 택시를 타고 돌아갔을 텐데' 등과 같은 정도이다.

내 경험으로 봤을 때, 결과론이 장기인 '패군지장'들은 실패에도 아랑곳없이 정말로 말이 많다. 그러나 이들 의견은 들을 가치도 없으므로 그들의 모습은 매우 꼴사납다. 결과는 결과로써 순순히 받아들이는 것이 떳떳한 태도이다. 패한 장군은 병법을 말하지 않는다는 것은 결과론에 빠지는 것을 경계하는 말이라고 할 수 있을 것이다.

실패에서도 배울 수 있다

그런데 한편으로 실패에서 배워야 발전한다는 생각에도 일리가 있다. 이 세상에는 '실패학'이라는 것도 있고, '실패학회'라는 학회까지 있다. 원래부터 이 학문은 멋지게 실패하는 방법을 연구하는 것이 아니라, 실패의 내용을 체계적으로 분석하고 실패에서 배우는 방법을 생각하자는 학문이다. '실패학'의 본질이 무엇인지 잘 모르는 사람이라도 실패로부터 배우는 것이 중요하다는 의견에는 찬성할 것이다. 이처럼 실패 원인을 연구해야 발전이 있다는 입장에서 보면, 패군지장에게는 오히려 말을 많이 시키는 편이 좋다는 말이 된다.

그렇다면 패군지장이 말하는 병법에는 거기에서 배워야 할 점도, 들을 가치가 없는 것도 있는 모양이다. 그 차이가 도대체 어디에 있을지 예를 들어 분석해 보자.

바둑 열성팬은 바둑을 둔 뒤에 지금 막 끝난 승부를 되돌아보며 분석하고 검토한다. 어떤 국면까지 되돌아가 실전에서는 사용하지 않았던 다른 수를 썼더라면 도대체 어떻게 되었을지를 검수해 승부가 난 원인을 연구하는 것이다.

이 검수 작업이 어떻게 진행되느냐 하면 대개 승부에 패배한 쪽에서 먼저 입을 연다. 대국 중에 생각해 보기는 했지만 결국은 실행하지 않았던 수를 보여주고 만일 이렇게 했다면 자신이 우세하지 않았겠느냐고 주장하는 것이다. 이 자리에서 패군지장이 아무 말도 하지 않는다면 아무런 재미가 없는 것이다.

그렇다고 해도 상대는 그렇지 않다, 만일 그렇게 두었다면 나는 이렇게 할 생각이었다고 바둑돌을 거침없이 늘어놓으며 그래도 형세를 역전하지는 못했을 것이라고 되받아치는 경우도 있다. 승부에서뿐만 아니라 검수에서도 또다시 진다면 조금 속이 쓰리기는 하겠지만, 그래도 그 같은 반격술이 있음을 배우는 것은 도움이 된다.

표면적으로 보면, 이 검수 작업은 주식을 팔 때나 마권을 선택할 때의 실패를 애석하게 여기는 것과 마찬가지로 이미 끝난 결과를 전제로 한, 무의미한 결과론을 거듭하는 데 지나지 않는 것처럼 보인다. 그러나 바둑의 경우는 끝난 승부를 다시 검수하고 연구 성과를 나중에 활용할 수 있다는 점에서 현실적으로 서로가 보다 강해질 수 있다.

왜 바둑 대국 후의 검수가 도움이 될까? 이유는 여러 가지가 있겠지만, 의미 없는 결과론과 비교해 보면 두 가지 핵심사항이 떠오른다. 그것은 실현하지 않았던 수읽기의 문제와 상황의 재현 가능성이다.

실현하지 않았던 일에도 큰 의미가 숨어 있다

바둑 대국 후의 검수에서는 실현하지 않았던 수읽기에서 배울 수 있는 점이 많다. 실제 대국은 300수 정도로 끝나지만, 두 사람이 가능성을 생각하고 머릿속에 떠올린 착수(着手, 대국 중 바둑돌을 바둑판에 놓음 – 옮긴이)의 수는 300수보다 훨씬 많다. 아무리 서투른 사람이라도 자기 나름의 몇 가지 가능성을 생각해 검토하며, 잘되지 않을 것 같은 수를 버리고 최종적으로 한가지 착수만을 선택한다. 따라서 검수에서 의견 교환을 해 실전에 나타나지 않았던 다양한 가능성을 생각한다면 공부가 되는 것이다.

경제학의 문맥에서도 실현하지 않았던 수읽기를 분석하는 일이 아주 중요하다. 이미 말했듯이, 현재의 경제활동은 미래를 예측한 결과

로써 선택된 것이다. 바꿔 말하면, 잘되지 않을 것이라고 여겨서 버린 경제활동은 데이터에는 나타나지 않는다. 이런 사정을 도외시하고 데이터를 보면 본질을 오인하게 된다.

해외여행지에서 병이 날까 봐 여행자 보험에 든 사람을 생각해 보자. 대부분의 경우는 아무 탈 없이 귀국하므로 보험 신세를 지지 않는다. 이럴 때 보험은 결국 필요 없었으므로 처음에 지불한 보험료를 돌려 달라고 요구하는 사람을 드물게 볼 수 있는데, 이 요구는 물론 부당한 것이다. 그 이유는 보험에 가입한 시점에서는 여행지에서 병이 날 가능성이 있었고, 그 가능성에 대해 보험료를 지불했기 때문이다. 또한, 결과적으로 괜한 보험료만 지불한 꼴이 된다 해도, 보험에 든 사람이 비합리적 판단을 했다고는 볼 수 없다. 보험에 든 합리적 이유는 여행지에서 병이 난 후의 비참한 모습이라는, 결과적으로 실현되지 않았던 수읽기(선견지명)에 있었기 때문이다.

비슷한 예로, 보험료를 체납한 상태에서 큰 병에 걸렸기에 서둘러 보험료를 지불하고 보험금을 받으려고 하는 행동 역시 부당하며, 이 같은 행위를 허용해서는 안 된다.

만일 시장 참여를 노리는 잠재적 경쟁상대가 있다면, 기업은 가격 인상을 해서 이익을 높이려는 행동을 쉽사리 할 수 없다. 왜냐하면 가격 인상이 성공해 이익이 늘어날 것 같으면, 그 이익을 노리고 그때까지 잠재적이었던 경쟁 상대가 실제로 시장에 뛰어들어 라이벌이 되기 때문이다. 바꿔 말하면, 참여 규제 완화 등으로 잠재적 경쟁 상대가 생기면 그만큼 가격이 인하되는 효과가 있다. 이때 실제로 신규 참여는 일어나지 않을지도 모른다. 그렇다고 해서 참여 규제를 완화하는 의미가 없는 것은 아니다.

상황의 재현 가능성

과거로 되돌아가는 일은 불가능하므로 주식을 팔 때나 선택한 마권을 후회해 봤자 실패 그 자체를 돌이킬 수는 없다. 대국 후 검토의 예에서도 과거로 되돌아갈 수 없다는 점에서는 다름이 없지만, 미래에 같은 국면이 몇 번이나 되풀이 될 수 있다는 점은 다르다. 따라서 자신이 저지른 실패의 원인을 연구해 두면 미래에 같은 국면에 직면했을 때 보다 좋은 수단을 선택할 수 있는 가능성이 커진다. 이는 곧 승부에 강해진다는 말이다.

이를 뒤집어 말하면, 상황이 재현되지 않는 경우에는 검토를 해도 별 의미가 없다는 뜻이 된다. 과학 실험에서는 실험의 재현 가능성을 매우 중시하여, 재현할 수 없는 실험은 무의미한 실험이라고 간주한다. 어떤 특정인에 의한 실험으로 흥미로운 결과가 나왔다고 하더라도 같은 실험을 다른 사람이 할 수 없거나, 실험을 해도 같은 결과가 나오지 않는다면 처음 한 실험 결과는 우연히 얻어진 것이거나 인위적으로 조작된 것일 가능성이 크다. 따라서 재현할 수 없는 실험에 의한 결과는 의미가 없는 결과론으로 배척된다.

분명 주식 거래나 마권 선택도 미래에 같은 국면에 직면하는 일이 있을 것이다. 그때 당시에는 왜 팔 수 없었는지, 또는 왜 사지 못했는지를 검토하고 있었던 사람이라면 보다 현명한 판단을 할 수 있는 가능성이 커졌을 것이다. 애초에 이런 종류의 결과론은 아무 의미가 없으며, 과거의 사건으로부터 아무것도 배울 게 없다고 주장할 생각은 전혀 없다. 애당초 결과론에서 전혀 배울 게 없다면, 과거 데이터를 분석해 미래에 도움을 주려고 하는 많은 경제학자들은 폐업을 하지 않을 수 없게 될 것이다.

여기에서 중요한 점은 경제 환경에서 같은 국면이 나타날 빈도는 바둑과 같은 게임에 비하면 훨씬 적다는 사실이다. 경제학의 대상이 되는 것은 과학 실험과는 달리, 같은 실험을 반복하는 일이 불가능하므로 자칫하면 스포츠에서의 논평과 별 차이가 없는 결과론에 빠지기 쉽다. 따라서 경제학에서는 무의미한 결과론에 빠지는 일을 피하기 위해서 '같은 국면'을 논리적으로 만들 궁리를 하고 있는 것이다.

계량경제학에서는 경제 전체를 거대한 실험실로 생각하고, 관측된 자료를 마치 설비가 나쁜 실험실에서 서투른 사람이 모호한 실험을 한 결과로 간주한다. 과학의 세계라면 의심스러운 데이터에서 얻어진 결론 따위는 의미가 없다고 무시해 버리겠지만, 경제학에서는 그렇게 해 버리면 할 일이 없어진다.

경제이론이 존재하는 의미

그래서 그 의심스러움을 보정하기 위해 머리를 짜낸 것이 남에게 자랑하고 싶은 솜씨가 된다. 의심스러움을 보정하기 위해서 필요하게 된 것이 경제이론이다. 활용할 수 있는 경제 데이터는 이론을 검증하려고 반복 실험을 통해서 얻어낸 결과이지만, 실험 방법이 서툴렀다고 해석하고 서투른 부분을 계속 보정하면서 데이터를 지켜보는 것이다. 배후에 이론이 없으면 표준으로 삼아야 할 기준이 없으므로, 의심스러운 실험 데이터의 어느 부분을 어떻게 보정해야 할지 모르게 된다. 즉, 이론이 있어야 비로소 데이터의 의미가 생기게 되는 것이다.

비유적 이야기를 들어 이 같은 사정을 설명하겠다. 골프라는 스포츠는 정지해 있는 골프공을 자신의 사정에 맞춰 쳐서 날리는 자기중심적인 놀이다. 자신의 사정에 맞춰도 무방하므로 똑바로 공을 날리면 좋을 텐데, 공을 똑바로 치지 못하는 사람들이 아주 많다. 모르는 사람이 보면, 굳이 곡선을 그리며 치는 것이 작전이 아닐까 하고 생각할지도 모른다. 만약을 위해 보충 설명을 하자면, 사실 본인 역시 좋아서 곡선을 그리며 치는 것이 아니며, 할 수만 있다면 정중앙을 일직선으로 통과하는 공을 치고 싶다고 바라고 있다.

그런데 재미있는 것은 아무리 서투른 골퍼라 해도 곡선을 그리는 방향은 대개 같다는 점이다. 즉, 공이 오른쪽으로 휘는 경향이 있는 사람은 몇 번을 친다 해도 공이 오른쪽으로 곡선을 그리며 날아간다. 이처럼 타구가 휘어져 날아가는 이유는 아마도 공을 스윙할 때의 자세에 이상한 버릇이 들어서일 테지만, 일단 몸에 밴 버릇은 몇 번을 쳐도 아주 확실하게 재현된다. 따라서 골프를 계속하고 있으면 어느 시점에서는 득도를 해 똑바르게 일직선을 그리며 치는 것을 포기하고 처음부터 자신의 버릇이 있는 방향으로 곡선을 그릴 것을 예측해 치게 된다.

예를 들어, 오른쪽으로 크게 휘는 경향이 있는 사람은 휜다는 사실을 계산에 넣고 왼쪽을 노리고 치게 된다. 그러면 신기하게도 때때로 공이 기분 좋을 정도로 똑바로 날아가 왼편 숲 속으로 일직선을 그리며 빨려 들어가게 된다. 그럴 경우에는 매우 분하지만 어쩔 수가 없다.

어떤 사람의 골프 기술을 판정해 조언을 할 필요가 있다고 가정해 보자. 문제점을 파악하기 위해서는 노린 방향이나 바람이 부는 방향 등 다양한 관련 데이터가 있는 것이 이상적이다. 이런 이상적인 데이터가 갖추어져 있다면, 이 사람이 오른쪽으로 휘어지게 치는 골퍼라는 사실을 금방 알 수 있을 것이다.

그러나 유감스럽지만, 공이 땅에 떨어져 멈춘 위치만을 데이터로 얻을 수 있다고 치자. 이때 어떤 이론적 무장도 없이 공의 위치 데이터를 단순하게 분석하면, 이 사람은 때때로 왼쪽으로 공을 휘게 치는 경향이 있다고 판단하게 될지도 모른다. 이 판단을 근거로 이 사람에게 왼쪽으로 공이 휘어지지 않도록 치기 위해 자세를 교정했다면 도대체 어떻게 될까?

여기서 공이 오른쪽으로 휘는 골퍼는 왼쪽을 노릴 것이라는 이론이 있다면, 사정은 크게 달라진다. 왼쪽으로 휘어진 것처럼 보였던 데이터는 오히려 의도하지 않고 똑바로 날아간 것은 아닐까 하는 가능성을 고려해 분석되는 것이다. 적어도 이 데이터를 보고 이 사람에게 오른쪽으로 볼이 날아가도록 지도하는 일에는 신중을 기하게 될 것이 틀림없다.

그런데 실험실에서 문자 그대로 인위적으로 재현 가능한 국면을 만들려고 하는 것이 **실험경제학**이라는 연구 분야이다. 원래 물리나 화학 실험처럼 실험 환경을 제어할 수 없으므로 인위적으로 만든다고 해도 한계가 있는 실험이지만, 그 한계를 이해한 후에 실험을 한다면 배워야 할 점이 많다.

▶▶▶

경계해야 할 것은 이론이 증명되지 않는 논평이다. 이론이 있다면 누구나 병법을 논해도 좋지 않을까?

칼럼 **천려일실千慮一失**

한신은 의견을 말하려 하지 않는 이좌거를 다음과 같이 설득했다. 이번 패전은 이좌거 장군의 자질이 모자랐기 때문이 아니라 정론을 받아들이지 못했던 대장에게 책임이 있다. 만일 장군의 책략이 받아들여졌다면, 포로로 잡힌 사람은 오히려 자신이었을 것이다. 그리고 한신은 열심히 의견을 이야기해 달라고 이좌거 장군에게 계속 청했던 것이다.

이좌거로서도 자신의 책략이 받아들여졌다면, 하는 기분이 틀림없이 있었을 것이다. 그는 "현명한 사람에게도 '천려일실千慮一失'이 있으며, 우둔한 자라도 천에 한 번은 명안名案이 떠오르는 법이라고 들었습니다."라는 말을 서두에 두고 겸손한 태도로 자신의 의견을 말하기 시작했다. 원전에서는 패군지장이 병법에 대해 말했던 것이다.

이좌거가 자신의 의견을 말하기 위해 서두로 사용한 '천려일실'이라는 말도 때때로 쓰이는 한자성어인데, 『사기史記 · 회음후열전淮陰侯列傳』에 나오는 이 장면이 출전이다. 문자 그대로의 의미는 아무리 현명한 사람이라도 천 번의 생각 중 단 한가지 잘못된 생각을 한다는 뜻으로, 이것이 바뀌어 현명한 사람이라 해도 생각지도 못한 실수를 범하는 경우가 있다는 의미로 쓰인다.

분명 '천려일실'만으로 쓰이는 한자성어이지만, 가능하다면 '현자에게도 천려일실'이라는 형태로 외웠으면 한다. 업무에서도 잘못을 범했을 경우 "참으로 천려일실이었습니다. 죄송합니다."라고 하면 도저히 사과하는 것으로 들리지 않으며, 웃지 못할 실수가 된다. "정말 천려일실이었네요. 마음에 두지 마십시오."처럼 실수한 남을 배려하는 상황에 써야 하는 것이다.

또한, '천려일득千慮一得'이라는 표현도 가능하다. 이 표현은 나는 어리석은 사람이지만 천 번 생각하면 한 번은 명안이 떠오른다는 식으로 쓴다. 이 책도 고전과 경제학을 함께 곡해하는 이상한 억지 부리기로만 보일지도 모르지만, 천려일득이라고 생각하고 끝까지 읽어주시기를 바란다.

24

四面楚歌

사 면 초 가

정보 조작

고립무원의 상태

'사면초가四面楚歌'란 주위가 온통 적으로 둘러싸여 아군이 없다는 의미로, 고립무원孤立無援의 상태를 비유하고 있다.

예를 들어, 회의에 자신감을 갖고 준비한 기획안을 제안했더니, 이 점은 바람직하지 않고, 이 점은 마음에 들지 않는다는 등 회의 참석자들로부터 비판의 목소리만 들려올 뿐, 누구 한 사람 찬성한다는 의견을 내놓지 않는 상황을 '사면초가'라고 한다. '시장은 자신이 추진해 온 개발계획이 무산된 책임 문제를 둘러싸고, 회의에서 질문 공세를 받고 사면초가의 상황에 놓였다.'와 같은 식으로 사용한다.

'사면초가'란 사방에서 초楚나라의 노랫소리가 들려오는 모습을 표현하고 있다. 그런데 사면초가의 고사에서 사방이 초나라의 노랫소리로 포위되어 고독감을 느낀 이는 초나라 장군이었던 항우였다. 그는 다른 나라의 노래가 아닌 자국의 노래로 사방이 포위되었던 것이다.

'사면초가'의 출전은 『사기史記 · 항우본기項羽本紀』이다.

사면초가의 유래

초나라의 장군 항우는 진秦나라를 칠 때 대군을 지휘했고, 진이 멸망한 후에는 유방이 이끄는 한漢나라와 패권을 다투었다. 전쟁은 오랫동안 이어졌지만, 한나라 장군 한신이 제齊나라를 평정하고, 항우가 의지하고 있던 부하도 항우에게 등을 돌려 바야흐로 시운은 완전히 한나라의 것이 되었다. 한의 대군은 초나라를 공격해 항우는 막다른 곳에 몰리게 되었다. 항우는 해하垓下(안후이성)에 성벽을 구축하고는 성 밖으로 나오지 않았고, 한군은 이 성을 몇 겹이나 에워쌌다.

이제 한군의 승리는 거의 확실시되었다. 그러나 단숨에 성을 공략하기 전에 한군의 지휘관은 책략을 사용했다. 어느 날 밤, 병사들에게 초나라의 노래를 부르도록 시킨 것이다.

초나라의 진지에는 사방을 둘러싼 한군의 진영에서 많은 사람들이 부르는 초나라의 노랫소리가 들려왔다. 그 노랫소리를 들은 항우는 노래 부르는 사람의 수가 너무 많은 데 놀라고 말았다. 그는 "한나라가 이미 초나라를 점령해 초나라 사람들이 한군에 가세하게 되었는가?" 하고 한탄하였다. 그리고 자신은 이미 나라를 잃고 고립되었다며 절망했다.

초나라의 병사들 역시 항우와 마찬가지로 사기가 떨어졌을 것이다.

그 직후 일어난 해하의 싸움에서 초군은 괴멸되고 말았다.

의사결정이론에서 본 약세弱勢의 구조

‘사면초가’를 단순히 사방이 적에게 둘러싸여 고립무원의 상태라고만 해석해서는 흥취가 빠졌다고 말하지 않을 수 없다. 이 이야기의 재미는 이면에 감춰진 정보전情報戰이라는 부분에 있다. 정보를 소도구로 삼아 타인의 인식에 영향을 미친다는, 전략적 기술 쪽에 바로 사면초가의 본질이 있는 것이다.

논의의 출발점으로, 항우처럼 어떤 정보에 대해 사람이 무기력해지는 현상을 고전적인 의사결정의 입장에서 생각해 보자. 사례를 들어 설명한다면 다음과 같을 것이다.

구슬 100개 중 한 개에만 해외여행 상품이 걸려 있는 제비뽑기를 생각해 보자. 지금 이 상태에서 당신 앞에 서 있던 사람이 구슬이 가득 찬 상자의 손잡이를 돌리자 1등 상품이 걸려 있는 구슬이 튀어나왔다. 이때 다른 사람의 행운을 진심 어린 마음으로 기뻐할 수 있을지 어떨지는 당신의 인품에 달려 있겠지만, 한가지 분명한 사실은 제비뽑기를 계속한다 해도 더 이상의 당첨은 없다는 점이다. 해외여행 당첨은 절망적이다. 즉, 당첨자가 나왔다는 정보에서 더 이상 당첨은 없을 것이라는 사실을 추론할 수 있고, 이것이 기운 빠지게 하는 약세弱勢를 낳게 된다.

그렇다면 만일 당첨자가 나오지 않았다면 어떻게 될까? 그러면 남은 99개 중에 당첨이 한 개 있을 테니, 처음 100개 중 한 개일 때의 상황보다는 자신이 당첨될 가능성이 높아졌다는 사실을 알 수 있다. 이 경우에는 당첨이 나오지 않았다는 정보에서 추론해 자신이 당첨자가 될 가능성이 높아졌다고 결론 내릴 수 있어 보다 강한 태도, 즉 강세強勢를 보인다는 것이다.

이 사례는 당첨 수가 하나이므로 아주 단순하지만, 당첨이 몇 개 있는지 그 수를 알 수 없는 보다 복잡한 상황이라도 같은 추론을 할 수 있다는 점에 주의하자. 앞의 사람이 당첨되면, 자신이 당첨될 가능성은 낮아졌다며 약세를 보일 것이다. 그러나 앞의 사람이 당첨되지 못했다면, 자신이 당첨될 가능성이 조금 높아졌다고 강세를 보일 것이다.

즉, 어떤 정보가 사람을 무기력하게 만들거나 강하게 만드는 현상은 자신이 이득을 보는 확률이 작아지거나 커지거나 하는 사실에 대응하고 있다. 전문용어를 사용한다면, 약세, 강세란 승리할 사실과 현상에 주어지는 조건부 확률의 증감增減에 대응한다와 같이 표현할 수 있다. 항우에게 사방에서 들려오는 초나라의 노랫소리는 이미 한군이 제비 뽑기에 당첨되었다고 말하는 것처럼 들렸을 것이다.

인위적으로 만들어지는 정보의 해석

항우가 확률론을 알고 있었는지 모르고 있었는지는 분명치 않지만, 정보와 강세, 약세에 관한 이 대원칙은 어느 쪽이든 옳다. 그러나 제비 뽑기처럼 운을 하늘에 맡길 때와는 달리, 전략적 환경에서 인위적으로 생성된 정보로 추론하려면 좀 더 머리를 써야 한다. 바로 그런 점에 전략적 환경에서 정보가 완수할 역할이 있기 때문이다.

이런 내용을 이해하기 위해서, 태어나서부터 일본 간사이 지역을 벗어나 본 적이 없고, 여행을 즐기지 않는 남성이 사정이 있어 도쿄로 상경한 경우를 생각해 보자.

그런데 이 남자는 밤늦게 도쿄에 도착할 예정이면서 무모하게도 숙소를 예약하지 않았기에 빨리 숙소를 찾을 필요가 있다. 우연히 고속열차에서 옆자리에 앉게 된 여성은 붙임성이 좋은 오사카 사람으로 남자가 ○×호텔이 어디냐고 물으니 ○×호텔에 갈 거라면 차라리 △△호텔이 더 낫다고 추천한다. 역에서 더 가깝고 여러 가지 서비스도 좋아서 편안하니까, 라며 상냥하게 조언해준다. 이런 조언에는 따르는 편이 좋을 것이다.

이 남자가 △△호텔을 찾기 위해 주변을 이리저리 살펴보고 있자, 근처에 있던 상냥해 보이는 여성이 다가와 "△△호텔에 묵을 생각이시라면 어떻습니까? 우리 호텔로 오시지 않겠습니까? 여기서 금방이고, 그밖에 다양한 서비스가 있어 편리하실 겁니다."라며 생글생글 웃으면서 말한다. 이런 조언에는 우선 따르지 않는 편이 무난할 것이다.

두 가지 경우에서 같은 정보에 대해 취해야 할 대응법이 다른 이유는 어디에 있을까? 전자는 신뢰할 수 있는 인물이고, 후자는 신뢰할 수 없는 인물이기 때문이라고 말해서는 재미없다. 문제는 처음 보는 생판 모르는 사람인데도 우리들은 왜 그 같은 판단을 할 수 있을까, 또는 무엇을 판단기준으로 삼고 있을까 하는 점이다.

열쇠가 되는 것은 정보를 제공한 인물과 자신 사이의 이해관계이다. 이해가 일치하는 사람에게서 얻은 정보는 믿어도 좋고, 이해관계가 없는 사람에게서 얻은 정보도 제비뽑기의 예와 마찬가지로 이용해야만 한다. 반대로 이해가 상반될 가능성이 있는 사람에게서 얻은 정보는 액면 그대로 해석해서는 안 된다. 그 이유는 인위적으로 만들어진 정보가 그 사람과 아무런 관계가 없다는 말은 있을 수 없기 때문이다. 이것이 제비뽑기의 예에서 정보가 의도를 포함하지 않고 무작위로 얻어지고 있는 것과 크게 다른 점이다.

예를 들어, 낯선 곳에 차를 타고 목적지를 찾아가고 있을 때, 운전자는 조수석에 앉아 지도를 보고 있는 사람에게서 얻은 정보를 신용하는 편이 좋다. 그 이유는 이 두 사람이 목적지에 빨리 도착하겠다는 이해관계를 공유하고 있으므로, 조수석에 앉은 사람에게는 일부러 운전자에게 잘못된 정보를 제공할 인센티브가 없기 때문이다. 하긴 그런 인센티브가 없어도 실수로 잘못된 정보를 주는 사람도 있으니, 그 경우에는 정보의 정확도를 에누리해서 들어야 한다.

고속열차의 예에서 우연히 옆자리에 앉은 여성에게는 남자를 속여봤자 아무런 이익도 없다. 오히려 자신이 올바르다고 믿고 있는 정보를 제공한다면, 남을 도왔다는 기쁨과 나중에 감사받을 것이라는 기대감에서 생기는 만족이 있을 것이니 그만큼 올바른 정보를 제공하는 인센티브가 있다고 말할 수 있다.

한편, 일부러 다가온 여성의 경우에는 남자를 속여도 아무런 이익도 없냐 하면, 이는 아무래도 확실하지가 않다. 그러므로 "아, 그래요?"라고 그녀가 주는 정보를 그대로 활용해서는 안 된다. 그대로 활용한다 해도, 멋대로 이해가 일치한다고 믿어버리면 정보를 과대 해석할 가능성도 있으므로, 이쪽 역시 주의해야 한다.

매년 1월 말이 되면, 가는 점포마다 공동으로 초콜릿 판매전을 벌이고 있는 모습을 볼 수 있다. 이만큼의 점포들을 잘도 그러모았구나 하고 늘 감탄하지만, 누구에게 어떤 초콜릿을 선물해야 할지 고민하느라 우울해지는 여성도 틀림없이 많을 것이다.

업무 관계에 있는 사람에게 예의상 초콜릿을 주는 경우에도 상대방이 오해해 괜히 우쭐대면 곤란하므로, 어느 정도 전략적 배려가 필요하다. 많은 사람들 앞에서 혹은 다른 사람과 함께 주거나, 사교적 메시지를 적은 카드를 동봉하는 등이 그 같은 배려의 예인데, 이들 배려는 모두 상대와의 이해가 중립이라는 점을 분명하게 하기 위해 짜낸 궁리이다.

▶▶▶

정보가 가진 의미는 정보 제공자가 지닌 인센티브와 깊이 관련되어 있다. 따라서 정보 제공자를 모른다면 그 정보를 활용해서는 안 된다. 남을 시기하고 의심하는 시의심猜疑心을 강하게 가지라고 권하지는 못하겠지만, 자신에게 듣기 좋은 이야기만 들릴 때에는 무언가 이상하다고 생각해야 한다.

칼럼 중국어 방언

홍콩을 방문한 사람이 홍콩에 왔구나 하고 실감할 때는 공항을 빠져나와 홍콩 중심지에 도착했을 때가 아닐까? 구릉지가 많은 홍콩의 평지 면적은 도쿄 23구보다 훨씬 적다. 그 정도 넓이밖에 안 되는 곳에 약 700만 명의 인구가 살고 있는 홍콩은 어딜 가나 사람들이 북적거린다. 더군다나 홍콩 사람들은 큰 목소리로 수다를 떨기 때문에 홍콩 거리를 지나가노라면 마치 수학여행 온 중학생 무리와 같은 열차에 탔을 때와 같은 인상을 받게 된다.

나는 홍콩에서 쓰는 광둥어를 전혀 알아들을 수가 없다. 사방이 온통 광둥어의 장막으로 덮일 때 나 자신이 홍콩에 있는 이방인이구나,

하는 기분을 강하게 느낀다. 도쿄에서 태어나 자란 사람이 오사카에 와서 오사카풍의 템포로 마구 떠들어 대는 소리를 들어도 이와 똑같이 느낄 것이다. 주위가 온통 다른 나라 말로 에워싸이면 사람은 고립감을 느끼는 법이다.

그런데 사면초가의 고사에서는 한나라 군사가 초나라 말로 노래를 불렀지만, 이는 도쿄 태생 사람들이 오사카 사투리로 노래를 부르는 것과는 사정이 조금 다르다.

현대 중국어에는 베이징 등지에서 쓰는 보통화(普通話, 푸퉁화) 이외에 홍콩에서 쓰는 광둥어를 비롯해 각종 방언들이 있다. 이 방언들은 같은 중국어라고 해도 발음이 크게 다르므로 거의 외국어라고 말해도 좋으리라.

사면초가의 일화는 2,000년 이상 된 과거의 이야기이므로 당시 초나라의 언어를 현대 중국어의 방언과 대응시키는 것은 무리겠지만, 텔레비전·라디오가 보급된 현대에서도 이런 상황이니 당시는 다른 방언을 완벽하게 구사할 수 있는 사람이 아주 적었을 것이 틀림없다.

한나라 군사들은 원래 서쪽에서 거병擧兵해 왔으므로 초나라 말을 전혀 모르는 병사가 대다수였을 것이다. 이런 사정을 항우도 당연히 알고 있었기에 초나라 노랫소리가 사방에서 들려왔을 때 더욱 충격을 받았던 것이다.

25

苦肉之策
고 육 지 책

거짓 정보를 활용한다

아군을 속이는 전략

'고육지계苦肉之計', 또는 '고육지책苦肉之策'이란 남을 속이기 위한 책략이라는 의미이다. 현대에 와서는 괴로운 나머지 어쩔 수 없이 하는 작전이라는 의미로 사용하게 되었다. 고육苦肉이라는 말이 괴로운 나머지라는 어감을 가지고 있기 때문이겠지만, 이것은 조금 정확하지 않다. 왜냐하면 이 '고육'의 본래 의미는 적을 속이기 위해 일부러 제 몸을 상하게 한다는 의미이기 때문이다.

'고육지책'은 후한後漢이 멸망한 후에 위魏·촉蜀·오吳 세 나라가 패권을 다투었던 삼국 시대를 소재로 삼아 원元나라 말에서 명明나라 초기에 집필된 소설 『삼국지연의三國志演義』에 등장하는 다음의 일화가 그 유래가 된다. 『삼국지연의三國志演義』는 실제 있었던 사실만을 반영하고 있지는 않지만, 이야기가 아주 재미있고 많은 의미를 함축하고 있다.

고육지책의 유래

중국 삼국 시대, 북방을 제패한 위魏나라의 조조曹操는 208년, 남쪽 오吳나라를 공격하기 위해 장강長江(양쯔강)에 있는 적벽赤壁(후베이성) 땅에 위나라의 수군水軍을 집결시켜 총공격을 할 태세를 갖추고 있었다.

위군의 세력은 막강하였다. 위와 맞서 싸워야 할 오는 군사회의를 열어 이에 대한 대책을 짰다. 이 자리에서 황개黃蓋 장군은 오나라의 군비는 위나라에 비해 확실히 열세이며, 이래서는 싸워 봤자 패배할 뿐이다, 패군한 후에 불리한 조건을 받아들이기보다는 차라리 지금 유리한 조건으로 항복해야 한다고 주장했다.

오군을 통솔하는 책사 주유周瑜는 이 말을 듣고 황 장군이 싸워 보지도 않고 아군의 사기를 꺾는다며 격노하고, 그 자리에서 황개 장군에게 곤장을 치는 벌을 내렸다. 황개는 몸이 빨갛게 부어올라 움직이지도 못하는 지경이 될 때까지 매를 맞았다.

여러 사람들 앞에서 굴욕을 당한 황개는 주유를 원망하며 아픈 몸을 이끌고 위나라로 달아나 주유에 대한 복수를 맹세하였다. 조조는 적국의 장군이 아군이 되었음을 크게 기뻐하며 황개를 환영하였다. 그런데 이 모두는 주유와 황개가 짠 거짓 투항극이었다. 조조의 신뢰를 얻은 황개는 위군 내부에 깊숙이 잠입하는 데 성공했고, 오군은 황개의 안내로 위나라의 배에 몰래 접근해 단숨에 불을 질렀다. 갑작스러운 오군의 불 공격에 우왕좌왕하던 위나라 수군은 전멸하고 말았다.

남을 속이는 전략

지금까지 어떻게 하면 상대가 자신의 확약을 신뢰할 수 있을지에 대한 몇 가지 관점을 소개했다. 이런 관점들은 말하자면 정공법의 확약이다. 한편, 자신은 앞으로 그렇게 할 마음이 전혀 없지만 상대에게는 마치 확약한 것처럼 믿게 만들 수 있다면 이는 물론 전략적으로 중요한 수단이 된다.

고금동서를 막론하고 거짓 결의와 확약을 보여주기 위해 수많은 전략들이 이용되어 왔다. 그 전략들을 정리하고 체계화한 분석 결과를 여기에 소개하고 싶다는 생각이 학자로서의 나를 크게 자극한다. 하지만 그렇게 하면 다방면에서 각종 문제가 발생될 것으로 예상되며, 이는 결코 내가 원하는 바가 아니다. 그런 이유로 여기에서는 요점만 간추려서 분석하기로 한다.

남을 속인다는 것은 자신이 이행할 마음이 없는 확약을 상대에게 믿게 만드는 행위이다. 그러므로 마치 자신에게는 확약한 대로의 행동을 취할 인센티브가 있는 것처럼 상대에게 보이는 것이 중요하다.

보통 속이려고 하는 사람과 그 대상이 되는 사람에게는 이해 대립이 있을 터이며, 그렇지 않다면 처음부터 속여야 할 의미가 없다. 그러나 당사자끼리 명확한 이해 대립의 관계가 있다고 한다면, 이미 '사면초가'에서 말했듯이, 이해 대립의 관계에 있는 사람에게서 나온 신호는 신뢰받지 못하는 법이다. 따라서 이상적으로는 우선 거짓 정보를 상대가 믿도록 하고 마치 둘 사이에 이해 대립이 없는 것처럼 생각하게 만들 수 있다면, 상대로부터 자신에게 유리한 행동을 이끌어 낼 수 있을 것이다. 그러나 그 같은 정보를 직접적으로 보내도 좀처럼 상대의 신뢰를 얻기란 어려운 법이다.

이해 대립이 있는 상대를 정보로 움직이기

직접적인 정보를 보내도 일이 잘되지 않을 때는, 상대가 있을 수 있다고 여기는 정보를 간접적으로 보내면 효과가 있다.

사람이라면 누구나 칭찬을 받으면 기뻐하는 법이지만, 무조건 칭찬한다고 좋은 것은 아닌 듯하다. 예를 들어, 당신은 지금까지 내가 본 사람들 중에서 가장 아름답다, 당신보다 더 아름다운 사람은 은하계에는 없다 등등의 말을 등줄기에 땀을 뻘뻘 흘리면서 눈을 빛내며 진지하게 말한다 해도 의외로 효과는 그리 크지 않은 법이다. 적어도 나는 이 말 한마디가 상대방의 마음을 사로잡는 말이 되었다는 사례 보고를 들은 적이 없다. 이는 말하는 내용이 너무 비현실적이기 때문에 상대의 행동을 끌어낼 수 없는 것이다. 그러나 "○○씨와 닮았다는 말, 듣지 않나요?"라는 표현은 ○○부분에 혹시 그럴지도 모른다고 생각할 듯 싶은 적절한 인기 배우나 가수 등의 이름을 집어넣는다면, 마음 속 깊이 음미하는 심오한 효과를 기대할 수 있다.

이런 관점에서 사면초가의 고사를 다시 한 번 생각해 보자. 항우의 입장에서는 초나라의 노랫소리가 들려왔을 때, 적의 책략을 의심하는 것이 당연한 대응이었을 것이다. 한나라 진영에서 들려오는 초나라 노랫소리를 있는 그대로 해석하는 것은 꼭 훌륭한 전략이라고는 말할 수 없다. 그럼에도 불구하고, 항우에게 사면초가의 책략이 먹힌 것은 이미 열세가 자명한 항우와 그를 따르는 병사들은 초나라 사람들이 자신들로부터 등을 돌리는 일이 충분히 있을 수 있는 일이라고 염려하고 있었기 때문이다. 그 점을 파고들면 사면초가로 마음을 흔들어 놓았다는 사실에 묘미가 있는 것이다.

그러나 상대가 있을 수 있는 일이라고 생각하게끔 만들려면 그 나름의 사전준비가 필요하다. "닮지 않았나요?"라는 전략도 느닷없이 사용해서는 상대의 불신감만 불러일으킬 뿐 효과가 작다. 이는 어느 정도 마음을 터놓은 뒤에 사용해야 하는 전략이다.

일류 사기꾼은 갑작스레 본 주제로 넘어가지 않고, 우선은 자신과 상대방이 이해를 공유하고 있는 한 배를 탄 동지라는 느낌을 주도록 애쓰는 법이다. 고객을 속이려고 마음먹고 있는 프로들은 갑작스레 일 이야기를 끄집어내지 않는다. 왜냐하면, 그런 행동은 상대에게 의심을 살 뿐이기 때문이다. 그 대신 자신이 힘이 될지 어떨지 모르지만 최선을 다해 노력하고 싶으니 어떻게 하면 좋을지 함께 생각해 봅시다와 같이 포석을 깐다. 혹시나 이 사람은 내 말에 공감해 도와줄지도 모른다고 믿게 만드는 것이다.

조조는 탁월한 전술가였다. 의심도 많았던 인물로 첩자를 이용한 정보전의 중요성도 잘 알고 있었다. 그럼에도 불구하고 조조가 속아 넘어간 까닭은 맞아서 부어오른 황개의 신체적 고통이, 앞으로 주유에게 복수하기 위해 위나라에 충성을 다 하겠다는 황개의 말을 신뢰할 수 있도록 만들었기 때문이다. 즉, 일부러 자신의 몸을 상하게 하는 포석을 깔아둠으로써 거짓 투항 작전이 성공을 거둔 것이다.

역사적인 사기 전략

거짓 정보로 많은 사람들을 속인 실제 사례 중, 역사상 가장 유명한

것은 아마 1815년 워털루 전투 때의 로스차일드가Rothschild's의 이야기
일 것이다.*

황제의 신분으로 프랑스군을 이끌며 유럽 제패를 목표로 내세운 나
폴레옹은 전투에 패해 1814년 엘바 섬에 유배되었다. 그러나 나폴레
옹은 엘바 섬을 탈출하여 파리로 돌아와, 불과 2개월 사이에 대군을
모으고 또다시 프랑스의 세력 확장을 위해 출격하였다.

유럽 각국의 입장에서 나폴레옹 군대는 위협적이었으므로 시급한
대책이 필요했다. 영국은 앞으로의 전쟁 비용을 모으기 위해 이율이
높은 국채를 대량으로 발행했는데, 이때 로스차일드가는 영국 국채를
대량으로 사들였다. 영국을 중심으로 한 연합국이 승리하면 국채는 높
은 이율로 상환되어 로스차일드가는 막대한 이익을 얻을 수 있지만,
반대로 연합국이 패배하면, 국채는 그저 휴지조각이 될 가능성도 있었
다. 즉, 로스차일드가는 영국이 승리하고 나폴레옹이 패배한다는 데
내기를 걸었던 것이다.

나폴레옹이 이끄는 군대는 초반에 프로이센군을 물리쳐 기세가 등
등했다. 그리고 현재 벨기에 남부지역인 워털루에 진격해 영국군과 격
돌하였다. 웰링턴 장군이 이끄는 영국군의 전세는 그렇게 좋지만은 않
았다. 따라서 워털루 전투에서 나폴레옹이 승리해 국채 상환이 불가능
한 사태가 발생할 것이라는 시나리오에 금융 시장은 떨었고, 국채가격
은 하락하고 있었다. 그러나 초반 전투에서 패배해 퇴각하던 프로이센
군이 영국군에 합류해 전세는 역전되었다. 영국 · 프로이센 연합군은

____

*『로스차일드가 – 유대계 국제재벌의 흥망』 요코야마 산시로, 고단샤현대신서, 1995년.

워털루에서 나폴레옹 군대를 무찌르고 파리까지 진격, 나폴레옹으로부터 파리를 탈환하고 마침내 승리를 거두었던 것이다.

당시 로스차일드가의 총수였던 네이슨 로스차일드^{Nathan M. Rothschild}는 정보망을 펼쳐 영국이 승리했다는 정보를 재빨리 파악하고 있었다. 그는 로스차일드가가 내기에서 이겼다는 사실을 알고 있었던 것이다. 하지만 국채 상환을 마냥 기다리지 않고 또 한 번 지혜를 짜냈다. 보유한 국채를 시장에 팔려고 내놓은 것이다. 이미 비관적 분위기가 떠돌고 있었던 시장 관계자들은 로스차일드가 국채를 대량 매각하는 모습을 보고 나폴레옹이 승리했다는 정보를 로스차일드가 입수했을 것이 틀림없다고 판단하였다. 이에 매각은 매각을 불러 국채 가격은 대폭락하였다. 이런 상황을 지켜보고 있던 로스차일드는 국채를 싼값에 사들였다. 그 후 영국군이 승리했다는 뉴스가 날아 들어와 국채 가격은 껑충 뛰어올랐다. 이 거래로 로스차일드는 천문학적이라고 말할 수 있는 막대한 이익을 챙겼다.

물론 로스차일드의 기지와 배짱은 그 자체만으로도 음미할 가치가 있다. 그러나 여기에서는 연합군이 이미 전초전에서 패배했다는 사실에 주목하고자 한다. 시장 관계자들은 영국군의 패배가 충분히 있을 수 있는 시나리오라고 인식하고 있었기에 역사적인 시장 조작이 성공을 거둔 것이다. 네이슨 로스차일드도 이런 점을 파고들어 시장 조작을 꾀했던 것이리라.

▶▶▶

괴로운 나머지 어쩔 수 없이 행동하는 전략은 자신을 궁지에 몰아넣을 뿐이다. 괴로운 듯 보이는 행동을 취해야 할 때는 오히려 여유가 있을 때이다.

26

不入虎穴 不得虎子
불 입 호 혈 부 득 호 자

정보의 연쇄효과

위험이 없으면 이익도 없다

'불입호혈 부득호자 不入虎穴 不得虎子'란 위험을 무릅쓰지 않고는 큰 이익을 얻을 수 없다, 또는 위험을 피해서는 성공할 수 없다는 의미이다. 호자 虎子 대신 호아 虎兒라고도 쓴다. 위험(리스크)을 무릅써야 비로소 그 대가로 수익(리턴)이 있다는 사실은 오랜 옛날부터 알고 있었던 것이다.

중국 역대 왕조는 유목민족의 침입에 골머리를 앓고 있었다. 총 길이 2,700킬로미터에 달한다는 만리장성은 북방 유목민족인 흉노 匈奴를 막기 위한 대책으로 진시황제가 짓기 시작했다고 한다. 흉노는 기원전 3세기 말까지 몽골고원을 중심으로 큰 세력을 구축한 유목민 국가의 집합체였다고 한다. 기원후 5세기 무렵에 흉노는 멸망했지만, 그렇다고 중국 왕조에 북방 유목민족의 문제가 사라진 것은 아니었다. 사실 현재 남아 있는 만리장성은 그로부터 1,000년 정도 지난 명明나라 때에 정비 건축된 것이다.

후한 시대에 활약한 반초班超는 역사가 가문에서 태어난 문인이었지만, 흉노 토벌군에 참가해 군인이 되었다. '불입호혈 부득호자'의 출전은 『후한서後漢書 · 반초전班超傳』이다.

불입호혈 부득호자의 유래

흉노 세력이 실크로드 교통의 요충지가 되고 있었던 선선鄯善국* 근처까지 미치자, 이 지역의 권익을 중시하던 후한은 반초를 선선국에 사신으로 보내 한나라를 따르도록 하였다. 선선국에 도착한 반초 일행은 처음에는 대대적인 환영을 받았으나, 얼마 지나지 않아 연회 횟수도 줄어들고 선선국의 접대도 눈에 띄게 냉담해졌다.

이를 수상하게 여긴 반초는 선선국의 접대 담당 신하를 다그쳤다. 그 신하에 따르면, 한의 사신과 때를 전후해 흉노의 사신이 선선국을 찾아왔다는 것이었다.

선선국 왕은 먼 곳에 있는 후한보다 가까이에 있는 흉노와 동맹을 맺을 결심을 하게 되었다. 그래서 총 40명도 안 되는 반초 일행의 숙소를 이미 수백 명의 흉노군이 에워싸고 있었다. 접대 담당 신하는 반초 일행을 환대하기는커녕 도망가지 못하도록 감시하라는 명령을 받

---

* 원래는 누란(樓蘭)이라는 도시국가였으며, 실크로드의 서역 남로(南路)에 위치하였다. 전한(前漢)시대에 선선으로 이름을 바꾸게 하였다.

고 있었던 것이다.

반초는 부하들을 모아 술자리를 열고, 우선 부하들이 자신의 명령에 따라 일사불란하게 행동하는 충성심을 갖고 있음을 몇 번이나 확인했다. 그리고 서서히 현재 자신들이 감금되어 있으며, 흉노에게 포로로 바쳐질지도 모르는 상황에 처해 있다는 사실을 설명했다. 마지막으로 반초는 다음과 같이 말했다.

"아무리 호랑이가 무섭다고 해도, 호랑이 굴에 들어가지 않고 호랑이 새끼를 잡을 수는 없다. 그와 마찬가지로 우리들이 임무를 완수해 한나라로 돌아가려면 위험을 무릅써서라도 공격에 나서 이 포위망을 뚫을 수밖에 없다.”

그리고 부하들에게 밤을 틈타 불을 지르고 불시에 일제히 공격을 감행하는 작전에 대해 이야기했다.

반초 일행은 신호에 맞춰 숙소에서 뛰쳐나왔다. 자신들이 묵고 있던 천막에 돌연 불이 붙고, 불시에 공격을 당한 흉노군은 대혼란에 빠져 한나라 원군이 왔다고 착각하고 허둥지둥 철수하고 말았다. 놀란 선선국 왕은 반초 일행을 보내고 한나라에 복종할 것을 맹세했다.

돌격 작전의 요점

호랑이굴 이야기는 분명 이야기 중 가장 중요한 클라이맥스이기는 하지만, 출전에 나오는 이야기는 단순한 위험(리스크)과 이익(리턴) 관계보다도 훨씬 심오하고 흥미진진하다. 반초의 작전에서 배울 수 있는 점을 세 가지 정도 들어 보겠다.

첫째는 압도적인 숫자의 흉노군을 무찔렀기에 선선국의 복종을 얻기 쉬워졌다는 점이다. 불시에 습격하는 일은 흉노군을 물리쳐 혈로血路를 열기 쉽게 만든다는 효과뿐 아니라 흉노와 한나라 사이에서 마음이 흔들리고 있었을 터인 선선국 왕의 복종을 끌어내기 쉽게 만든다는 효과가 있었던 것이다.

둘째로 ‘호랑이굴에 들어가는’ 반초의 작전은 흉노군이 반초군의 병력을 파악하기 전에 이루어짐으로써 반초군의 진짜 모습을 흉노군에게 들키지 않는다는 의미가 있었다는 점이다. 즉, 호랑이굴로 들어가는 것은 단순히 위험을 무릅쓴다는 것뿐 아니라 허를 찌름으로써, 상대에게 자신을 잘 못보게 해 전략 환경을 자신에게 보다 유리하게 이

끈다는, 정보 전략의 의미가 있었을 것이다.

셋째로 반초가 부하의 충성심을 주의 깊게 확인했다는 점을 주목하자. 이는 흔히 놓치기 쉬운 점이지만, 매우 중요하므로 다음에서는 이 점을 자세히 살펴보고자 한다.

적은 인원수로 공격할 경우, 동시에 공격하지 않으면 큰 효과가 없다. 한편, 병사들 한 사람 한 사람에게는 공격에 나서서 위험을 무릅쓰기보다는 다른 병사들은 싸우게 하고 자신은 진지에 숨어서 애쓰지 않고 목숨을 건지고 싶다는 마음이 있었을 것이다.

전원이 일시에 돌격하지 않으면 좀처럼 성공하기 힘든 작전에서, 겁쟁이 병사 한 명이 자신의 안위를 걱정해 돌격을 거부한다고 가정해 보자. 이런 기미를 알아챈 다른 나약한 병사는 돌격할 병사가 얼마 되지 않을까 봐 불안해질 것이다. 그렇게 불안하게 생각한 병사는 돌격해 끔찍한 죽음을 당하느니, 다른 병사가 돌격하고 있는 혼란을 틈타 도망칠 궁리를 할 것이다. 이런 효과는 만일 모든 병사가 돌격작전을 납득하고 있고 처음에 스스로 돌격하리라고 마음먹고 있어도 생긴다.

예를 들어, 자신은 돌격할 생각이었던 병사라도 그 같은 겁쟁이 병사들이 섞여 있는 것은 아닌지 불안하게 생각했다고 가정하자. 그러면 자신이 돌격해도 성공을 거두지 못할 가능성이 있으므로 자신도 불안해져 돌격하지 않고 도망치는 쪽을 진지하게 생각할 것이다. 이처럼 처음에 그 누구도 돌격할 것을 의심하지 않았다고 해도 나약함(약세)은 생긴다. 그리고 한 번 생긴 두려움은 전염된다. 그렇게 되면, 막상 뚜껑을 열었을 때 신호와 함께 진격하는 사람은 사령관뿐이고, 병사들 모두는 쏜살같이 도망치는 사태가 벌어질 수도 있다.

불안은 연쇄된다

많은 사람들이 자신감을 가지고 협조한다면 성공할 일이라도 작은 불안이 전체에 전파된 결과 실패로 끝날 가능성이 있다는 이 현상은 경제이론에서도 중요한 사고방식이다. 은행 고객들의 '대량 예금 인출 소동'에서도 이 현상을 응용한 분석이 가능하다. '대량 예금 인출 소동'이란 다수의 예금자들이 현금을 인출하기 위해서 은행에 몰려드는 바람에 은행이 지급 불능의 상태에 빠지는 것을 가리킨다.

은행에 예금된 돈은 그대로 은행 금고에 잠자고 있는 것이 아니라 자금을 필요로 하는 사람에게 대출된다. 따라서 이론상으로는 예금이 한꺼번에 인출되면, 은행은 지급이 불가능해질 가능성이 있다. 대량 예금 인출 소동은 좀처럼 일어나지 않지만, 역사상 전혀 일어나지 않았던 것은 아니다.

보통, 예금 인출 소동이 일어나지 않는 이유는 예금하는 사람이 다른 사람은 갑작스레 예금을 되찾기 시작하리라고 생각하지 않기 때문이다. 그런데 경제 환경이 악화되어 금융 불안이 이어지고 은행 앞에 긴 행렬이 생기면 지금까지 은행에 불안감을 느끼지 않았던 사람들까지도 행렬에 가담하기 시작하는 법이다. 즉, 누군가가 허둥지둥 예금을 되찾으면 그것이 다른 예금자에게 전염되는 것이다.

이 같은 불안의 연쇄사슬을 끊으려면 반초가 했듯이, 어떤 일이 있어도 금융위기는 일으키지 않는다는 결의를 서로 확인할 필요가 있다. 최근에는 입에 오르내리는 일이 거의 없어졌지만, 2000년 무렵 일본에서는 '공적자금 투입'이라는 말이 유행어가 될 정도였다.

공적자금 투입 계획은 거품경제 붕괴 후 부실채권 문제를 처리하는 궁극적 수단으로써, 금융기관이 파산했을 때의 지급과 금융기관 건전화를 위한 자본 투입을 정부가 실행한다는 두 부문의 계획이었다. 1996년부터 본격화되었고, 투입된 금액은 1999~2001년에 최고조에 이르렀다. 결국 각각 100조 원 이상이라는 거대자본을 쏟아 붓게 되었다. 이것은 은행 지급 능력을 정부가 보증하고 금융위기를 일으키지 않는다는 결의를 서로 확인하는 대작전이었던 것이다.

공적자금 투입에 금융기관에서 일하는 고액 연봉자들을 구제한다는 어감이 있었기 때문인지, 공적자금 투입 작전은 반드시 환영받은 정책이었다고는 말할 수 없다. 그러나 공적자금 투입 작전에서는 금융기관의 구제가 그 첫 번째 목적이 아니라, 불안의 연쇄반응이 일어나 본래는 성공해야 하는 작전까지 실패하는 현상을 피하는 쪽에 중요한 의의가 있었다.

▶▶▶

목표 달성을 위해서 면밀한 협조가 필요할 때는, 우선 서로가 가지고 있는 불안요소를 제거해야 한다. 요란한 구호만으로는 혼자서 호랑이굴에 뛰어드는 꼴을 당할 수도 있다.

칼럼 논리의 반전

그런데 호랑이 굴에 들어가지 않으면 호랑이 새끼를 얻을 수 없는 것이 진리라고 해도, 호랑이 굴에 들어간다고 해서 반드시 호랑이 새끼를 얻을 수 있는 것은 아니다. 위험을 무릅쓰지 않으면 성공하지 못한다고 하더라도 위험을 무릅쓰면 반드시 성공한다는 뜻은 아니다. 성공할 가능성이 없는데도 위험을 무릅쓰는 것을 무모하다고 말한다.

설명이 필요 없는 간단한 논리임에도 불구하고 웬일인지 이 두 가지를 확실하게 구별하지 못하는 잘못이 종종 일어나므로 이상할 뿐이다.

내가 보는 한, 전형적 잘못은 다음과 같다. 어차피 살 거라면 값이 쌀 때 사는 편이 좋다. 이것은 옳다. 그러나 싸게 파니까 사지 않으면 손해를 보는 것은 아니다. 이 차이를 모르기 때문에 집에 있는 물건들이 점점 늘어나는 것이다.

27

三雇草廬
삼 고 초 려

장기적 관계와 인센티브

예를 다해 부탁하다

'삼고초려三雇草廬'란 진심으로 예를 다해 유능한 인재를 초빙하는 것을 말하거나 윗사람에게 특별히 신임·우대되는 것을 가리킨다.

수많은 기업 재생을 성공시킨 모 씨를 삼고초려 해서 사장으로 맞았다, 대학 수준을 높이기 위해 모 교수를 삼고초려 해서 초빙했다, 등과 같이 쓴다.

'삼고초려'에 나오는 '고雇'는 원래 뒤를 돌아보다 또는 과거를 회상한다는 의미인데, 여기에는 찾아간다는 의미로 쓰였다. 또한, 여기에서의 '삼三'은 '몇 번이나'라는 의미로, '삼고'란 몇 번이나 찾아간다는 의미이다. '삼고초려'의 출전은 촉蜀나라의 제갈량諸葛亮(제갈공명)이

자신을 중용해 준 촉나라의 왕 유비에 대한 감사의 마음과 촉에 대한
충성을 맹세하는 결의를 적은 『전前 출사표出師表』이다.

삼고초려의 유래

2세기 말, 후한이 쇠퇴하고 중국은 혼란시대에 접어들었다. 한漢나
라 시절 불우한 나날을 보냈던 무장 유비劉備는 입신을 위해 수하의 군
사를 이끌고 수많은 전투에 참가했다. 그러나 유비는 전투로 세월을
보내고 있을 뿐, 혼란이 이어지는 중국에서 어떻게 영지를 얻어 나라
를 세울지 명확한 전략을 갖고 있지 않았다. 따라서 유비는 영지를 얻
지 못하고 떠도는 무장의 신세가 되어 있었다.

어느 날, 유비는 자신보다도 훨씬 나이가 젊지만 이미 다양한 학문
과 군사전략에 정통한 제갈량이라는 인물이 있다는 소문을 들었다. 제
갈량이 사는 처소를 찾아간 유비는 앞으로 그가 취해야 할 전략에 대
해 물었다. 그러자 제갈량은 북방의 위와 남방의 오는 이미 강력한 기
반을 가진 나라가 되었고, 한이 이룬 것처럼 중국을 하나로 통일하는
일은 이제 불가능하다고 말했다. 그러나 이 두 나라는 서로 경쟁하기
위해서 전력戰力을 소모하지 않으면 안 되고, 다른 나라에게는 손을 내
밀기 힘든 상황에 있다. 이런 상황을 유 장군(유비)이 잘 이용한다면,
제3의 세력으로 나라를 일으킬 수 있을 것이라는, '천하 삼분지계天下三
分之計'를 설파했다.

이 설에 매우 탄복한 유비는 제갈량을 자기 수하에 두려 했으나, 제
갈량은 정중히 거절했다. 그러나 유비는 몸소 세 번에 걸쳐 제갈량의
초막을 찾아가 열심히 설득했고, 제갈량은 드디어 마음을 움직여 책사

로서 유비를 모시기로 결의하였다. 그후 제갈량은 유비를 훌륭히 보필하여 유비는 서쪽에 촉나라를 세우고 그 초대 왕이 되었던 것이다. 「전 출사표」에는 '촉나라의 왕 유비는 누추한 초막에 살고 있었던 젊은 나를 세 번이나(몇 번이나) 찾아오셔서 당면한 문제에 대해 상담하셨습니다.'라고 되어 있다.

유비는 제갈량을 크게 신뢰하여 모든 일을 제갈량과 의논하고 그의 의견을 존중하였다. 그러나 그전부터 따르던 다른 부하들에게는 그것이 불만이었다. 부하들의 불만을 알아차린 유비는 자신이 제갈량을 얻은 것은 물고기가 물을 얻은 것이나 마찬가지이며, 물고기는 물이 없으면 살 수 없는 것처럼 자신에게 제갈량은 없어서는 안 될 인재라고 이야기했다는 기록이 『삼국지三國志·촉지 제갈량전蜀志 諸葛亮傳』에 있다. 이 일화에서 '수어지교水魚之交'라는 친밀한 교제를 나타내는 한자 성어가 생겨났다.

미래의 대가로 현재를 속박하다

사람은 인센티브에 따라 움직인다. 사람을 움직이려면 전략적으로 인센티브를 활용해야 한다. '삼고초려'를 통해서 효과적인 인센티브의 부여 방식을 배울 수 있다. 이를 위해서 제갈량의 마음을 움직인 인센티브의 구조에 대해 생각해 보자.

인센티브란 행동에 대한 상이나 벌칙인데, 상이나 벌칙이 현 시점에 주어지지 않아도 효과는 있다. 현 시점에서 아무것도 하지 않아도 지금 하는 행위에 따라서 미래에 그 대가로 이익 또는 벌칙을 주겠다는 점을 보증한다면 사람은 움직이는 법이다. 즉, 현재 요구한 대로의 행동을 한다면 장래에 보상 또는 벌칙을 주겠다는 **조건부 보상벌칙 전략**이 효과를 지니는 것이다.

최근에는 어디에서 무엇을 하든 포인트 카드를 만들라는 권유를 받는다. 그 상점에서 물건을 계속 구입한다면 그 금액에 따라 포인트가 쌓이고, 일정 수의 포인트가 쌓이면 그것을 상품권이나 상품으로 바꿔주는 시스템이다. 이를 바꿔 말하면, 상점 측이 현재 하는 일은 카드를 만들어주는 일뿐이고 그밖에는 아무것도 하지 않지만, 상점에 충성을 다해 계속 물건을 구입한다면 미래에는 대가를 지불해주겠다는 의미다. 포인트 카드가 있기에 이곳에서 물건을 더 사야겠다고 생각하는 사람에게는 이 같은 인센티브가 성공적으로 효력을 발휘하는 것이다.

법률이란 말하는 것을 듣지 않으면 험한 꼴을 당한다고 합법적으로 위협하는 수단이다. 따라서 법률은 일반적으로, 미래의 상황으로 현재의 행동을 속박한다는 인센티브의 형식을 지니고 있다. 예를 들어, 일본 형법 제204조에는 남의 신체를 상해한 자는 10년 이하의 징역 혹은 300만 원 이하의 벌금 또는 과료科料에 처한다고 되어 있다.

반대로 그 같은 벌칙규정이 없는 법률은 당연하지만 법률로서 기능하지 않는다. 앞에 나온 '청출어람'에서 논한 성악설에 따르면, 사람이 합법적인 행동을 하거나 법률을 지키려고 하는 것은 벌칙을 피하는 편이 상책이기 때문이고, 법률을 지킴으로써 온몸이 떨릴 정도로 기쁨을 느끼기 때문은 아니다.

장기적인 신뢰 관계

당연한 일이지만, 이런 형식의 인센티브가 효과를 발휘하기 위해서는 예고된 대로의 보상과 벌칙이 약속대로 미래에 부여될 것이라는 점이 대전제가 되어야 한다. 즉, 장래의 대가가 인센티브로써 기능하려면 앞으로도 오랫동안 서로 관계를 맺어 간다는 장기적인 신뢰관계와 안정성이 전제가 되는 것이다.

법률이 행동을 제어하는 효과를 지니는 이유를 재고하면, 아마도 경찰과 재판소는 앞으로도 계속해서 존속될 것이라고 예상되기에, 우리들에게는 이것들과 평생 관련을 맺지 않으면 안 된다는 '장기적 관계'가 있다는 사실이 전제가 되고 있음을 알 수 있다. 포인트 카드의 예에서 만일 그 포인트 카드를 발행하는 가게가 지금 당장이라도 망해 없어져 버릴 것 같다면 좀처럼 포인트 적립에 의욕이 생기지 않을 것이다. 안정적인 장기적 관계가 없다면 포인트 카드의 효과는 작다.

법률조차도 안정적인 장기적 관계에 따라 단속이나 형벌이 주어진다는 신뢰를 잃는다면, 그 기능이 현저히 줄어들 것이다. 전쟁이나 대화재로 정부의 신뢰가 추락한다면 법률은 기능하지 않게 되고 폭동이나 약탈 행위가 일어나는 법이다.

2005년 일본도로공단이 발주한 철제교량 건설공사에서 장기간에 걸쳐 담합 행위가 이루어진 혐의로 관계자들이 체포되었다. 이 사건이 흥미로웠던 이유 중 하나는 단순히 공사를 수주하는 측인 건설업체들이 담합해 입찰가를 올렸다는 것뿐 아니라, 공사를 발주한 일본도로공단의 간부가 그 담합을 돕고 있었다는 점이었다. 신문과 잡지의 보도에 따르면, 공단의 전직 이사는 공단 전직 간부들의 친목단체 등을 통해 발주 정보를 수집하고, 기업 측의 담합 조직 내에서는 조정을 통해 입찰 전 낙찰자를 지명하고 있었다. 그리고 그 담합조직은 공단으로부터 전직 임원진들을 낙하산 인사로 받아들이고 있었다는 것이다.*

이 같은 담합이 기능하게 된 배경에는 틀림없이 상호간의 장기적인 신뢰관계가 안정적으로 구축되어 있다는 점을 들 수 있다. 왜냐하면, 담합의 조정에 따라 수주를 포기하지 않을 수 없는 기업은 어쨌든 이익을 얻을 기회를 잃기 때문이다. 미래에 자신에게 발주할 차례가 돌아온다는 점이 약속되고, 그것이 인센티브가 되지 않는다면 납득하고 수주를 포기할 리가 없기 때문이다.

뒤집어 말하면, 담합을 배제하려면 장기적으로 안정적인 관계를 맺을 수 있는 구조를 형성하지 못하도록 하는 것이 중요하다. 참가자가 제한되어 있는 가운데 입찰이 공정하게 이루어지고 있는지를 감시하는 일은 그리 쉬운 일이 아니다. 하지만 도대체 누가 입찰하는지 알 수 없는 환경을 조성한다면, 누구와 담합해야 좋을지 모르게 되므로 담합하는 일이 매우 힘들어진다. 최근에 입찰을 위한 유자격자를 미리 선정하지 말고 기본적으로 누구라도 입찰할 수 있는, 말하자면 일반경쟁입찰을 추진해야 한다고 활발하게 논의되는 이유가 바로 여기에 있는 것이다.

조건부 보상벌칙 전략의 효능

조건부 보상벌칙 전략에서 흥미로운 점은 인센티브가 되는 보상과

---

* 『닛케이(日經) 콘스트럭션』 2005년 7월 22일호.

벌칙은 미래 일이 발생했을 때 부여하면 되고, 약속대로의 일이 이루어지고 있다면 현재 부여할 필요가 없다는 점에 있다. 이는 사용방법에 따라서는 인센티브를 부여하는 비용을 효과적으로 억제할 수 있는 아주 유용한 수단이 된다.

예를 들어, '애사심'이나 '애교심'과 같은 개념이 있다. 이 개념은 회사·학교라는 조직사회에 충실하게 속해 있으면 미래에 걸쳐 얼마간의 편익이 있을 것임을 의미한다. 즉, 애사심이나 애교심이란 그것들의 미래 편익을 조건부 보상 또는 벌칙으로 삼는다는 것이며, 조직의 입장에서는 비용을 들이지 않고 바람직한 행동을 지금 이끌어 내고자 하는 전략적 개념인 것이다. 이는 '애국심'도 마찬가지다.

성과주의 같은 냉철한 제도가 뿌리를 내리면 조직에 대한 충성심의 역할이 없어질 것이라는 생각은 크나큰 착각이다. 지금까지 논의해 왔듯이 성과에 대해 보수를 주어 보답하는 성과주의가 효율적으로 기능하기 위해서는 장기간에 걸친 상호간의 신뢰관계가 있는 편이 바람직하다. 이를 위해서는 목표를 달성한 사람은 최종적으로 보답을 받는다는 사례를 거듭 쌓아가는 일이 중요하다. 기업에서도 성과가 보답을 받는 사례가 적어진다면, 열심히 최선을 다해 준다면 미래에 보답하겠다고 아무리 소리쳐도 사원들은 믿을 수 없는 약속으로 덧없게 들릴 뿐이다.

역설적이지만 사원들을 독려하는 냉철한 성과주의에 의해 노동 의욕을 불러일으키려고 한다면, 회사는 장기간에 걸쳐 사원의 노력에 보답해 준다는 신뢰감을 육성할 필요가 있다. 이 장기적인 관계없이 필사적으로 사람의 노력만 끌어내려고 한다면, 막대한 비용이 들게 될 것이다. 충성심 없는 성과주의 제도는 도리어 비용이 더 드는 법이다.

　조건부 보상벌칙 전략이 가지는 인센티브의 효과는 당사자가 미래를 어떻게 생각하느냐에 크게 의존한다. 예를 들어, 경기가 한창 호조를 보이고 있는 세상에서는 장밋빛 미래가 확실히 도래할 것으로 생각하기에 미래의 대가에 따른 인센티브는 강력하게 작용할 것이다. 연공서열 제도가 과거에 원활하게 기능했던 것은 바로 이 때문이다. 그러나 미래에 희망보다 불안이 더 많은 세상에서는 인센티브 효과가 제한적이 될 수밖에 없다.

▶▶▶

제갈량이 아무런 보수 없이 떠도는 무장에게 온 힘을 다 바칠 마음이 생긴 것은 아니다. 유비는 제갈량의 이상과 포부에 부응할 만큼 거대한 비전을 제시하였고, 최고 대우로 보답하겠다고 열심히 설득했던 것이다. 이처럼 장기간에 걸친 성과 보수가 약속되면 의기意氣에 감동해 마음을 움직이는 것이 아닐까?

28

泣斬馬謖
읍 참 마 속

의심나는 것은 벌을 줘야 할까?

규율을 지키기 위해서는 심복이라도 처벌

'읍참마속泣斬馬謖'이란 규율을 지키기 위해서 어쩔 수 없이 친구나 부하를 배제하는 것을 의미한다.

이시하라 신타로石原愼太郎 도쿄 도지사는 자신이 국회의원이었던 시절에 비서로 일했고, 도쿄도 행정에서도 절대적 신뢰를 보내고 있었던 자신의 최측근 하마우즈 다케오浜渦武生 부지사를 2005년 5월에 경질했다. 그 이유는 도쿄도 행정에 관한 중요 안건이 하마우즈 부지사의 승인 없이는 자신에게 보고될 수 없는 하마우즈의 전횡에 대한 반발이 커져 혼란을 가져왔기 때문이다. 부지사 경질을 발표하는 기자회견에서 이사하라 도지사는 "그가 밖에서 무슨 일을 했는지 아무도 모른다.

읍참마속의 심정이다.”라고 말하였다.

‘읍참마속’이란 제갈량이 명령을 어긴 부하 마속馬謖의 목을 벴다는 일화에서 나온 말이다. 그런데 그 시대의 역사기록인 『삼국지三國志』에는 목을 벴다는 표현은 나오지 않는다. 아마도 ‘읍참마속’은 명明나라 초기의 소설 『삼국지연의三國志演義』 96회에 있는 ‘공명, 눈물을 뿌리며 마속을 베다’라는 표현에서 나온 듯하다.

읍참마속의 유래

중국 삼국 시대에 촉蜀의 승상 제갈량이 통솔하는 군대에 소속되어 있었던 마 형제는 모두 인재로 명성을 떨쳤으며, 마속은 그 다섯 형제 중 하나였다. 형제 중 첫째인 마량馬良은 눈썹에 흰 털이 섞여 있어 사람들로부터 ‘백미白眉’라고 불렸다. 뛰어난 다섯 형제 중에서도 마량은 가장 뛰어나다는 칭송을 받았는데, 그 점에서 ‘백미’라는 말은 많은 무리 중에서 가장 뛰어난 자를 가리키는 한자성어가 되었다.

마속 역시 기지가 뛰어나고 병법이 특기인 인재였으나, 걸핏하면 말재주만을 앞세웠고, 경험 부족으로 좋은 결과를 내지 못하는 결점을 지니고 있었다. 그래도 제갈량은 마속의 재능을 높이 사고 있었다. 마량이 요절한 후에 제갈량은 자신의 후계자가 될 사람은 마속밖에 없다고 여기고 자신의 참모로 중용했다.

제갈량이 이끄는 촉군은 228년에 적인 위군과 기산(祁山, 간쑤성)에서 대치했다. 중요한 싸움의 첫 테이프를 끊는 선봉장은 경험이 풍부한 역전의 용사를 기용해야 한다는 의견이 대세였다. 그런데 주위의 예상과는 달리, 제갈량은 전투 경험이 미숙한 마속을 선봉장으로 발탁해 가정街亭 성을 지키도록 하였다.

마속은 자신의 병법 지식을 과신하고, 어서 빨리 공을 세우려고 안달한 모양이었다. 가정에 도착하자, 마속은 부하가 간언하는데도 불구하고 가정 성을 지키지 않고 높은 지대에 진을 쳤다. 성을 미끼로 적을 유인해 높은 지대에서 공격하여 위의 선봉을 단숨에 괴멸시킨다는 작전을 선택한 것이다.

분명 미끼 작전이 성공해 공격할 단계가 되면 단숨에 함락시킨다는 작전은 기세 좋은 작전이었다. 그러나 높은 지대에 진을 친다는 것은 상대의 입장에서 볼 때는 성보다 공격하기 쉬워서 거꾸로 자신의 군대를 위험에 빠뜨리게 하는 작전이기도 하다. 경험이 풍부한 위군의 장수 장합張郃은 성 부근을 미리 정찰하도록 해 마속의 군대가 가정 성을 비워 두었다는 사실을 알았다. 그리고 마속의 무리한 작전에 적절하게 대처하여 반대로 마속의 군대를 함락시켰다. 결국 마속은 참패를 당하고 만 것이다.

병사 대부분을 잃고 돌아온 마속은 군법회의에 회부되었다. 그리고 군율에 따라 참수시켜야 한다는 결정이 내려졌다. 패배했다고 해도 마속은 촉에 충성을 다한 군인이었다. 사람들은 마속처럼 유능한 장수를 죽이는 일은 오히려 적에게 유리한 일이니 죽여서는 안 된다고 조언했다. 그러나 제갈량은 명령에 따르지 않고 병사를 죽게 만든 장수를 용서하면 이후 기강이 무너진다며 조언을 물리쳤다.

그리고 제갈량은 눈물을 흘리며 부하에게 명하여 마속을 참수시켰다.

엄벌에 의한 규율 유지에 대한 확약

게임이론의 용어를 빌리자면, 제갈량은 마속의 목을 벰으로써 '자신의 명령에 따르지 않는 자는 처분한다.'는 행동에 대한 확약을 신뢰할 수 있는 것으로 만들려고 한 것이다. 제갈량이 마속에게 가벼운 벌을 주었다면, 그후에도 명령에 따르지 않는 병사가 나타날 것이다. 그렇다면 제갈량이 내리는 명령의 효과는 반감되었을 것이다. 자신이 총애하는 부하라 하더라도 목을 베는 것은 규율 엄수에 대한 확약을 다른 병사들이 신뢰하도록 만든다는 점에서 그 효과는 절대적이었을 것이다.

다음과 같은 예도 있다. 어느 날 왕은 탁월한 책략가였던 손자孫子에게 병사를 훈련해 군대를 강하게 만들려면 어떻게 해야 좋을지 물었다. 그래서 손자는 후궁後宮에 사는 후비와 나인들을 군대로 비유하여 훈련 방식을 왕에게 보여 주기로 하였다.

그런데 평소 대열을 이루고 지휘관의 지시에 따라 행동한 경험이 없었던 여자들은 마치 장난을 치듯이 기합이 빠져 있었다. 여자들은 수다만 떨 뿐 명령을 전혀 듣지 않았으므로 대열도 엉망진창이었다.

그러자 손자는 왕이 가장 총애하는 후궁을 돌연 칼로 베고는 이후 명령에 따르지 않는 자는 같은 꼴을 당할 것이라고 선언하였다. 그후 여자들은 일체 잡담을 나누지 않고 손자의 지시에 따라 일사불란하게 행동했다고 한다.

장기적으로 규율을 유지하기 위해서는 규율을 위반한 자를 엄하게 처벌하는 것이 필요하다. 규율을 위반하면 장래 무거운 벌을 받는다는 전제가 있기에 사람은 현재의 규율을 지키는 것이다. 그 전제가 무너진다면 그 같은 조건부 보상벌칙 전략은 더 이상 효과를 발휘하지 못할 것이다. 이런 논리하에서는 규율 위반자를 예외 없이 엄벌에 처하는 것이 올바른 행동이라 할 수 있다.

엄벌은 항상 유효할까?

일반적으로 경범죄라고 해도 범죄는 범죄이므로 이런 범죄를 줄이는 것보다 더 좋은 일은 없다. 따라서 범죄의 경중에 관계없이 엄벌로써 대처해야만 할 터이지만, 실제로 경범죄에 대해서는 거의 벌 같은 벌은 부여되지 않는다. 세상사를 주의 깊게 살펴보면, 규율 위반에 관대하게 대응하는 경우가 오히려 더 많은 것 같다.

교토를 에워싸고 있는 산을 산책하다 보면, 가는 곳마다 쓰레기가 버려져 있어 저절로 눈살이 찌푸려진다. 앞에 나온 논리로 생각한다면, 쓰레기를 버리는 사람은 사형에 처한다고 정하고, 이를 예외 없이 엄하게 실시한다면 그 즉시 쓰레기 투기는 줄어들 것이다. 한편으로, 분명 길가의 오물은 보기 안 좋지만, 기분 좋은 일이 있어서 흥겨운 나머지 과음을 했고, 그 바람에 의식을 잃고 길바닥에 드러누워 소변을 봐 길을 더럽힌 남자를 이유 불문하고 할복시킨다는 것은 우리들의 상식적인 생각으로도 그다지 좋은 제도로 여겨지지 않는다. 즉, 규율 위반자를 엄하게 벌해야 한다는 기준은 이 경우에 그다지 바람직한 것처럼 느껴지지 않는다.

이런 차이는 도대체 어디에서 오는 걸까? 법학자에게 물어보면 전혀 다른 답이 돌아올지도 모르겠지만, 경제학자는 다음과 같이 생각할 것이다. 이들을 구별하는 핵심은 본인이 어떤 의도를 가지고 위반했는

지를 분명히 확정할 수 있느냐 없느냐 하는 점에 있다. 전문용어를 사용해 딱딱하게 표현하자면, 그 행동의 의도 유무가 완전히 관측 가능하냐 아니냐 하는 것이다.

의도와 행동에 이르는 경위가 분명하지 않은 경우에 이유 불문하고 위반자를 벌하는 제도는, 꼭 기대한 대로의 효과를 발휘한다고 볼 수 없다. 그 첫 번째 이유는 우연히 운 나쁘게 위반한 사람까지도 엄히 처벌되기 때문이다.

예를 들어, 만나기로 한 장소에 상대가 늦게 나왔다고 해서 그 사람은 신뢰할 수 없는 괘씸한 녀석이므로 앞으로 절대 만나지 않겠다고 한다면, 대개의 경우 이는 과잉 반응이라고 말할 수 있을 것이다. 왜냐하면, 지각한 이유가 그 상대가 자신을 가볍게 보는 신뢰할 수 없는 인물이기 때문인지, 아니면 어떤 사정이 있어 지각을 했는지 판별하는 것이 어렵기 때문이다. 약속을 깬 사람이나 기대한 대로 결과를 내지 못한 사람을 걷지 못할 정도로 혼내준다는 행위는 일반적으로 그다지 장려되지 않는데, 그 배경에는 이런 이유가 있다고 말해도 좋으리라.

쓰레기의 예에서는 분명 법률 위반이라는 사실을 알면서도 의도적으로 쓰레기를 버린 사람이라면 엄벌에 처해도 좋다. 그러나 쓰레기를 버린 사람은 무조건 목을 벤다는 규율을 엄격하게 적용한다면, 우연히 운 나쁘게 쓰레기를 떨어뜨린 사람의 목도 베지 않으면 안 된다. 또한, 규율이 어떻게 지켜지고 있는지 모르고 순간적으로 나쁜 마음이 들어 페트병을 놔두고 간 사람이나, 나쁜 친구가 장난으로 일부러 쓰레기를 흘리도록 꾸며서 그렇게 된 사람까지도 이유 불문하고 목을 베게 될지도 몰라 매우 곤란하게 된다. 이것이 문제인 것이다.

그렇다면 자신이 의도적으로 한 행위만을 처벌하면 되지 않겠느냐고 할 수 있는데, 이것이 규율이 된다면, 정말로 의도했는지 아닌지와 상관없이 누구나 자신은 법률 위반이라는 사실을 의식하지 못한 채 불가항력적으로 저지른 일이라고 주장할 것이다. 움직일 수 없는 증거를 들이댄다 해도 사람은 변명하는 법이며, 그렇게 된다면 그 변명이 합리적인 해명인지 아니면 죄를 면하려고 있지도 않은 말을 지어내고 있는지를 알아내는 일은 어렵다. 결국, 한 번 쓰레기를 버렸다는 사실에서는 배후에 있는 의도를 완벽하게 파악하기란 불가능한 것이다.

더욱 중요한 것은 벌이 과중한 데서 발생하는 문제가 단순히 무죄인데도 사람의 목을 벤다는 일만으로는 끝나지 않는다는 점이다. 쓰레기를 떨어뜨리면 단죄한다는 규율이 엄격히 적용되면, 남이 잘못한 죄를 뒤집어써서 벌을 받을지도 모르므로, 그 누구도 무서워서 밖을 나오지 않게 될 것이다. 그리고 집에 틀어박혀 있다고 해도 술에 취해서 실수할까 봐 술을 마실 수도 없게 되고, 널어놓은 빨래가 바람에 날려가서 벌을 받을지도 모르므로 빨래도 목숨을 걸고 하게 될 것이다.

이처럼 의도적으로 문제의 원인이 되는 행동을 취했는지 아니면 나름대로 노력을 했는데도 불구하고 재수 없게 의도에 반한 결과가 되었는지를 구별할 수 없을 때는, 저지른 잘못에 대해 엄벌로써 처벌하는 제도는 바람직하지 않다. 그것은 가혹한 제도가 규율 유지에 도움이 되지 않기 때문이 아니라, 그냥 두어도 규율을 지킬 의사가 있는 사람의 행위마저도 과잉으로 속박하게 되기 때문이다.

일상생활에서는 실패에 대해 관대하게 처분함으로써 새로운 도전 의욕을 불러일으키는 편이 바람직한 경우가 많을 것이다. 실패나 배신 행위에 대해서도 불운이나 우발적인 충동이라는 것도 있으므로, 어느 정도 관대한 마음으로 대하는 편이 서로에게 좋다. 반대로, 상대의 일거수일투족이 신경 쓰여서 행동을 일일이 조사하고 속박하려고 하면 대개 일이 제대로 안 풀리는 법인데, 이것도 이유가 있다. 행동을 완벽하게 관측할 수 없을 때에는 '용서'하는 것이 중요하다.

회사 조직에서도 한가지 실패를 엄하게 꾸짖어 처벌한다는 운영방침을 세우면, 사원들은 실패를 두려워하게 된다. 따라서 일견 규율이 엄격하게 지켜지는 좋은 조직처럼 보여도 사원들은 실패할 위험을 두려워한 나머지 이미 전례로서 인정받고 있는 행위나, 결과를 내기 쉬운 무난한 도전만을 골라서 하게 되므로 그 조직은 정체되고 말 것이다.

의심나는 것은 벌하지 않는다의 경제학적 근거

'의심나는 것은 벌하지 않는다.'라는 말이 있다. 이 말은 공자가 편찬한 것으로 알려져 있는 『서경書經 · 대우모편大禹謨篇』에 '죄가 의심스러울 때는 되도록 가볍게 처벌한다.'는 기술에 따른 것이다. 이 말은 태고 중국에서 특히 치안이 안정되고 나라가 발전했다는 순舜 임금 시대에 취해진 사법에 관한 방침을 나타낸 것으로 알려져 있다. '의심나는 것은 벌하지 않는다.'라는 방침으로 치안이 안정되었다는 것은, 규율을 지키기 위해서는 규율 위반자를 예외 없이 처벌해야 한다는 사실과는 논리적으로 위배되는 듯이 들린다. 그러나 지금까지 이야기해 온 논리를 고려한다면, 이들의 논리가 딱 들어맞는다는 사실을 알 수 있다.

한편, 그 의도가 의심할 여지없이 분명한 행위에 대해서는 단연코 벌을 가해야 한다. '죄는 미워하되 사람은 미워하지 마라.'는 말은 공자와 그 일족이 대대로 남긴 언행을 모아 편찬했다고 일컬어지는 『공총자孔叢子』의 「형론刑論」에 나오는 말이지만, 이 말은 그 사람이 죄를 범한 의도를 확인할 수 없을 때 사용해야만 하는 말이다. 즉, 의도를 확정할 수 없을 때는 결과인 죄는 미워해도 되지만, 그 죄를 저지른 사람을 엄하게 처벌해서는 안 된다는 뜻이다. 그런 의미에서 이 말은 '의심나는 것은 벌하지 않는다.'와 같은 주장을 하고 있다고 볼 수 있다.

그러나 사람이 오랫동안 실패를 계속한 경우에는 단연코 단죄해야 한다. 의도를 잘 모를 경우에는 관용이 중요하다고 강조해 왔지만, 계속해서 배반하는 사람은 역시 단죄해야 한다. 이는 오랫동안 실패와 배신행위가 계속되어 왔다는 것은 단순히 불운이나 우발적인 충동으로는 논리적인 설명이 불가능하기 때문이다. 규율을 위반했다는 의도가 분명한 경우에는 당연히 죄도 사람도 미워해야 한다. 그렇게 하지 않으면 규율은 지켜지지 않을 것이다. 적어도 나는 그렇게 생각한다.

▶▶▶

제갈량이 죽은 후, 촉나라는 순식간에 쇠퇴하고 말았다. 눈물을 흘리며 마속을 벰으로써 촉군의 규율은 지켜졌지만, 촉의 병사들은 도리어 위축되어버렸는지도 모른다.

漱石枕流
수 석 침 류

이 책은 일본평론사의 《경제 세미나》 2004년 4월호~2005년 2·3월 합병호까지 '경제학으로 풀어보는 고사성어'라는 제목으로 연재된 에세이에서 취사 선택하여 정리한 것이다.

글을 끝맺을 시점에 이르러 이 책에서 내가 쓴 고사성어의 경제학적 해석이 반드시 표준적인 것은 아니라는 점을 우선 강조해두지 않으면 안 되겠다. 매몰비용이란 무엇이냐는 시험 문제에 '복수불반분으로'라고 대답한다면 아주 격조 높기는 하지만, 이것이 오답이 된다고 하더라도 나는 책임질 수가 없다. 사실 표준이라고 말할 수 있는 부분이 없다는 것이 옳겠지만, 미래에는 이 책의 해석이 표준이 될지도 모를 일이다. 적어도 그럴 가능성이 전혀 없다고 단언할 수는 없다.

또한, 예로 든 고사성어의 출전은 올바르지만, 유래에 관해서는 내 해석과 각색이 더해졌다는 사실을 지적하고 싶다. 더군다나 고전 해석에 관해서 과대 해석한 부분이 많을 수 있다. 그 같은 부분은 경제

키워드와 연결시키기 위해서 필요했을 것이라고 양해해주기 바란다.

지금 다시 읽어 보면, 중요한 경제학 분석의 적용 방식에도 부자연스러운 부분이 눈에 띈다.

전략적·게임이론적 사고방식은 현대 경제학에서 매우 중요하며, 그런 이유로 이 책에서도 여러 번 등장하였다. 전략을 저술한 고전이라고 하면, 『손자孫子』를 들 수 있다. 그러나 『손자』에서 유래되는 고사성어는 일부러 거론하지 않았다. 『손자』는 원래 병법서이며, 싸움의 전술을 어떻게 해야 하는지가 그대로 기술되어 있다. 또한 손자의 말은 많은 책들에서 거론되고 있으므로 이를 화제로 삼는 것은 너무 재미없다. 비슷한 이유로 경제경영서나 경제학 교과서에 자주 등장하는 '배수진背水陣'도 생략하였다.

저자 후기의 제목인 '수석침류漱石枕流'는 지고도 억지를 쓰거나 고집을 부려 억지로 갖다 붙인다는 뜻이다. 온고지신보다는 수석침류가 이 책의 성격을 더 잘 표현하고 있으리라.

또한, 수석침류의 출전은 『진서晉書·손초전孫楚傳』이다. 말이 나온 김에 그 유래를 설명하자면, 손초孫楚라는 사람은 신변에 좋지 못한 일이 자꾸 생기자 심신이 매우 지쳐 있었다. 그래서 속세를 떠나 산속으로 들어가 은거생활을 하려고 마음먹었지만, 절친한 벗이 자신이 아무런 말도 없이 갑자기 사라져 놀라는 것을 원치 않았기에 '돌을 베개 삼아 눕고, 맑은 물로 양치질을 하며 인가에서 멀리 떨어진 깊숙한 산속에서 홀로 살겠다.'는 자신의 결심을 전하려 하였다. 그런데 잘못해서 "돌로 양치질을 하고, 흐르는 물을 베개 삼겠다."라고 말해버렸다. 친구가 잘못 말했다고 지적하자, 자존심이 강한 손초는 잘못을 인정하지 않고 "맑은 물을 베개 삼으면 쓸데없는 말을 들었을 때 귀를 씻을 수 있고, 돌로 양치질을 하면 이를 닦을 수 있지 않겠는가." 하고 대답했다고 한다.

이 책은 많은 이들의 도움을 받아 완성되었다. 《경제 세미나》의 편집부 여러분과, 연재 중에 조언과 사례 제시를 해주셨던 분들, 또한 이 책의 초고를 읽고 잘못된 부분을 지적하고 의견을 말씀해주셨던 분들께 깊이 감사드린다. 그중에서도 우에다 마사야스, 우에다 치사코, 에구치 교타, 가다 오사무, 세키구치 다다시, 나카시마 도모유키, 하나조노 마코토, 하라다 히로미, 히로세 히데타카, 요코가와 나오 씨께 감사드린다. 그리고 특히 아내 유키코에게 고맙다는 말을 전하고 싶다.

2006년 11월 3일 가지이 아쓰시

참고문헌

『中国故事成語辞典』金岡照光編, 三省堂, 1991

『広辞苑』岩波書店

『小学館 スーパー・ニッポニカ』

『新しい産業組織論』小田切宏之, 有斐閣, 2001

『ロスチャイルド家—ユダヤ国際財閥の興亡』横山三四朗, 講談社現代新書, 1995

『史記列伝』小川環樹・今鷹真・福島吉彦訳, 岩波文庫, 1975

『史記』筑摩世界文学大系6・7, 小竹武夫訳, 筑摩書房, 1971

『故事成句でたどる楽しい中国史』井波律子, 岩波ジュニア新書, 2004

『スティグリッツ入門径済学(第三版)』スティグリッツ, J・E/ウォルシュ, C・E著/藪下史郎 他訳, 東洋径済新報社, 2005

『景気と径済政策』小野善康, 岩波新書, 1998

『日本人のしきたりものしり辞典—身近かな暮らしのルールを徹底研究』豊島健吾編著, 谷沢氷一 監修, 大和出版, 2000

『フェルマーの最終定理』シン, S著/青木薫訳, 新潮社, 2000

『戦略的思考の技術—ゲーム理論を実践する』梶井厚志, 中公新書, 2002

『戦略頭脳—実践に役立つ4つの戦略とその活用法』梶井厚志, サンマーク出版, 2003

国税庁ホームページ http : //www.nta.go.jp/

Yomiuri-on-line 北海道 http：//hokkaido.yomiuri.co.jp/特集「医心を問う」

アクアライン800円実現化100万人署名活動推進協議会ホームページ http：//www.aqua800.com/thissite.html

内閣府ホームページ http：//www.esri.cao.go.jp/index.html

金融庁ホームページ http：//www.fsa.go.jp/

財務省ホームページ http：//www.mof.go.jp/

総務省統計局ホームページ http：//www.stat.go.jp/

厚生労働省ホームページ http：//www.mhlw.go.jp/

NIKKEI NET http：//www.nikkei.co.jp/

京都市観光協会ホームページ http：//www.kyokanko.or.jp/

タウンナビ京都 http：//www.kyoto-web.com/index.html

自由民主党ホームページ http：//www.jimin.jp/

警察庁ホームページ http：//www.npa.go.jp/

財団法人日本宝くじ協会ホームページ http：//www.takarakuji.nippon-net.ne.jp/

日本製紙連合会ホームページ http：//www.jpa.gr.jp/

고사성어로 배우는 경제학

초판 1쇄 인쇄일 · 2008년 6월 29일
초판 1쇄 발행일 · 2008년 7월 5일

지은이 · 가지이 아쓰시
옮긴이 · 이동희
펴낸이 · 양미자

편집 · 한고규선, 정안나
경영 기획 · 하보해
본문 디자인 · 이춘희
일러스트 · 김평현

펴낸곳 · 도서출판 **모티브북**
등록번호 · 제 313-2004-00084호
주소 · 서울시 마포구 동교동 203-30 2층
전화 · 02-3141-6921, 6924 / 팩스 · 02-3141-5822
e-mail · motivebook@naver.com

ISBN 978-89-91195-25-7 03320